博物館に学ぶ
ちばの歴史

千葉県
高等学校教育研究会
歴史部会 編

山川出版社

発刊にあたって

　本書は，千葉県高等学校教育研究会歴史部会が，創立五十周年記念事業として，執筆・編集したものである。

　当部会では，すでに『千葉県の歴史散歩』（旧版・新版）をはじめ，三十周年事業としての『史料が語る千葉の歴史60話』，四十周年事業としての『新しい日本史の授業』・『新しい世界史の授業』を刊行している。

　このたび，創立五十年という節目をむかえるにあたり，平素の部会活動の蓄積や成果を生徒や教師さらには多くの県民の方々に還元できる事業の企画を検討し，1999年6月の総会決定を受け，1年間の調査・研究期間を経て執筆に取り組み，3カ年計画で刊行にこぎ着けることができた。

　本書刊行の目的は，まず学校現場においては，『新学習指導要領』（2003年実施）のなかで，地域から歴史をとらえていくことの必要性が強調されており，新たに導入される「総合的な学習の時間」のなかにも身近な地域に関する授業が盛り込まれており，博物館などの積極的な活用が求められていることにある。

　また，長寿社会の到来やライフスタイルの多様化のなかで，地域の歴史に対する市民の関心は高まっており，県内でも博物館ブームといわれるなかで博物館の新設やリニューアルが進められてきた。

　これらのことは，学校教育や社会教育において，身近な地域から歴史をとらえていく視点が，私たちを取り巻くさまざまな社会情勢を見つめ，よりよい社会を築いていくために不可欠なものであることを示しており，その点からも本書はまさにタイムリーな企画であると自負している。

　本書は，単なる博物館ガイドではなく，博物館の展示などを素材として，身近な地域の歴史を知り，地域から日本やさらには世界の歴史を見通していくことを追求したものである。

　本書が先生方や生徒たちはもとより，多くの県民の方々の目にとまり，博物館に足を運んでいただき，地域の歴史に興味をいだくきっかけとなれば幸いである。

　2002年6月

千葉県高等学校教育研究会歴史部会会長

都　筑　義　夫

目　次

発刊にあたって
序章―博物館に学ぶ　ちばの歴史　002

I　総　合

1　房総の地震災害は何を語るか―千葉県立中央博物館　006
2　海を渡った醬油―日本の味から世界の味へ―
　　―野田市郷土博物館・キッコーマン国際食文化研究センター　018

II　原始・古代

3　低地の貝塚は縄文人の貝加工場だったのか？
　　―市立市川考古博物館　030
4　古墳出土品から朝鮮半島・大陸文化のにおいがする！
　　―木更津市「金鈴塚遺物保存館」　038
5　古墳から寺院へ―房総風土記の丘に古墳文化から仏教文化への
　　移り変わりを学ぶ　052
6　よみがえる天平の甍
　　―史跡上総国分尼寺跡展示館と復元中門・回廊　060
7　古代下総の新しい村―八千代市立郷土博物館　070

III　中　世

8　土一揆から何が見えるか
　　―国立歴史民俗博物館の中世展示に学ぶ　082
9　よみがえる中世のムラ―袖ヶ浦市郷土博物館の展示から　090
10　海の戦国大名里見氏
　　―館山市立博物館から館山市の成り立ちをみる　102

IV 近世

- 11 サン・フランシスコ号の上総岩和田漂着
  —御宿町歴史民俗資料館　112
- 12 海から畑へ 鰯のもたらしたもの
  —九十九里町立九十九里いわし博物館　122
- 13 "醬油"藩の城下町—野田市郷土博物館を訪ねて　132
- 14 地球を一周した男—伊能忠敬記念館　144
- 15 漂泊の人 農村を改革す—大原幽学記念館　157

V 近・現代

- 16 幕末外交の軌跡に迫る—戸定が丘歴史公園　170
- 17 暮らしを変えた電気・石油・鉄—千葉県立現代産業科学館　180
- 18 6枚の絵が語る日本の戦争—関宿町・鈴木貫太郎記念館　190
- 19 2DK団地と核家族の誕生—松戸市立博物館　200

千葉県内の歴史関係博物館・資料館一覧　211

執筆者および執筆担当項目一覧

博物館に学ぶ ちばの歴史

千葉県立中央博物館展示室　千葉県立中央博物館提供。

序　章—博物館に学ぶ　ちばの歴史

○「新学習指導要領」と博物館

　1970～80年代の博物館建設ブームのなかで，千葉県でも公・私立の多くの博物館が建設されました。その数は100館を越えるともいわれています。

　博物館の建設は，戦後の文化財行政の民主化や文化財保護に関する法整備を受けて，1951年に「社会教育法」についで「博物館法」が制定されたことによりはじまりました。この法律によれば，博物館は，「歴史・芸術・民俗・産業・自然科学等に関する資料を収集し，保管し，展示」するところと位置づけられ，以後社会教育の場としての大きな役割を担うことになりました。

　一方，学校教育においては，1989年3月に改訂された「学習指導要領」のなかで，はじめて学校教育による博物館・郷土資料館の活用が明記されたことが，今日いわれるところの「博・学連携」の出発点となったのです。これにより，博物館と学校とが連携して実践と研究を積み重ねていこうとする具体的な動きが起こってきました。

　その後，1998年12月改訂の「学習指導要領」において，その傾向は一層促進されることになりました。具体的には，高校の日本史において，「地域社会にかかわる学習を通して歴史への関心を高め」ることがあげられ，地域社会にかかわる学習が本項目中に示されました。さらに，「博物館などの施設や地域の文化遺産についての関心を高め，文化財の重要性について理解させる」とも記されており，「地域」から歴史を学ぶ視点が強調されるとともに，「博物館の利用」が明記されたことが大きな特色となっています。また，中学校社会科の「歴史的分野」においても同様の趣旨が明示されたのです。

　さらに，「総合的な学習の時間」という科目が新設され，学習活動を行うにあたっての配慮すべき点として，調査・研究などの体験的な学習や地域教材の活用の工夫などが盛り込まれています。特に小・中学校では，「調べ学習」への重点化と体験学習を中心とする博物館利用が強調されている点が特徴的であり，学校現場では2002年度の完全実施に先立ち，2000年度から試行がはじまっています。

しかし，新設科目である「総合的な学習の時間」は，授業内容に対する規制がなく，現場の教師たちに任されていることもあって，博物館などを利用する場合でも調べる内容や博物館の特徴などを子どもたちに十分理解させないで来館する学校も少なくないといいます。

○「博・学連携」への取り組み

ここで重要になってくるのが，「博・学連携」への取り組みということになりますが，そもそも「博・学連携」は，小・中学校の授業で博物館利用を掲げる「学習指導要領」の趣旨の実現を目的としてはじめられたことから，その授業実践は教科書の学習内容を博物館にある資料で確かめる手法が一般的であり，いうなれば，教科書や副教材と同じ役割を期待されているとの指摘が博物館側からなされているのです。

すなわち，本来博物館側が，展示資料から読み取ってほしい祖先の人びとの生活や，現代に連なる歴史の道筋がどのようになっているのかといった，問題発見の場として博物館を活用してほしいという意図とは対照的なものになっているとの問題点も提起されているのです。

この点を克服して「博・学連携」を推進していくためには，学校側と博物館側の体制的な意見交換の場を設定することが不可欠かつ急務となっているのです。

ここで千葉県における具体的な取り組みを紹介しておきましょう。まず，県立高校の日本史教師である，加藤公明氏は，佐倉市の国立歴史民俗博物館（以下，歴博とする）の展示を利用した実践を試みています。

加藤氏は，教師が博物館の展示内容・趣旨を理解した上で，子どもたちが自分の目で歴史の真実を発見していこうという探究的な博物館学習を実現するための指導方法を提起したのです。具体的には，子どもが興味・関心をひき，自分で調べてみたいと思える，しかも展示内容から一定の回答が得られ，さらなる探究心が喚起されるようなテーマを設定することが必要であると述べています。すなわち，博物館の具体的な展示を，高校教師の立場からとらえ，生徒が主体的に学べるための有効な活用方法を提起したのです。

次に，博物館側の取り組みとして注目されるのが，歴博の歴史研究部の助教授である久留島浩氏を中心とする「歴博の展示と学校教育を考える」研究会の活動です。実際に展示を担当する歴博の研究者と小・中・高等学校の教師による，博・学連携を促進するための研究・実践が続けられています。

また，歴博では，展示を利用した授業方法などについて，小・中・高等学校の教員を対象に研修を行い，学校教育における博物館活用の促進を図ることを目的に，毎年「先生のための歴博講座」を実施していることも合わせて紹介しておきます。

○地域の博物館から歴史を学ぶ―本書の利用にあたって

　以上，「新学習指導要領」の施行にともない，「博・学連携」の必要性が高まっていくと思われる状況をふまえて，本書の編集にあたっては，まず博物館を訪れ，立地や設立の趣旨・展示内容などが地域から歴史をみるための視点を備えているかを調査・研究しました。さらに，テーマとする時代や地域のバランスなどにも配慮し，最終的に19のテーマを選び，概ね時代順に配列しましたが，時代のまたがる2つのテーマについては「総合」として冒頭に掲げました。なお，ここで取り上げた博物館以外にも，本書の目的にかなって，地域的特色を有するものも存在しますが，諸般の事情によりすべてを盛り込むことができなかった点をお断りしておきます。

　各テーマの内容は，「はじめに」の部分で，この博物館の展示のどこに着目すれば，どのような歴史事実がわかり，興味・関心を抱けるかを概説しています。本文では，地域の歴史がどのように日本や世界の歴史に関わってくるのかを，実際に博物館を見学しながら説明をしているようにわかりやすく記述しています。また，内容を理解しやすくするために，資料・地図・表・写真等を多用しました。

　本書は，博物館ガイドでもなく，学校教育における博物館の利用方法を具体的に示した教育実践書でもありません。県内各地の歴史系博物館の展示を通して，読者が身近な地域の歴史を知り，地域から日本や世界の歴史に目を向けていただこうとする手引き書なのです。

　本書は，主に歴史学習や総合的な学習による博物館活用の促進をねらいとしたものですが，先生方や子どもたちはもとより，より多くの方々が博物館を訪れ，地域から歴史を学び，歴史に対する興味・関心を深めていただくきっかけになることを切望しています。

〈参考文献〉
　加藤公明『歴博ブックレット13　子どもの探究心を育てる博物館学習』　歴博振興会
　　2000年

(吉井　哲)

Ⅰ 総合

房総の地震災害は何を語るか

千葉県立中央博物館

○はじめに

 「天災は忘れた頃にやってくる」といわれますが,数十年,あるいは数百年の時を経て,突然人間に襲いかかってくる地震はまさにその典型といえるでしょう。あの阪神・淡路大震災の悲劇も次第に過去のことになりつつあります。しかし,世界に目を向けると,トルコや台湾の大地震など,近年大きな地震災害が続いています。また日本でも,三宅島の噴火活動にともない,新島・神津島ではたびたび震度6の烈震に見舞われています。壮大な地球の営みの中でおこる地震という現象に対して,人はどのように向き合っていけばよいのでしょうか。「自然と人間」をテーマにした県立中央博物館の展示を通じて考えてみましょう。

○総合学習の場としての県立中央博物館

 県立中央博物館は,JR千葉駅からバスで20分ほどの「青葉の森公園」の一角にあります。周辺には,千葉市立郷土博物館,千葉大学医学部および付属病院などの施設が点在し,文化ホールや野球場などを備えた緑あふれる公園は千葉市民の憩いの場として親しまれています。同館は1989(平成元)年に開設され,県内に11設置されている県立博物館などの中核として,資料収集や研究部門にも力を入れています。それでは,館の主な展示内容を簡単に紹介いたします。

◎房総の自然誌

 〈房総の地学〉房総の大地の始まりから現在までの地質・地形などの変遷や,地震災害について展示されています。

〈房総の地学〉展示室　千葉県立中央博物館提供。

〈房総の生物〉街中から自然豊かな丘陵地まで，環境別にそこに棲息する房総の生物を標本で見ることができます。

〈海　　　洋〉千葉県を取り巻く海とそこに生きる生物が紹介されています。

〈生物の分類〉房総の代表的な生物の標本が分類されて展示されています。

〈小動物展示室〉身近な小動物が飼育され，その習性や環境を観察できます。

◎房総の歴史　旧石器時代から現代に至る房総の歴史の流れを時代を追って紹介するとともに，各時代を象徴するテーマにスポットが当てられています。

◎自然と人間　谷津田や雑木林などが生態系の中で果たしている役割と，都市化のかかわりが進む中で生じているさまざまな問題を対比し，自然と人間とのかかわりについて考えていく場となっています。

◎体験学習室　科学の基礎である「比較」をテーマに，子供たちが動物の剝製や土器などの展示物に触れて学べる楽しいコーナーです。

◎生態園　房総の代表的な自然を再現し，動植物の生態を身近に観察できる野外施

〈生態園〉舟田池と野鳥観察舎

設です。季節ごとの昆虫や植物の見所を展示したオリエンテーションハウスや，舟田池のほとりの野鳥観察舎等の施設もあります。

このように，展示内容は，地学，動物，植物，生態といった自然誌の分野を主に，歴史，環境という人間社会の分野にも及んでいます。したがって，そこは自然と人間の共生という視点を中心にすえて，さまざまな方面からアプローチすることができる総合学習に最適の場といえるでしょう。その中で，本稿では〈房総の地学〉展示室に焦点を当ててみました。地震のメカニズムを知り，過去の地震災害について学ぶことは，房総地方でも遠からずおこるであろう地震災害にどう対処すればよいか考える上でも重要なテーマであると考えたからです。

〇プレートテクトニクス

〈房総の地学〉展示室では，房総の地質・地形などについて地域別の特色を展

示するとともに、地震についても、そのメカニズム、現象と災害、予知と対策などの展示を行っています。そして、房総の地質、地形は、この地震のメカニズムと深くかかわっているので、まずそこから見てみることにしましょう。

地震がおこるメカニズムについては、プレートテクトニクスという理論に基づいた説が現在のところ最も有力とされています。その理論によると、地球の表面を覆っている地殻と、その下の上部マントル最上部は十数枚のプレートに分かれているということです。そしてその境には、マントル内の対流の影響でプレートがわき出てくる所があります。そこから生まれたプレートは年に数センチずつではありますが、ゆっくりと長い年月をかけて移動していきます。そして別のプレートとぶつかる所では、比重の違いから一方のプレートが他方のプレートの下に沈み込んでいくことになります。その際に、沈み込む方のプレートが上のプレートの端を引きずり込み、それが限界に達してはねあがる時におきるのが海溝型の巨大地震というわけです。このことは、世界中でおこった地震の場所を地図上におとしてみると、プレートがもぐりこむ所とほとんど一致していることからもわかります。

〇日本周辺のプレート

それでは、日本周辺のプレートはどのようになっているのでしょうか。図を見てみましょう。東から移動してきた太平洋プレートは、北米プレートやフィリピン海プレートの下に沈み込んでいきますが、そこに形成された深海の峡谷が日本海溝から伊豆・小笠原海溝にかけてということです。また、北上するフィリピン海プレートが北米プレートやユーラシアプレートの下に沈み込んでいくのが、それぞれ相模トラフ、南海トラフと呼ばれる海底峡谷です。明治時代に「お雇い外国人」として来日したドイツ人地質学者のナウマンが発見した大断層フォッサマグナについても、これを北米プレートとユーラシアプレートの境界と見る説が有力です。

これらのプレートの動きは、日本の火山活動や造山運動にも大きく影響しています。たとえば、フィリピン海プレートに乗って北上してきた島がユーラシアプレートにつながったのが伊豆半島で、そのぶつかりの力が富士、箱根の火山活動のエネルギーになっていると考えられますし、日本アルプスの山並みも北米プレートとユーラシアプレートのぶつかりあいの中で隆起したものでしょう。

○プレートがぶつかりあう房総半島

それでは、我々の住む房総半島の位置はどの辺りでしょうか。地学展示室の入口近くには、「伊豆・小笠原海溝―相模トラフ海底地形模型」が展示されていますが、それを図1で見てみると、そこは相模トラフのやや北側、つまりフィリピン海プレートが北米プレートの下に沈み込みを始めているすぐ上部ということに

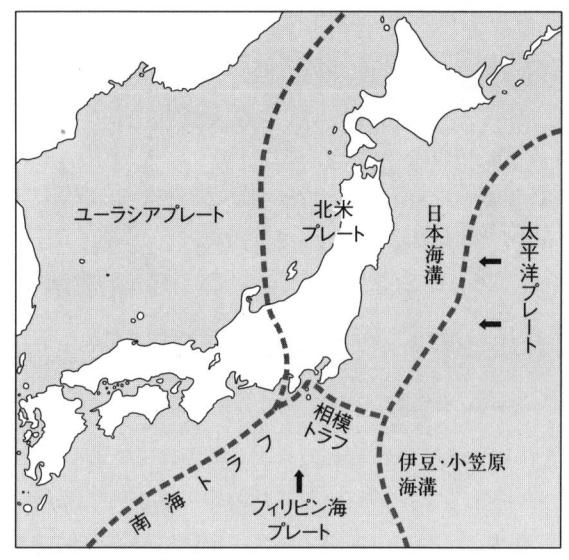

図　日本周辺のプレート

なります。しかもその深部では、太平洋プレートが東側からさらにその下に潜り込んでいると考えられています。つまり、房総半島はこうしたプレートの複雑な運動による強大な力によって作られた大地ということになります。そのことは、房総半島南部が世界有数の隆起地帯であることを示すさまざまな事実からもうかがい知ることができます。

たとえば、安房地区の海岸には何段にもわたる海岸段丘が形成されていますが、これは過去の大地震のたびに何度も海底が隆起したことの何よりの証拠です。記録が残っている近世以降でも、1703（元禄16）年の元禄大地震では最大5mもの隆起があったことがわかっています。ちなみに、現在房総半島南端の海岸沿いにお花畑などが開かれている土地は、この際の隆起で陸地となったもので、元禄段丘と呼ばれています。現在の野島崎もこの時に陸続きになったもので、それ以前は野島と呼ばれる小島だったそうです。また1923（大正12）年の関東大震災の際にも、この地域は最大2m近く隆起したことが記録されています。このほかにも、この地域の地下で強いエネルギーのぶつかりあいが続いてきたことを教えてくれるものがあります。県の天然記念物にも指定されている安房白浜の「屛風岩」と呼ばれる奇岩がそれです（次頁写真）。これらの岩は、地平に垂直になるほど地層が立ってしまい、それが波に侵食されてできたものですが、よほど強い褶曲作用が働かなければこのような現象はおこらないでしょう。

安房白浜の「屏風岩」

房総の山並みは緩やかで，最高峰の愛宕山(あたごやま)でも400mほどです。つまり，千葉県は全国一標高の低い県ともいえるでしょう。しかし，それはこの地域の土壌(どじょう)が非常に軟らかく，浸食作用が進みやすいためなのです。そうでなければ，房総地方南部で長年続いてきた隆起が，3000m級の山々を出現させていたとしても決しておかしくないほど激しいものなのです。

このように，プレート運動の作用によって激しい地殻変動のただなかにある房総地方は，古来からたびたび大地震に見まわれてきました。したがって，これからの地震災害について考えていく上では，過去におこった地震災害について，そのメカニズムや被害状況を知ることから始めなければならないでしょう。そこで，千葉県内に大きな被害をもたらした過去の地震災害について，地学展示室の展示を参考にまとめたものが表です。

それでは，この表の地震災害について，いくつかの観点で見ていきましょう。

○地震のエネルギー

まず，地震の規模についてですが，ここではマグニチュード(M)という単位で示してあります。震源からの距離や地盤の強さによって異なる震度と違い，これは地震そのものから発生するエネルギーの大きさを示す単位です。ところで，このマグニチュードという単位はどれくらいのエネルギーかというと，M6で広島型原爆1個分にほぼ匹敵するといわれています。そして，マグニチュードの数字が1つ大きくなると，エネルギーは約33倍になるそうです。つまり，M8の地震は，広島型原爆の約1000倍ものエネルギーを発したことになるわけです。ですから，昔のものについては観測データなしの推定値ではありますが，表に載っている過去の大地震がいかにすさまじいエネルギーをもったものであったかおわかりいただけるでしょう。

なお，地震エネルギーの面では，安政(あんせい)江戸地震と千葉県東方沖地震はM7未満であり，他のM8クラスの地震と比べるとたいしたことはないようです。し

表　過去500年程の間に千葉県内に大きな被害をもたらした地震災害

年代	地震災害の名称	規模(M)	震源域	千葉県内の被害状況　※他地域の被害
1498	明応地震	8.2〜8.6	東海道沖	長狭郡に津波。死者多数。
1605	慶長地震	7.9, 7.9	二元地震(東海道沖, 房総沖)	安房, 上総, 下総に大津波。死者多数。※東海, 南海, 西海諸島に大津波。
1677	延宝の津波	8.0	鹿島灘	銚子, 九十九里浜に大津波。死者多数。
1703	元禄大地震	7.9〜8.2	房総沖	房総地方史上最大の地震。外房沿岸に大津波。死者数千人。安房で最大5mの隆起。
1854	安政東海地震	8.4	東海道沖	安房, 銚子に津波。死者3人。※伊豆の津波でロシア軍艦大破。
1855	安政江戸地震	6.9	江戸	※江戸で死者1万人以上。藤田東湖圧死。
1923	関東大震災	7.9	相模湾	県内の死者1345人。安房で最大2mの隆起。※南関東の死者約14万人。史上最悪の震災。
1987	千葉県東方沖地震	6.7	千葉県東方沖	死者2人。液状化現象多発。

かし, 安政江戸地震は都市直下型の地震として大惨事をまねきましたし, 千葉県東方沖地震も人的被害こそ少なかったものの, 液状化現象などの新たな被害をもたらしたことと, 豊富な観測データがえられた地震という意味では注目に値するものと思います。

○津波を引き起こす海溝型地震

　次に, 被害状況についてですが, 表の安政東海地震より以前のものは, いずれも地震それ自体の被害よりも津波による被害の方が大きいことが特徴です。これらの地震は海溝型で規模が大きく, 震源の遠近にかかわらず大津波をもたらしています。このうち, 駿河トラフ(南海トラフ北部の駿河湾から遠州灘にかけて)が震源とみられるものが, 明応地震, 慶長地震の西側(東海道沖を震源とする地震), 安政東海地震で, 現在危険性が高まっているといわれている東海地震はこのタイプになります。

　ところで, 安政東海地震については, この地震がおこった時に, 歴史上著名な人物が伊豆下田に滞在していたのですが, そのことをみなさんはご存知でしょうか。その人物とはロシア使節プチャーチンです。ペリーに続いて来日し, 幕府と交渉を重ねていたプチャーチンは, 1855年2月(日本の暦では安政元年12月), この地で日露和親条約を締結し(下田条約), 日露間の国境が画定されました。その過程で大地震に遭遇したわけですが, この地震で発生した大津波によってプチャーチンの乗ってきた軍艦ディアナ号は大破してしまいます。そこで, ディアナ号を修理することになったのですが, 修理の場所を下田以外にするようプチャーチ

ンは要求しました。その理由は当時ヨーロッパでおこっていたクリミア戦争にあります。この戦争で英仏と敵対関係にあったロシアのプチャーチンとしては，開港場となった下田に長期間滞在することでイギリス側にその存在を知られることを恐れたのです。

　そこで，修理の場所として選ばれたのが伊豆西海岸の戸田(へだ)村でした。ここなら駿河湾の奥深くにある上，砂嘴(さし)によって湾と港が隔てられているため，容易に敵の目につくことはありません。プチャーチンもきっと安心したことでしょう。ところが，肝心のディアナ号が戸田村へ曳航(えいこう)される途中，悪天候のために駿河湾内で沈没してしまったのです。こうして戸田村の船大工の協力のもとに，日露協同の造船事業が始まりました。西洋の造船技術を知るまたとない機会とあって，幕府も全面的にこの事業を支援しました。日本で製作された最初の洋式船であるこの船は，「ヘダ号」と名づけられ，プチャーチン一行の帰国の便となりました。また，造船に携わった戸田村の船大工たちも，幕末から明治にかけて造船技術者としておおいに活躍したそうです。現在，戸田村には，これにちなんで造船郷土資料博物館が開設されており，その入口には，のちに引き上げられたディアナ号の大錨(おおいかり)が展示されています。

　なお，明治以降も戸田村にはロシアの要人がしばしば訪れており，この地はロシアにとって特別な土地となったようです。ちなみに，造船郷土資料博物館の設立資金の五分の一は，当時のソ連政府の支援によるものだそうです。これも地震がもたらした思わぬ贈物といえるかもしれませんね。

○三つある南関東地震のタイプ

ディアナ号の大錨

　また表に戻りますが，今度は震源域に注目して下さい。この中で南関東でおこった地震は，前述の津波被害をもたらした駿河トラフ震源の三つの地震と延宝(えんぽう)の地震を除いたものということになります。

　この地域でおきる地震については，震源域で次の三つにほぼ分類できるそうです。一

つは都市直下型で、この例が安政江戸地震です。二つ目は房総東方沖型ですが、千葉県東方沖地震はその大きいものです。これらの地震は、規模自体は海溝型地震と比べるとそう大きくないので、人口が分散していた中世以前ではそう怖くはなかったでしょう。しかし、都市化が進んだ現代に、このタイプとしては最大級のM7クラスの地震が発生した場合には、かなりの被害が予想されます。そして三つ目が相模トラフ型です。これに属するのが、慶長地震の東側(房総沖を震源とする地震)、元禄大地震、関東大震災とみられ、房総地方にとっては、震源が近く規模も大きいこのタイプが最も恐ろしい地震といえるでしょう。

それでは、これらの南関東地震について、特に被害甚大で、詳しい記録も残っている三つの地震について、その被害状況などを見ていきましょう。

○元禄大地震

元禄大地震がおこったのは、1703(元禄16)年11月23日の午前2時頃でした。推定規模はM8.2と房総地方を襲った地震の中でも最大級のもので、前述のように、安房地方に最大5mもの隆起をもたらすほどの大きな地殻変動をともなっています。震源は野島崎南方沖合い約30kmと見られていますが、被害は南関東全域に及び、江戸では江戸城が大破し、建物の倒壊による死傷者も多数出ました。なかでも被害が大きかったのは小田原で、小田原城が全壊した上に、城下町も火災によって大半を焼失し、約850人の死者を出す惨事になりました。

また、この地震の直後に発生した大津波は房総半島東岸や相模湾を襲い、その高さは所によっては10m近くになったと推定されています。しかも、それが深夜におこったわけですから、多くの人びとが逃げる間もなく流されていったことでしょう。さらに、季節も西暦でいえば大晦日にあたる真冬でした。溺死は免れても、救助が間に合わずに凍死した人もかなりの数にのぼったものと思われます。九十九里から南房総の海岸沿いには、この津波で亡くなった人びとを供養するために建てられた「津波塚」と呼ばれる碑が多数残っています。これらの碑面には犠牲者の数が刻まれており、古文書から推定した死者を合わせると、房総地方だけでも約5200人に及ぶ人びとがこの津波の犠牲になったとみられています。なかでも九十九里浜沿岸では、当時が鰯の豊漁期で、大勢の水主などの漁業従事者が海岸線に沿って納屋集落を営んでいたこともあって、特に大きな被害となりました。一方、旧長柄郡内では、津波が南白亀川・一宮川などの中小河川をさかのぼり、845人が水死した一ツ松郷(現長生郡長生村)をはじめ、多くの村々に壊滅

茂原市鷲山寺の元禄地震津波供養碑

的な被害が出ました。茂原市の鷲山寺にはこれらの村を含め2154人の犠牲者を記した合同供養碑が建てられており、津波の恐ろしさを今に伝えてくれています。

また、この地震は海岸地形の変化をもたらし、その影響で九十九里の鰯漁が不漁になったほか、地震による山崩れが原因で、香取郡小座村と粟野村(いずれも現東庄町)の間に用水溝をめぐる争論が起きるなど、社会的な影響も少なからずあったようです。

○安政江戸地震

　安政江戸地震は1855(安政2)年10月2日夜10時頃、江戸の町を襲った地震です。この地震は、規模こそM6.9と巨大地震とはいえませんが、震源は荒川の河口付近から東京湾奥部とみられ、まさに江戸直下の地震でした。しかも、震源が浅かったために、江戸や下総西部では烈震の揺れであったと推定されています。江戸の町では、特に下町の被害が大きく、家屋の倒壊や火災により1万人余りの犠牲者が出ました。しかし、同程度の揺れに見舞われた地域もあった下総での死者は数名にとどまっています。被害が大きくなったのは、江戸が人口100万をこす大都市になってからおこった最大の直下型地震だったからです。なお、この地震がおきる直前には、発光現象や地鳴り、井戸からの地下水の湧出などの予兆があったことが証言されており、地震予知を進める上でも貴重な記録といえるでしょう。

　この地震では、千葉県内でも、死者こそ少なかったものの、かなりの被害が出ました。その上、江戸の屋敷が倒壊した旗本の中には、知行地の村方に対して、修復のための上納金を付加した者も多かったようです。このことは農民の不満を増幅し、幕末の不穏な社会情勢にも影響したものと考えられます。

　また、この地震では江戸小石川の水戸藩邸で藤田東湖が圧死しましたが、水戸ではいまだにこのことを惜しむ声が多いと聞きます。安政の大獄以降の水戸藩内の混乱も、東湖の死がなければ別の展開になっていたであろうというわけです。

○関東大震災

　関東大震災をもたらした大地震は，1923（大正12）年9月1日午前11時58分に発生しました。震源は相模湾西部から小田原にかけてで，規模はM7.9とみられています。千葉県では，震源に近い南房が烈震に見舞われ，落差2m近く，水平で1m以上に及ぶ断層が約4kmにわたって生じ，建物の倒壊率が9割をこす村も多数ありました。また，館山湾沿岸には大津波が襲来し，地震以上の大被害をもたらすなど，県内全域での死者数は1300人余りに及んでいます。

　また，地震発生が昼時で，食事の支度のために火を使っていた家が多かったことも不運でした。各所で火の手があがり，人口の密集した東京・横浜の町は，消火の手だてを失って火の海と化したのです。結局，この震災は，南関東を中心に死者・行方不明者合わせて約14万人という日本史上最悪の災害となりました。

　なかでも，本所の陸軍被服廠（ひふくしょう）跡には多くの人びとが逃げ込み，火に包まれた末にここだけで約3万8000人の人びとが命を落としました。そこでは，火熱（かねつ）による急激な上昇気流によって竜巻（たつまき）のような強風が吹き荒れたうえ，火炎による放射熱で，逃げ場を失った人びとが助かる術（すべ）はなかったのです。1945（昭和20）年3月10日の東京大空襲の際にも明治座で同様の悲劇がおこっています。これらの事実が教えているのは，火災の規模や風向き，周辺の建物の密集度，避難場所の広さなどの状況を判断して避難しなければ，自分の身は守れないということです。

　また，この震災については，約7000人の朝鮮人などが虐殺（ぎゃくさつ）された事件と亀戸（かめいど）事件・甘粕（あまかす）事件のような社会主義者らに対する虐殺事件をぬきには語れません。

　このうち，亀戸事件は，救援活動を行っていた川合義虎（かわいよしとら）・平沢計七（ひらさわけいしち）らの労働運動家が亀戸署に逮捕され，軍によって惨殺（ざんさつ）された事件ですが，これは「朝鮮人暴動」を利用して社会主義者らが革命をおこすのを防ぐという名目で行われたものです。また，甘粕事件は，麹町（こうじまち）憲兵分隊長の甘粕正彦（まさひこ）大尉が無政府主義者の大杉栄（すぎさかえ）・伊藤野枝（いとうのえ）夫妻と甥（おい）の少年を虐殺した事件ですが，地震から2週間以上が過ぎた16日に実行されたことから，混乱に乗じて「危険人物」を抹殺しようとした意図は明らかでしょう。ちなみに，事件発覚後に軍法会議にかけられた甘粕の処分は懲役10年でしたが，実際は3年で釈放され，満州で諜報活動に従事した後，満州国の要職に就いています。

　次に，朝鮮人などへの虐殺事件についてですが，そのきっかけは，周知のように，朝鮮人による放火・暴動・井戸への投毒の流言（りゅうげん）でした。そうした流言が瞬く間に広まっていった背景としては，警察が朝鮮人暴動を事実として警戒するよ

う呼びかける張紙をしたことなどもありますが、日露戦争の勝利による大国意識の高まりのなかで、朝鮮人・中国人などを蔑視する一般の風潮があったことは否めないでしょう。したがって、治安維持を名目に軍・警察の主導で行われた虐殺だけでなく、多くの場合手を下したのは、自警団を組織して自分の町を守ろうとしたごく普通の民衆であったのです。そして、こうした自警団の中核になったのが、政府主導で行われた地方改良運動の中で育成された青年団組織であったことは、のちの"草の根ファシズム"に通じる問題を含んでいるものと思われます。

これらの朝鮮人などへの虐殺事件は、千葉県内でも地震発生の数日後に各地でおこっており、犠牲者の数は300人以上に及んでいます。なかでも、船橋町(現船橋市)では100人近い朝鮮人が虐殺されました。それは、当時この地域にあった北総鉄道(現東武鉄道野田線)敷設のための飯場で、多くの朝鮮人労働者が働いており、そこへ「爆弾をもった朝鮮人がつかまった」というデマが流れたことが影響したものとみられています。これらの事件については、明確な証拠のある場合のみ犯人が検挙されましたが、13人が殺された船橋法典事件でも懲役4年以下という軽い処罰しか課されていません。現在、船橋市の馬込霊園内に、在日朝鮮人連盟中央本部によって「関東大震災犠牲同胞慰霊碑」が建立されていますが、これも日本が戦争に敗れ、朝鮮が植民地から解放された後の1947(昭和22)年になってからのことでした。

船橋市馬込霊園内の慰霊碑

また、陸軍の習志野騎兵連隊の東にあった高津廠舎には、3000人以上の朝鮮人と約600人の中国人が「保護」の名目で収容されていましたが、そのうち約300人の朝鮮人が行方不明になっています。彼らの多くは軍によって虐殺されたものとみられていましたが、事件から50年以上がたって、周辺の村民の証言によって、その一端が明らかになりました。十数名の朝鮮人たちが近くの村に引き渡され、農民が虐殺の下請けをさせられていたのです。このことが明らかになったのち、事件現場に近い八千代市高津の観音寺には、韓国で集められた募金によって、1985(昭和60)年に高さ1m、

重さ200kgに及ぶ鐘が奉納され、1990(平成2)年には、慰霊塔も建てられています。これまで、こうした慰霊の営みは主に被害者側である韓国・朝鮮の方々によってなされてきましたが、近年、日本側でも地域の住民や教師の方々によって事件の真相解明への取り組みが本格的しつつありま

八千代市高津観音寺の鐘楼と慰霊塔

す。加害者側にとっては忘れてしまいたいこれらの事実から目を背けるのではなく、真実を明らかにし、二度と繰り返させないことこそが、いわれなく殺された人びとに対するせめてもの償いではないでしょうか。

○おわりに

　関東大震災から間もなく80年になろうとしていますが、この間、千葉県を含む南関東の地域には、壊滅的な被害をもたらすような大地震はおこっていません。震災の恐怖を体験した人も数少なくなってきました。しかし、この地域では100年以上も大地震がおこらなかったことの方が少ないのです。いつおこってもおかしくない大地震に備えるために、今こそ過去の地震災害に目を向け、極限状態における人間のあり方について考えるべき時でしょう。

　なお、本稿では、県立中央博物館の特色を生かして、地学展示室の展示を導入に、地震災害をテーマとして、地学と歴史の両分野にまたがる総合学習の視点で展開してみました。この他にも、同館には歴史を含めてさまざまな分野の展示室がありますので、色々な切り口で授業化することが可能だと思います。

〈参考文献〉
　楡井久監修『検証・房総の地震―首都機能を守るために―』千葉日報社　1997年
　千葉県郷土史連絡協議会編『郷土研叢書Ⅳ　房総災害史―元禄の大地震と津波を中心に―』千秋社　1984年
　鈴木英夫・吉井哲編著『歴史にみる日本と韓国・朝鮮』明石書店　1999年

(柳　晃)

【2】

海を渡った醬油―日本の味から世界の味へ―

野田市郷土博物館・キッコーマン国際食文化研究センター

○はじめに

千葉県を代表する産業は，農業・漁業・醬油醸造業といえます。京葉工業地帯の近代産業も存在しますが，伝統産業を念頭におきますと一層明確でしょう。なかでも本県の代名詞化している野田・銚子での醬油醸造業の発達史は，本書近世編（"醬油"藩の城下町）で述べられていますので，本稿では醬油の発生史的側面と醬油の仲間を概観し，そのうえで醬油がいつ頃から海外進出を果たし，現在に至ったかをみることにします。

コンプラ　野田市郷土博物館蔵。

○コンプラのある醬油博物館

野田市内には醬油醸造に関する博物館や資料館が3館あります。1959（昭和34）年開館の「野田市郷土博物館」，旧醬油醸造家の「上花輪歴史館」と「キッコーマン国際食文化研究センター」があり，前者2館は資料や道具類の展示が中心で，後者は醬油を食文化と位置づけた研究機関です。ところで，上記の博物館と研究センターに，コンプラ（輸出用の醬油の陶製容器をさし，醬油輸出の代名詞）が展示されています。このコンプラをキー・ワードに，海を渡った醬油についてみることにします。なお，これらの施設の他にも市内には，醬油史跡や企業の見学コースもありますので，1日コースの史跡探訪（『千葉県の歴史散歩』山川出版社を参照）ができます。

○アジアを代表する調味料—醬油の基礎知識

世界各地には，多種多様の調味料が存在し，それぞれ独自の料理文化を完成させています。塩は古代から調味料の王様でした。アジアではこの塩を原料に発酵食品（うま味調味料）を作り出しました。この食品は，高温で湿潤な気候に恵まれた地域という自然条件の中から誕生したともいえます。すなわち，モンスーン気候帯の水田地帯です。この地域から豆鼓（納豆）が生まれ，この直系が穀醬（八丁味噌や溜醬油）です。この穀醬の他にも肉醬と呼ばれるものも発展しました（図1）。この2つとも，うま味調味料として，世界の食卓を席巻するものとなりました。また，インドを中心に発達したのがカレーです。このカレーは，多種のスパイス（香辛料）をブレンドした混合スパイスで，煮物用です。このように，アジアと太平洋島嶼地域は，醬油とカレーの二大調味料が棲み分ける地域といえます。

図1　アジアの醬油分布（石毛直道・ケネス=ラドル『魚醬とナレズシの研究』岩波書店，1990年より）

醬油の仲間についてみますと，肉醬や魚醬の歴史が古く，中国では紀元前より存在し，『周礼』に「醢」（肉醬をいう）の文字が知られています。また，古代ローマ帝国にもガラムやクリアメンと呼ばれた魚醬があったといわれます。しかし，ヨーロッパの魚醬はその後消滅しましたが，現在イベリア半島のカタクチイワシの塩辛に近いアンチョビソースがわずかに魚の発酵食品としてあり，同様のものがイギリスのバージ

表1　醬油の仲間と分布

醬油	魚醬（魚醬油）	中国：魚露とよばれ，広東省・香港・福建省では鯷油
		日本：秋田のショッツル・能登のイシリ・香川のイカナゴ醬油
		ベトナム：ニョク・マム
		カンボジア：タク・トレイ
		ラオス：ナン・パー
		タイ：ナン・プラ
		ビルマ：ガンピャーエー
		マレーシア：ブドゥー
		インドネシア：ケチャップ・イカン
		フィリピン：パティス
	肉醬	中国でみられたが清代に姿を消した
	穀醬（醬油）	中国・台湾・日本

エンス社から販売されています。

　表1の魚醤の分布で気付くことは、その生産国が海に接する国々です。しかし、唯一ラオスだけが海と接していません。したがって魚醤の原料は、海の小魚類だけでなく、川魚も原料であることが判ります。すでに石毛直道氏が指摘しているように、魚醤の仲間である「ナレズシ」の分布と比較しなければなりません。

　魚醤とナレズシの違いは、魚と飯を一緒に漬け込むのがナレズシ、飯を漬け込まないのが魚醤で、塩辛（魚醢）に近いものです。ナレズシは、日本でも近江地方に名産品として残っていますが、中国では西南地方の雲貴高原から海岸部を中心に、少数民族の人びとが現在も食べています。筆者は貴州省の侗(トン)族の家で幾度か食べましたが、彼らは日本の「手前味噌」同様に、自家のナレズシを自慢するように、食生活のシンボルとなっています。そして彼らのナレズシの原料は、日本の鯉(こい)や鮒(ふな)に似た魚を使用します。これらは、田圃で養殖もされています。このように、魚醤やナレズシのキー・ワードは、魚・稲作・モンスーン気候となり、水田稲作地域で発生・発展した食品・調味料といえます。ですから魚醤もかつて四川盆地や雲貴高原でも川魚を原料として作っていたようです。こうして現在では、ラオスを除いた諸地域の魚醤は基本的に海の小魚が原料となっています。なお、石毛氏が述べるように、東南アジアでの魚醤（ナレズシを含む）が発生した場所は、東北タイからラオスのメコン川流域だという可能性が高いといわれ、淡水小魚（水田漁業）の加工技術は、稲作とともに中国から日本へ伝えられたという説は重要であろうと思えます。

　一方穀醤は、大豆・小麦（麹）・食塩を基本原料とする、いわゆる普通の醤油のことです。しかし、

表2　醤油の種類

名　称	記　事
溜(たまり)醤油	現在の醤油の元祖といわれ、大豆を原料として醸造する。甘味が強い濃厚な味の醤油。古くから愛知・三重・岐阜三県を中心とした中部地方で生産。液分が溜ったものを使用したので溜醤油と呼ぶ。
淡口(うすくち)醤油	大豆・小麦・食塩で熟成した諸味を搾汁する時に甘酒を混和した醤油。兵庫県龍野が主産地。京阪地方で昆布だしと一緒に使用。関西料理の味の基本となる。
濃口(こいくち)醤油	醤油というとこれをいう。醤油の90％を占め、関東濃口醤油といわれるように、千葉県の銚子・野田が主産地。他に小豆島（香川県）なども有名。
甘露醤油（再仕込み醤油）	醸造した生醤油を仕込み食塩の代わりとして再度熟成させたもので、照り焼・甘露煮などの最上醤油。山口県柳井が主産地。
白醤油	淡口醤油の一種。一般の醤油より発酵期間が短い。主に溜醤油地帯にみられる。
生醤油	火入れをしない醤油。香りがフレッシュで、こくもある。味の伸びがあるので煮物用。
減塩醤油	醤油の成分は一般の醤油と変わらないが、塩分を約半減したもの。近年の健康食ブームに適した醤油で、高血圧や腎臓病に最適。近年の製品。

仕込み法(醸造法)や添加物の違いなどにより，日本国内でも多種の小麦使用は新しく，古くは大麦も使用していました。

　穀醬の醸造法は，中国からもたらされて我が国で発達し，17世紀に京(都)や堺の醬油が，遠くはオランダ，東南アジア，中国へ輸出されるように発展しました。18世紀以降になると，濃口醬油は野田・銚子・小豆島，淡口醬油は龍野(兵庫県)，溜醬油は愛知・岐阜・三重，甘露醬油は柳井(山口県)などの名醸地が誕生し，現在も醬油が醸造されています。

　なお，上記の発展を醬油醸造業史上にあてはめると，醸造業開始の始めは17世紀が古く，名醸地として成立するのが18世紀，そして農民まで醬油を食する習慣が普及するのが19世紀の化政期(1804〜29)以降というのが定説です。そして，化学的分析や機械化が導入されたのは明治中期から大正期(1890〜1925)で，技術革新が起こっています。

◯醬油を味わったヨーロッパ人

　『日葡辞書』は，日本イエズス会が1603(慶長8)年に刊行し，翌年補遺の部が加えられたポルトガル語の日本語辞書です。この時期は，日本では中世から近世への過渡期であり，徳川家康が征夷大将軍となって幕府を江戸に開府した時期でもあります。この辞書に「xŏyu　シャウヨ(醬油)」の見出し語があり，その説明は「酢に相当するけれども，塩からい或る液体で，食物の調味に使うもの。別名 Sutate(簀立)と呼ばれる。」とあり，別名の Sutate をみると，「日本で食物を調理し，味をつけるために非常によく使われる。小麦と豆とから製する或る液体。」と説明されている。ところで，イエズス会の布教活動とその行動範囲は，近畿以西であり，その中心は九州です。

　以上のことから当時の醬油について考えてみますと，(1)醬油という言葉が京都から九州地方にかけて使用されていた。(2)醬油の使用について「味をつけるために非常によく使われた」と記されているので，相当の普及が考えられる。(3)醬油の別名を「簀立」(味噌状の諸味に竹で編んだ簀を立て，その中に溜まった液体をすくい取る動作からの命名か)や「塩からい或る液体」という説明から「溜醬油」の存在がみえてくる。しかも原料が，(4)「小麦と豆」とあり，豆は大豆と思えますので，濃口醬油と同じ原料である。しかし，この醬油が自家用なのか，それともすでに販売(地売)を目的とした醸造であったのかとの疑問が生じますが，その後の史料から類推しますと，自家用醬油であっただろうと思えます。

1690(元禄3)年に来日したエンゲルベルト・ケンペル(ドイツ生まれ。1651～1716年)は、長崎・出島オランダ東インド会社の商館付き医師として、2度も江戸参府を体験し、『廻国奇観』と『日本誌』の2著を残しています。そして日本の鎖国を賛美したことでも有名です。彼の第1回江戸参府の記録『江戸参府旅行日記』の第4章に、「食品に加える煮汁は、少量の醤油に酒を足して味をうすめ」と醤油の用法を記録しています。この記録は1691年ですので、『日葡辞書』の発行から88年経過し、オランダ商館が最初に日本醤油を輸出した1647(正保4)年から44年後になります。そして、「醤油に酒を足して味をうすめ」ということから、とろ味の強い溜醤油が関東地方まで普及していたと判断できます。

ところで、この時期の関東地方で、伝承でなく史料上確認できる元禄期前後の醤油醸造家(地売でなく遠方への販売)は、茨城県下館(中村家)と銚子(ヤマサ)の2軒のみで、彼らは江戸へ醤油を販売しています。そして、これらの醤油は溜醤油と記されています(原料は大豆・小麦・食塩)。

以上のように、イエズス会の宣教師たちにはじまり、平戸や出島に出入りしたヨーロッパ人たちは、日本の醤油味を堪能したと思えますし、同時に中国人も出入りしていましたので、ヨーロッパ人以上に日本醤油を消費していたと思われます。

○海を渡った醤油—近世の醤油輸出

キッコーマン国際食文化研究センターは、利用者のために文献がオープン書架に納められ、パソコンの利用も可能になっています。これらの文献を利用してみましょう。

日本醤油が輸出されたのは、長崎・出島のオランダ東インド会社の商館(以下、商館と略記)と中国人の手によりました。この輸出の実態を『オランダ商館日記』と山脇悌二郎氏論文「江戸時代、醤油の海外輸出」に準拠して概観します。

○コンプラ醤油瓶について

食や食文化を論じる研究家の多くが、江戸時代に日本の醤油は「コンプラ醤油瓶」に詰められ、コンプラ社から外国へ輸出された。と記述しています。しかし、この説を近年批判したのが上記の論文です。

コンプラ醤油瓶とは、瓶に「Japansch ZOYA」、「COMPRADOOR DECIM 長奇(崎)金富良商店」、「C.P.D」という文字が焼き付けられた陶製容器です。な

かでも「C.P.D」は Compradoor の語を三音節で分割し，その頭文字を組み合わせたモノグラムといわれ，これが付いていることは，コンプラ仲間の輸出品という意味になるそうです。そして，コンプラ仲間は株仲間のことであり，商品の売り込み人であって，醬油醸造者でないということです。すなわち，日本の商品はコンプラ株仲間が特権的に仕入れ，これを商館へ売り渡す（輸出商）という仕事であったからです。これを詳細にみますと，1858（安政5）年の五カ国条約の第3条で，自由貿易となって出島へ商人が自由に出入りできるようになりました。しかし，コンプラ株仲間の商人は，その特権を捨てずに堅く守ったようです。また，1866（慶応2）年の改税約書第九条で，ようやく株仲間の特権が廃止されました。この時点から「C.P.D」というモノグラムが消滅したのです。

山脇氏も強調しているように，「C.P.D」はおそらく，もとコンプラ株仲間を持っていただれかが，明治に入って，長崎居留地の外国人への醬油売り込みを始めた際に創案したものと断じたうえで，「長奇金富良商店」の「商店」は商会同様に，明治に入ってから使用された語であると論じています。また，「Japansch ZOYA」というブランドも，化政期以降用いられたのを模倣・踏襲したものであると述べています。以上のように，江戸時代にコンプラ醬油瓶というのは存在せず，明治期以降に出現したものであることが判明したのです。

○オランダ商館の醬油輸出

鎖国体制が完成すると，幕府と貿易が認められたオランダ・中国がその担い手となって輸出業務が行われました。当時の貿易は，オランダの場合，商館が主たる貿易を担いましたが，私貿易も行われていました。これを「脇荷取引」と呼び，オランダ船の船長とその乗組員，および商館職員に許された個人貿易でした。

正式の貿易で商館が醬油をアジア地域へ輸出を始めたのが1647（正保4）年で，その後の1721（享保6）年になると，アジア地域への輸出を停止してしまいました。しかし，ジャワ島のバタビア本店商館だけには輸出し，1792（寛政4）年まで続けられました。なお，脇荷取引の醬油輸出は絶えることなく，アジア地域へ輸出されたのです。

商館が醬油を輸出したアジア地域は，図2（次頁）のように，現在のヴェトナムのトンキン，台湾の安平（アンピン），カンボジアのピニヤルー，タイのアユタヤ，マレーシアのマラッカ，インドネシアのバタビアなどの商館です。これらの都市には日本人町などがありましたので，鎖国後も日本人が数多く生活していたようです。し

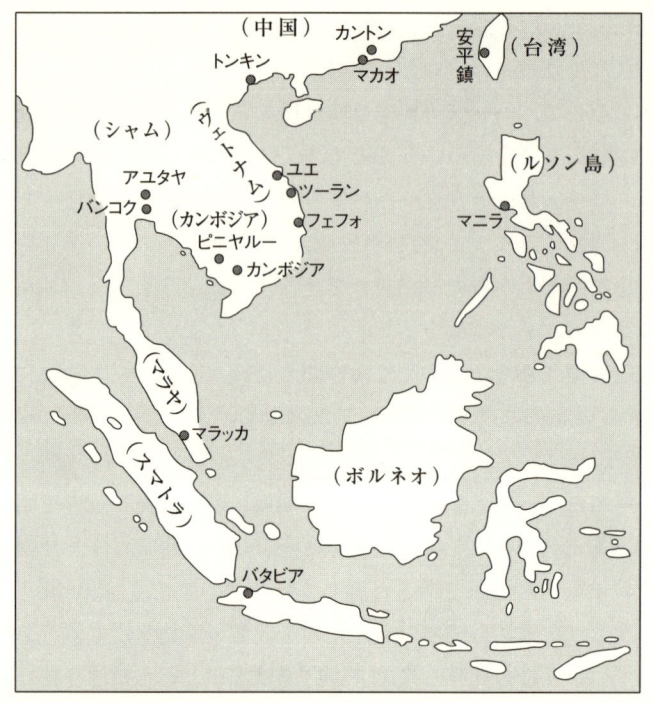

図2　17世紀の東南アジアの主貿易先

かも華僑が多く居住していて，彼らが最大の醬油購入者で，いわば上顧客でした。次に，それぞれの商館の醬油取り扱いについてみましょう。

台湾には，アンピン(安平)商館があり，1647(正保4)年に初めて醬油が輸出されてきました。しかし，1662(寛文2)年，鄭成功の復明運動の攻撃で，オランダの台湾長官が降伏させられ，オランダは台湾の支配権を失いました。それまでアンピン商館は，日本・中国・東南アジアを中継する重要な位置を占めていました。その後は，インド・ペルシャの遠方貿易品の中継基地は，マラッカ商館へ移されました。

トンキン商館へは，当初から輸出されていましたが，1652(承応元)年に再開され，小樽(1樽が銀2匁)50樽が直送されています。シャム商館(首都アユタヤにあった)へは，1657(明暦3)年に，台湾のアンピン商館経由で大樽(1樽が銀17匁)3樽，58年に大樽5樽，59年には大樽3樽が輸出されました。そして，1762(宝暦12)年にシャム商館が閉鎖されましたが，中国船が幕末期まで長崎から醬油を運んだといいます。

バタビア本店商館へは，1659(万治2)年が最初で，大樽4樽，伊万里焼(最初の輸出は1647年)，日本酒，梅干し，味噌，鰤(塩鰤か)，香の物(瓜の酒粕漬)などが一緒に積送されています。そして，翌年にも大樽6樽が送られました。マラッカ商館は，1662(寛文2)年に台湾のアンピン商館を失うと，インド・ペルシャ方面への分散商館の中継基地となりました。1652年に大樽11樽が積送されていま

表3　オランダ本国への醬油輸出
1737(元文2)年～1760(宝暦10)年

年	長崎から バタビアへ	バタビアから オランダ本国へ
	樽	樽
1737(元文2)	75	35
1738(〃 3)	不明	不明
1739(〃 4)	75	25
1740(〃 5)	75	25
1741(寛保元)	75	25
1742(〃 2)	53	送らない
1743(〃 3)	輸出しない	送らない
1744(延享元)	60	25
1745(〃 2)	72	25
1746(〃 3)	75	25
1747(〃 4)	75	25
1748(寛延元)	75	25
1749(〃 2)	70	25
1750(〃 3)	70	25
1751(宝暦元)	70	25
1752(〃 2)	70	25
1753(〃 3)	70	25
1754(〃 4)	75	25
1755(〃 5)	75	25
1756(〃 6)	75	25
1757(〃 7)	75	25
1758(〃 8)	75	25
1759(〃 9)	75	25
1760(〃 10)	70	20

出典　『野田市史研究』(1992)。「長崎商館仕訳帳」によって作成。

表4　長崎商館の醬油輸出
1761(宝暦11)年～1793(寛政5)年

年	輸出樽数	年	輸出樽数
	樽		樽
1761(宝暦11)	70	1778(安永7)	65
1762(〃 12)	70	1779(〃 8)	60
1763(〃 13)	70	1780(〃 9)	70
1764(明和元)	40	1781(天明元)	53
1765(〃 2)	40	1782(〃 2)	来航なし
1766(〃 3)	40	1783(〃 3)	60
1767(〃 4)	40	1784(〃 4)	57
1768(〃 5)	不明	1785(〃 5)	70
1769(〃 6)	〃	1786(〃 6)	90
1770(〃 7)	〃	1787(〃 7)	75
1771(〃 8)	〃	1788(〃 8)	75
1772(安永元)	〃	1789(寛政元)	80
1773(〃 2)	〃	1790(〃 2)	62
1774(〃 3)	40	1791(〃 3)	来航なし
1775(〃 4)	30	1792(〃 4)	10
1776(〃 5)	30	1793(〃 5)	輸出止む
1777(〃 6)	75		

出典　『野田市史研究』(1992)。「長崎商館仕訳帳」によって作成。

す。カンボジアのピニヤルー商館へは、1665年1樽のみで、2年後に閉鎖されました。なお、1665年には、トンキン商館へ大樽20樽と小樽50樽、バタビア本店商館へ大樽3樽というように、大量の醬油が海を渡りました。

　なお表3と4は、出島の商館が日本醬油を輸出した樽数です。そのなかでも表3は、オランダ本国への輸出量です。すなわち、ヨーロッパ世界に日本醬油がデビューしていた証拠です。そして、フランスのルイ14世(1638～1715)の食卓に日本醬油が乗っていたという伝説が生まれたように、17～18世紀にはヨーロッパで比類なき醬油の味が受け入れられたのは確かでしょう。

〇中国船による醬油輸出

　中国船による醬油輸出の初見は、1669(寛文9)年とされますが、これ以前より輸出されていました。中国の貿易船数は、1711(正徳元)年の記録で35隻、そのうち7隻が長崎から醬油を輸出しています。その取り扱い量は表5(次頁)の通りです。なお、表中の寧波船・広東船・南京船などの中国都市名を冠した船は、船名

表5　中国船の日本醬油輸出量

年	船	輸出樽数	年	船	輸出樽数	年	船	輸出樽数
1711 (正徳元)	寧波船	117樽	1712 (正徳2)	寧波船	134樽	1713 (正徳3)	台湾船	36樽
	台湾船	47樽		東京船	15樽		広東船	186樽
	広東船	100樽		厦門船	2樽		咬嚼吧船	81樽
	咬嚼吧船	370樽		南京船	40樽		厦門船	75樽
							南京船	10樽
合計		634樽			191樽			388樽

出典　『野田市史研究』第3号(1992)、「江戸時代、醬油の海外輸出」山脇悌二郎論文。改作。

表6　オランダ商館日記による醬油輸出量（化政期）

西暦	年号	輸出樽数
1804	文化元	90樽
05	2	輸出なし
06	3	12樽
07	4	192樽
08	5	124樽
09	6	258樽
10	7	147樽
11	8	135樽
12	9	98樽
13	10	83樽
14	11	91樽
15	12	63樽
16	13	輸出なし
17	14	輸出なし
18	文政元	輸出なし
19	2	245樽
20	3	287樽
21	4	322樽
22	5	95樽
23	6	210樽
24	7	記載なし
25	8	同上
26	9	同上
27	10	輸出なし
28	11	記載なし
29	12	300樽
合計		2,752樽

出典　『野田市史研究』(1992)。筆者作表。

地と長崎を往復する船です。ですから日本の醬油が中国へ輸出されていたのです。また、咬嚼吧船とは、ジャワのバタビアと長崎を往復した中国船です。これらの中国船は、オランダ商館船の脇荷取引き同様に、幕末期まで醬油を中国や東南アジアそしてオランダまで輸出しました。その全体量は不明ですが、表6の化政期の輸出量を維持したものと思われます。

○近・現代の醬油輸出略史

明治維新政府が成立した1868(明治元)年4月、日本人最初のハワイ契約移民153名が、政府の許可なしで渡航しました。この移民は、ハワイ国総領事が斡旋・送出したため、外交問題へと発展してしまいました。しかし、この移民こそが近代醬油の輸出第1号という記念すべき出来事だったのです。この時醬油と味噌数百樽が積込まれていたのです。

その後の1879(同12)年にキッコーマン印の醬油が、アメリカのカリフォルニア州で商標登録を得たり、1883(同16)年に東京醬油が世界に向けて輸出し、醬油輸出の最盛期(幕末期)の1割を確保したといいます。やがて輸出に代って、海外での現地生産が出現し、1905(同35)年にケンビシ醬油(千葉県旭市)がハワイで生産に成功したのが最初です。続いて野田の初代茂木啓三郎が韓国の仁川で生産(1907)しています。また、同年に茂木啓三郎は、コロラド州デンバーで工場を設けたり、カナダのトロントでも

醬油工場の指導を行ったといわれます。そして，昭和期に入っても中国や東南アジアで醬油工場が設立されました。しかし，これらの醬油工場は終戦直後に消滅してしまいました。

海外の生産施設を失った醬油業界も，高度経済成長を背景に再び海外での現地生産に力を注ぎ，その結果，海外旅行中でも簡単に醬油を入手することができるようになりました。しかも現在では，アメリカの一般家庭が年間を通して，醬油を購入する割合が，26％に達したといわれるように，「テリヤキ・ソース」から「健康食品」として，醬油の香りとうま味が世界をとりこにする勢いです。なお，近年ではオランダにも工場が誕生しているのも，歴史の繫がりを感じます。

○おわりに

醬油産業について教科書では，紙幅の関係上，特産品の産地名が記されるだけで具体的な記述がありません。これを補完するのが地域にある博物館です。その中に生涯学習や総合学習の教材が埋もれています。そこで博物館が有する資料や情報を利用し，身近な事柄から歴史全体を知る知的経験を体験してみましょう。博物館は皆様の来訪を待っているのです。

〈参考文献〉
石毛直道，ケネス・ラドル『魚醬とナレズシの研究—モンスーン・アジアの食事文化—』　岩波書店　1990年
キッコーマン株式会社編『キッコーマン醬油史』　キッコーマン株式会社　1967年
　なお，同社には『20年史』『80年史』がある。
山脇悌二郎「江戸時代，醬油の海外輸出」『野田市史研究』第3号　野田市史編纂委員会　1992年

（小川　浩）

II　原始・古代

【3】

低地の貝塚は縄文人の貝加工場だったのか？

市立市川考古博物館

○はじめに

　縄文時代の貝塚は，全国で2000カ所あまり存在すると言われています。その多くが太平洋岸に分布し，関東地方には約6割が集中しています。とりわけ東京湾の東側の松戸市から市川市にかけての一帯は，最も貝塚が密集している地域です。また，この地域は，歴史の教科書や図説にでてくるような加曽利貝塚や堀之内貝塚，姥山貝塚など馬蹄形や環状の大型貝塚が多数分布する地域でもあります。縄文時代を学習する際には，これら馬蹄形や環状を呈する台地上の集落内貝塚を典型的な貝塚としてとりあげることが一般的です。そこからは，台地上の集落にともな

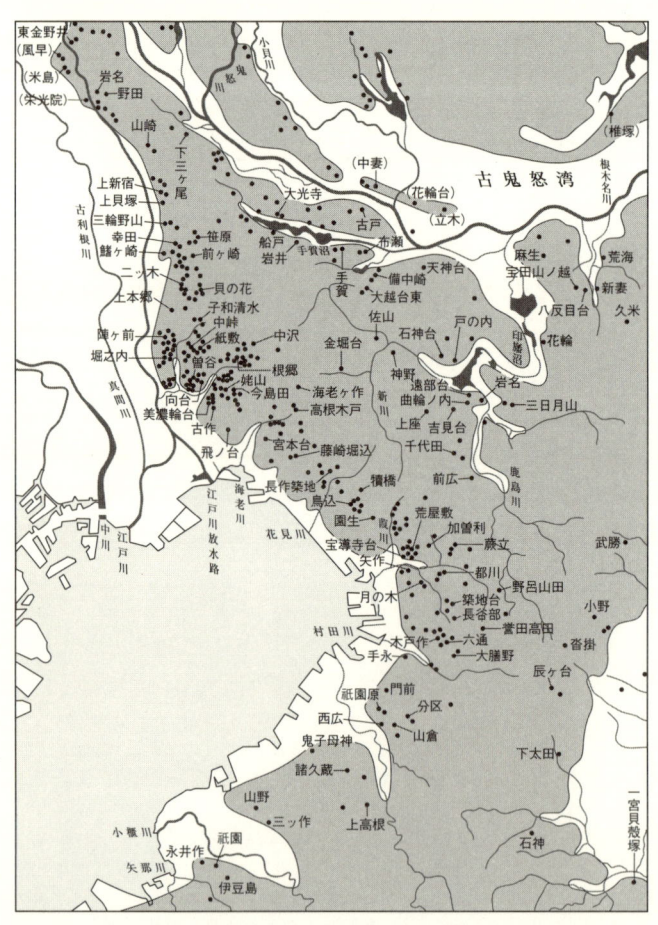

縄文時代の貝塚分布(現東京湾東岸，市立市川考古博物館『市立市川考古博物館展示解説』第3版，1995年より)

って貝塚が形成されること，貝塚の形状・規模や集落構成，出土した魚骨・獣骨などの食べかす(食料残滓)や石器・骨角器などの人工遺物から復原される生業の実態等々，縄文時代の人びとの生活を周囲の自然環境まで含めてたくさん学ぶことができます。

しかし，近年，台地上の集落内貝塚よりも標高の低い段丘上や沖積地，つまり，より海岸線に近い場所に立地する貝塚(以下，低地性貝塚とよぶ)の調査例が増加してきています。そして，出土遺物や住居跡などの遺構の比較から，台地上の集落内貝塚とは異なる，これら低地性貝塚の性格が明らかにされつつあります。

市立市川考古博物館で貝層を展示している奉免安楽寺貝塚は，明らかに台地上の集落内貝塚とは異なる低地性の貝塚です。本稿では，このような展示を通して貝塚の形成過程の多様さについて取り上げ，縄文人の生業について考えてみます。

○市立市川考古博物館と堀之内貝塚

千葉県北部に広がる下総台地は，その西部において大小無数の谷によって樹枝状に刻み込まれています。千葉県西部に位置する市川市内では，市街地から北に向かって国分谷と大柏谷のふたつの大きな本谷が伸び，台地は西から国分台，曽谷台，柏井台の三つの地区に分断されています。この台地上を中心に多くの貝塚が分布しています。

市川市とその周辺の縄文時代遺跡 (同前)

堀之内貝塚の貝類
（アサリ、ハマグリ、サルボウ、イボキサゴ、アカニシ）

市立市川考古博物館は、国分谷の本谷に連なる谷津にはさまれた尾根状台地上に位置しています。JR総武線市川駅から京成バスに乗り換え、国分操車場で下車、西にしばらく歩くと博物館の白い建物が見えてきます。また、都心と千葉ニュータウンを結ぶ北総開発鉄道の開業により、北国分駅から徒歩10分ほどで行くこともできます。

　市立市川考古博物館は、県の博物館構想の内の考古部門の一翼を担って1972年、市立市川博物館としてオープンしました。館内に入るとホールに吊るされたコククジラの化石に目がとまります。市内平田で出土した縄文時代前期末から中期初頭にかけてのクジラで、当時、東京湾にクジラが回遊してきたことを物語る資料として重要です。左手の階段を、猿人から新人への進化をたどる1枚1枚のパネルを見ながら上がり、2階の展示室に進みます。展示室では、「最初の住民」「貝塚の形成」「農耕の開始」「古墳の出現」「律令の社会」の各コーナーを通して、房総半島の誕生から律令制が崩れるまでの歴史を時代別に学ぶことができます。

　また、尾根状台地上の博物館隣接地には縄文時代後期から晩期にかけて形成され、堀之内式土器の標式遺跡としても知られる国指定史跡の堀之内貝塚が存在します。貝塚は、東西約225m、南北約120mの細長いU字形を呈します。東京近郊の大馬蹄形貝塚であるため、古くから縄文文化研究の場となり発掘が繰り返されてきましたが、貝塚の全形は比較的よく残されています。馬蹄形貝塚の形状やハマグリ・アサリ・イボキサゴなどの貝殻が散っている様子などを整備されている見学コースを巡りながら確認することができます。

〇ほとんど貝殻しか出土しない奉免安楽寺貝塚

　館内第2室「貝塚の形成」のコーナーでは、縄文土器や石器・骨角器などの縄文人の道具、採取対象になった鳥・獣・魚介類などの食べかす、3700年前の堀之内貝塚での生活の1コマを再現したジオラマ、貝輪などの装身具、縄文人骨などをわかりやすく展示しています。

3 低地の貝塚は縄文人の貝加工場だったのか？

縄文時代の生業は，狩猟・漁労(ぎょろう)・植物採集を3本柱としますが，これを「山の幸─植物」「山の幸─けもの」「海の幸─貝」「海の幸─魚」に分けて，縄文人の道具と捕獲・採集対象になった動植物・魚介類のレプリカや食べかすと関連付けて展示しています。そのなかに，奉免安楽寺貝塚の貝層があります。この遺跡は，大柏谷左岸の段丘上の標高約8mに位置する縄文時代後期(約3500年前)の貝塚です。貝塚は，いたるところで削られてしまっていますが，最も厚い部分で70cmほど，貝殻の分布から南北約100m，東西約30mの弧状(こじょう)貝塚と推定されています。博物館に展示されている貝層は，発掘地点の良好な貝層をはぎとったものです。貝層は下からハマグリ→マガキ→ハイガイのくりかえしで堆積しており，その堆積状況から短期間に形成されたと考えられています。さて，展示されている貝層をじっくりと見ていくと生活の臭いがあまりしないことに気づきます。それは，獣骨などの貝殻以外の食べかすや骨角器・土器などの道具類を貝層から見出すことができないからです。そればかりか，この貝塚からは竪穴住居跡(たてあなじゅうきょあと)やピット(貯蔵穴)，人骨なども発見されていません。通常の集落では見出される遺構・遺物が奉免安楽寺貝塚では欠落しているのです。そのような点で，奉免安楽寺貝塚は特殊な貝塚としてとらえざるをえません。特殊というのは，これまで縄文時代研究の中心であり，縄文時代学習の中心であった台地上の集落内貝塚と比較した場合の特殊性ということになります。

奉免安楽寺貝塚の貝層　市立市川考古博物館蔵。

木戸作貝塚と奉免安楽寺貝塚の遺物出土量

	貝層面積 (m³)	貝層体積 (m³)	数（　）内は数／1m³				
			土器	石器	貝器	獣骨	シカ・いのしし
木戸作	1440.0	451.4	1026 (2.27)	103 (0.23)	7 (0.02)	103 (0.23)	74 (0.16)
奉免安楽寺	50.0	35.0	11 (0.31)	0	0	0	0

貝層面積・貝層体積は調査部分。
(植月学「縄文時代における貝塚形成の多様性」『文化財研究紀要』第14集　東京都北区教育委員会《2001年》より作成)

034　Ⅱ　原始・古代

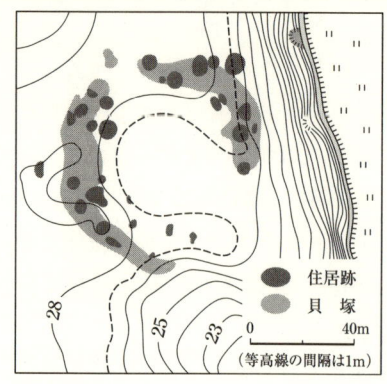

貝の花貝塚

住居跡
貝　塚

0　　40m
（等高線の間隔は1m）

〇典型的な貝塚としての台地上の集落内貝塚

　教科書では，縄文貝塚の典型例として，台地上の集落内貝塚である貝の花貝塚（松戸市）などが図版で例示されています。図版では馬蹄形を示す貝塚の形状と住居の分布が重ねて描かれ，複数の住居にともなって馬蹄形の貝塚が形成されることが理解できます。

　さらに，貝塚では，本来の酸性土壌であれば溶けてなくなってしまう人骨，獣骨，魚骨などが貝殻のカルシウム分によって残存しますので，これらから復原された内容を取り上げることによって，縄文人の姿はより具体的で身近になります。たとえば，貝塚から発見される人骨からその人の身体的特徴がわかりますし，コラーゲン分析で貝塚を残した人びとでさえも植物食中心の食生活を送っていたことまでわかります。生業という観点では，検出される釣針・銛・やすなどの骨角器や石錘・土錘，さらに食べかすによって縄文人の漁労の具体像にもせまることができます。鳥・獣骨や各種石器などから狩猟や植物採集についても多くの情報を得ることができます。

　貝の花貝塚などの台地上の集落内貝塚は縄文社会をとらえる上では格好の材料で，以上のような内容を取り上げていくなかで縄文人の姿も具体的になっていきます。

〇縄文貝塚イメージの転換

　しかし，馬蹄形や環状を呈する台地上の集落内貝塚によってとらえられる縄文貝塚のイメージにはさまざまな問題点があります。

　まず，その規模や形状という点ですが，たとえば先にあげた貝の花貝塚では35軒の住居跡が検出されていますが，その時期は縄文時代中期から後期にわたります。一時期ごとの貝層が馬蹄形をしていたことはありません。それどころか，縄文時代後期の集落跡が，貝層を含めて完全に調査された木戸作貝塚（千葉市）の10軒の竪穴住居の分析では，集落を構成していた10軒の竪穴住居は，実は「一軒の住居が時間的に配置された結果」との結論もあります。すなわち住居は常に1軒だけですが，住居跡が分布する最終的な景観から「環状集落」の幻を見てしまっ

3 低地の貝塚は縄文人の貝加工場だったのか？　035

ているわけです。これについては，同遺跡で「点列環状貝塚」と報告された7地点の貝塚についても同様です。

さらに，多様な貝塚が存在することが見落とされています。台地上の集落内貝塚といっても，馬蹄形や環状の大型貝塚よりも廃屋などに貝殻が捨てられてレンズ状に堆積した点在貝塚のほうが圧倒的に多数です。千葉県全体では馬蹄形（環状）貝塚が18％であるのに対して，点在貝塚が82％を占めます。しかも馬蹄形（環状）の大型貝塚が形成されるのが中期・後期であるのに対して，点在貝塚という小型の貝塚は早期から晩期まで存在します。

縄文貝塚の類型—貝塚と集落との関係から—
(1)大型貝塚を伴う集落遺跡 ⎫
(2)小型貝塚を伴う集落遺跡 ⎬ 貝塚
(3)集落を伴わない貝塚　　 ⎭
(4)貝塚を伴わない集落遺跡

○貝処理作業場としての低地性貝塚

そして，さきにあげた奉免安楽寺貝塚のような貝殻以外の各種遺物および住居跡などの遺構がほとんど出土しない，台地上の集落内貝塚とは性格を異にする貝塚が存在します。「集落とは距離をもった，貝処理作業のみ実施した場」としての可能性が高い貝塚です。つまり，採取した貝をむき身などに加工した場であり，消費は他の場所で行われているのです。奉免安楽寺貝塚が貝処理作業場とすると，この貝塚を残した人びとが居住していた集落が他の場所にあるということになります。同時期で可能性の高い遺跡としては，直線距離で約900mの場所にある姥山貝塚が想定されます。姥山貝塚に貝が捨てられなくなった頃，奉免安楽寺貝塚に貝が捨てられ，貝塚が形成されます。貝処理を何らかの理由で集落から作業場に移しているのです。

このような集落を伴わない貝塚は，古くから宝導寺台貝塚（千葉市）などが知られていましたが，東京都港区

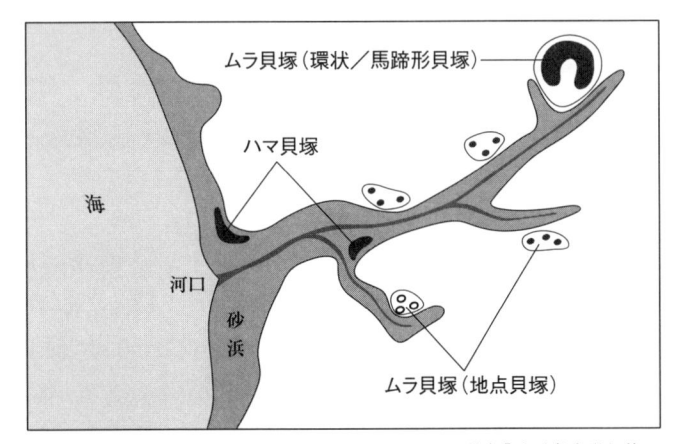

縄文貝塚の類型と分布（阿部芳郎「水産資源の活用形態」『季刊考古学』第55号，1996年より）

の伊皿子貝塚など低地性貝塚の調査例が増加するのにともなって，貝処理専門の作業場として集落外貝塚の性格が論じられるようになりました。そして，最大厚4.5m，幅40m以上の貝の堆積が確認された東京都北区の中里貝塚の調査によってさらに脚光をあびるようになりました。

　台地上の集落内貝塚と低地性貝塚は，それぞれ「ムラ貝塚」「ハマ貝塚」として類型化され，立地と分布を模式的に示すことも試みられています（前頁図参照）。

　しかし，低地性貝塚のすべてが集落外の貝処理専門の作業場ということではなく，その形成過程は，より多様であることも明らかになりつつあります。つまり，遺物構成がより多様で居住地の可能性のある低地性貝塚も存在します。いずれにせよ，獣魚骨など貝殻以外の食料や石器などの道具類の出土状況，居住地などにもとづき貝塚の形成構造の差を整理するなかで，それぞれの貝塚の性格はさらにはっきりしていくことになります。

○おわりに

　近年，従来からの縄文時代観に変更をせまるような研究や発掘が相次いでいます。しかし，その一方で「縄文人は食料採取に明け暮れ，その生活は自然に大きく左右されるために非常に不安定であった。縄文人たちは，呪術によってそのような不安定さを振り払おうとしていた。」という旧来の縄文時代観も根強く残っています。

　縄文人たちは本当に食料採取に明け暮れ，不安定な生活を送っていたのでしょうか。左図の東京湾奥部の貝塚民のカレンダーに示されているように，実際には，地域や季節に応じて多岐にわたる食料採取を行い，豊かな食生活を享受していたと考えられています。また，

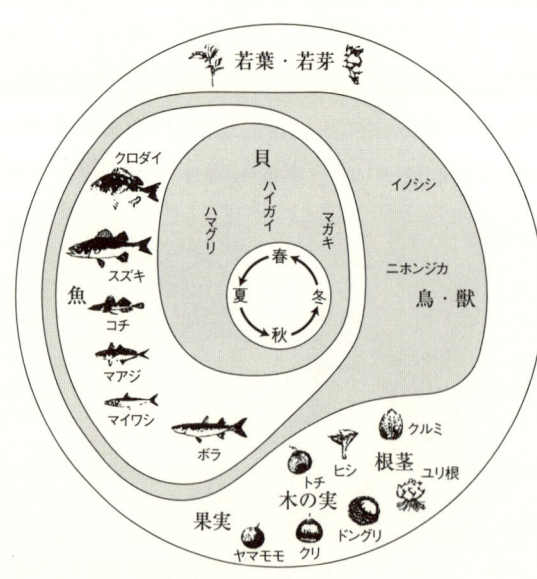

東京湾奥部の貝塚民の食生活カレンダー

その地域で獲得できない物も周辺の人々との交換などを通じて入手していました。石器の材料や食料など，さまざまなものが人の手を介して動いています。これも生活の安定につながります。このような縄文社会において，海岸部では，カロリーは低いですが，味覚や保存という点ですぐれている干し貝が交換の品として重要であったことは想像に難くありません。

また，採集狩猟民の生活を民族学的に調査した結果では，労働時間（食料採取時間）は，食料生産段階の人びとに比べて極めて短いことが判明しています。そのような状況下であればこそ高度な精神生活を送ることも可能だったのではないでしょうか。停滞という言葉に象徴されがちな縄文時代をゆとりという視点からもう一度とらえなおす必要があります。

さて，現東京湾東岸に多数形成された貝塚は，縄文人の生活を安定させる上で大きな要因となった貝類採取の痕跡です。その実態をつかむためには貝塚の個々の性格をとらえることが必要です。これによってはじめて縄文人の生業を含めた生活の一端がみえてきます。

〈参考文献〉
杉原荘介他『市川市史』第1巻　吉川弘文館　1971年
後藤和民「千葉県内における貝塚集落」『千葉県の貝塚』　千葉県文化財保護協会　1983年
戸沢充則編『縄文人と貝塚』　六興出版　1989年
市立市川考古博物館『市立市川考古博物館展示解説』第3版　1995年

(渡邉嘉幸)

◀4▶

古墳出土品から 朝鮮半島・大陸文化のにおいがする！

木更津市「金鈴塚遺物保存館」

○はじめに―木更津をめぐって―

　東京湾アクアラインの千葉県側の着岸点に，木更津市があります。木更津を中心とする東京湾に面した西上総地方は，古来から地理的にも歴史的にも重要な位置を占めていたようです。ヤマトタケルにまつわる数々の伝説の存在や，古東海道のルートが，対岸の相模三浦半島から海路を経て，直接この地方に伸びていたことからも，その重要性がうかがわれます。

　大化改新(645年)以前，氏姓制度下のヤマト政権の時代には，木更津市域を西流し東京湾に注ぐ小櫃川流域から南隣の君津市の小糸川流域あたりまでは，馬来田国造が統治し，小糸川流域以南の君津・富津市域は須恵国造が統治していたといわれています。そして，小櫃川下流域には，木更津市の祇園・長須賀・浜長須賀にかけて，朝鮮半島・大陸系の出土品で注目されている古墳群が存在していました。同様に，小糸川下流域の南方には，県下最大の前方後円墳である内裏塚古墳を中心とする古墳群を，今でも確認することができます。これらはいずれも，国造として地域を統治していた地方豪族の墳墓群ではないかといわれています。

　この稿で取り上げる木更津市の「金鈴塚遺物保存館」は，近年でいえば1988(昭和63)年に，朝鮮半島・大陸系のきらびやかな副葬品が大量に発見されて，世間の耳目を集めた奈良県の藤ノ木古墳からの出土品と，かなり似通った素晴らしい出土品の数々を展示・収蔵しています。ここでは，

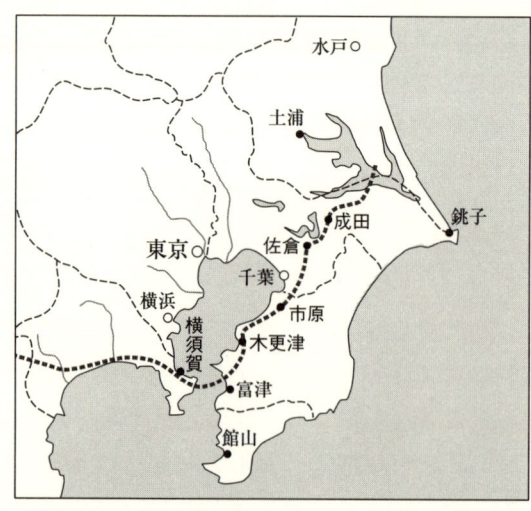

古東海道のルート（地名は現在のもの，白石太一郎『企画展「甦る金鈴塚」記念講演会記録―金鈴塚古墳が語るもの―』より）

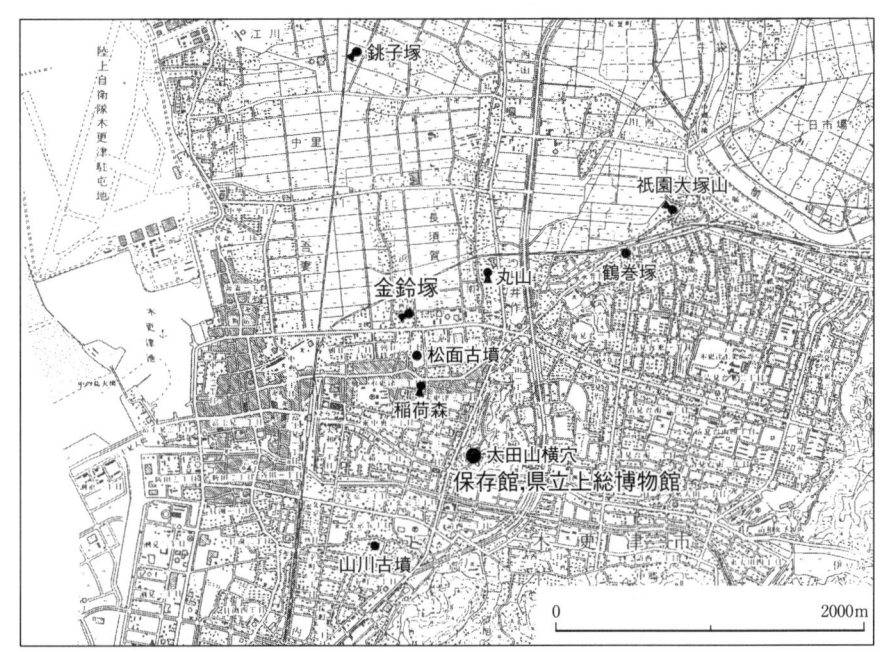

金鈴塚の位置（金鈴塚遺物保存館『金鈴塚古墳出土品図録—甦る金鈴塚—』より）

木更津市の観光リーフレットで"恰好(かっこう)の社会科教室"とうたわれた「金鈴塚遺物保存館」を訪ねて，展示品から朝鮮半島・大陸文化のにおいをかぎとり，古墳時代後期，特に6世紀後半から7世紀初頭あたりの木更津地方とヤマト政権，そして古代朝鮮とを結びつけて考えてみましょう。

○二子塚(ふたごづか)から金鈴塚に

今からほぼ半世紀前の1950（昭和25）年，JR木更津駅から北東約1kmの浜長須賀に千葉県指定史跡「金鈴塚」が誕生しました。塚すなわち古墳のことですが，本来は全長100m前後で，周溝(しゅうこう)まで含むと140mにも及ぶ，大きな前方後円墳でした。

この古墳の発掘は，「二子塚」と通称されていた大古墳が，明治以来の地域の生産活動や開発の中で，徐々にその姿を失い，人びとの意識から薄れかけた頃に行われました。時あたかも，敗戦後まだ5年目の貧しい時代のことです。すでに，前方部の大半は失われ，残された後円部も崩壊が進んで，主体部の横穴式石室(よこあなしきせきしつ)の一部が露出し，無残な状況であったようです。しかし，発掘調査によってこの古墳は，世の脚光を浴びることとなったのです。

II 原始・古代

金鈴塚古墳の大きさとかたち（木更津市教育委員会『金鈴塚古墳発掘50周年記念展 金鈴塚の輝き』より）

金　鈴　金鈴塚遺物保存館蔵。

　まず，残存していた墳丘の状態からして，とても「二子塚」とは信じられなかったものが，大きな前方後円墳であったことが確認できたことです。次に，幸か不幸か，早くから石室の天井石などが落下して土砂が堆積していたために，盗掘を免れていたということです。そして何よりも素晴らしかったのが，石棺内のみならず，石室内ほぼ全体から発見された金銀銅製品からなる豪華・華麗な副葬品の数々と，特に須恵器を中心とする大量の土器などの遺物の存在でした。

　「金鈴塚」という名称は，豊富な出土品の中から検出された5つの小さな純金の鈴にちなんで，「二子塚」に代わって公式に誕生したのです。金鈴のうちの1つは，発掘当時にもすずやかな音色が出て，ラジオでも放送されたということなので，よほど印象深かったものなのでしょう。しかし，この「金鈴塚」古墳の真骨頂は，金鈴だけではなく，たくさんの華麗な副葬品のすべてと，さらには辛くも消滅を免れた横穴式石室を有する古墳それ自体にあるのです。すなわち「金鈴塚」から，古墳時代後期のヤマト政権と東国の房総の地との関わりや有様が，ほのかに浮かび上がって見えてきます。また，きらびやかな飾り大刀・金銀銅製品・馬具・武具などの副葬品からは，古代朝鮮三国時代のにおいがかなり色濃く漂ってきます。ですから，発掘当時の木更津市当局は，敗戦後間もない，内外ともに多難な時期にもかかわらず，各方面の協力を得ながら，遺跡の保存と出土品の調査・保存，そして郷土の貴重な歴史遺産として一般への普及・啓蒙を図ることとなったのです。

　こうして脚光を浴び，発掘後間もなく「金鈴塚」として千葉県史跡に指定されたのを受けて，1951（昭和26）年には，石棺や石室の石材が旧位置に戻され，失われた羨道部を除いて横穴式石室が復元されました。これは，今でも自由に見学す

ることが可能です。一度訪れてみてはいかがでしょうか。また1956(昭和31)年には，出土品の保存・展示を目的として，木更津市によって「金鈴塚遺物保存館」が設立されました。その後1959(昭和34)年には，収蔵するすべての「金鈴塚」出土品と，旧位置に復された石棺が，一括してすべて国の重要文化財に指定され，現在に至っているのです。

なぜ，これほどまでの手厚い取り扱いを「金鈴塚」は受けてきたのでしょうか。無残に残された墳丘そのものからは，なかなかその理由を見出すことは難しそうなので，木更津市街のシンボル，太田山の中腹にある「金鈴塚遺物保存館」に足を運んでみることにしましょう。

金鈴塚の石室　金鈴塚遺物保存館提供。

○外見だけではだまされる「保存館」

「金鈴塚遺物保存館」(以下，「保存館」と略記)は，JR木更津駅から東に徒歩約15分の太田山公園内にあります。とすると，「金鈴塚」古墳本体からは，南東約1kmの所に位置していることとなります。開館後7年目の1963(昭和38)年に，敷地内に収蔵庫を含む別館が建てられただけで，施設設備などに大きな変化はなく現在に至っていますので，「保存館」そのものは外見上もあまり目立つものではありません。うっかりすると，「保存館」の前を通り過ぎて，"きみさらずタワー"のある，すぐ上の千葉県立上総博物館の方に行ってしまう人たちもいるくらいです。さりながら，外見と中身は大違い。総計千余点を数える「金鈴塚」出土品は，すべて国の重要文化財に指定されて

金鈴塚遺物保存館

「保存館」にあるのです。そして，お世辞にも広いとはいえない展示室に足を踏み入れると，そこには千余点の中から，特に貴重で印象深い出土品の一部が，展示ケースの中にひっそりと置かれています。

　展示品は，考古学の世界では発掘直後から注目を浴びた物が多いのですが，何の先入観もなく，はたまた予備知識をほとんど持たずに初めて見たとしても，直感的に目を引かれ，心に残る物がいくつもあります。それらの「金鈴塚」出土品は，発掘調査の結果からして，基本的には6世紀後半から7世紀初頭にかけて，相次いで石室内に安置された被葬者の遺体とともに副葬された，いわゆる副葬品と呼ばれるものです。その内容は，刀剣などの武具類，馬具類，金銀銅製の装身具類，鏡・玉・土器類など，質・量ともに豪華で多岐にわたる見事なものです。ちょうど先述の，奈良法隆寺近くの藤ノ木古墳からの出土品（大半の高校生用の日本史図表にカラー写真が掲載されています）を，思い浮かべていただければよいのではないでしょうか。

　それでは，以下に「金鈴塚」古墳出土品の主なものから，いくつかをピックアップして紹介していくこととしましょう。合わせて，特に注意を向けていただきたい朝鮮半島・大陸文化との関連が指摘されているものについて，発掘報告書やその他の文献の見解を援用して付記しておきます。

(1) 銅鏡

　石棺内から径15.8cmの変形神獣鏡（三神五獣鏡）が，石室の奥壁あたりから径10.4cmの変形珠文鏡（変形四乳鏡）が，それぞれ1面ずつ出土しています。

いずれも日本で作られたいわゆる倣製鏡ですが，そのお手本は中国漢末から三国時代の鏡にあるようです。特に変形神獣鏡（三神五獣鏡）は，後者に比べて比較的鏡背の図文が確認しやすく，有名な三角縁神獣鏡を思い描いてみるとよいでしょう。

(2) 馬具

　馬具類は金銅製や鉄地金銅装のものが多く，石棺の内外を問わず，さまざまな

変形神獣鏡　金鈴塚遺物保存館蔵。

ものが大量に出土していま
す。華麗さでは劣るものの，
まさに朝鮮半島・大陸との
直接的なつながりを云々さ
れた，藤ノ木古墳からの出
土品を彷彿とさせるものが
あります。轡・鞍金具・金
銅鈴・馬鐸・杏葉・雲珠
など総数130点あまりを数
えています。これらと類似

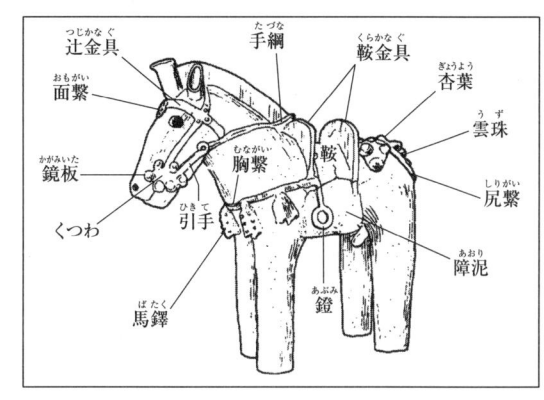

馬具の名称（山川出版社『図説歴史散歩事典』より）

する馬具類の出土は，この地域では「金鈴塚」近くの松面古墳と，祇園の鶴巻
塚古墳から確認されています。ただし，古墳そのものは，残念ながらいずれも
消滅していますが，出土品は東京国立博物館に収蔵されており，学会では著名
なものだそうです。また，群馬県高崎市の八幡観音塚古墳からの出土品は，
「金鈴塚」出土の杏葉などの馬具類だけではなく，多くの副葬品との類似性が
指摘されており，古墳時代後期の東国とヤマト政権との関係を考える上で示唆
を与えてくれそうです。機会があったら，「保存館」を見た後に，観音塚考古
資料館も訪ねてみてはいかがでしょうか。

(3) 金銀銅製の装身具類

　発掘調査の結果，「金鈴塚」には相前後して，少なくとも3体の遺体が埋葬
されていたようです。もちろんそれらの被葬者の遺体は，支配者にふさわしい
ような衣服を身にまとい，豊かな財力や権力を表わす装飾が施されていたはず
です。それを裏付けるものが，「金鈴塚」の名の由来ともなった金鈴を始めと
する，多種多様な金銀銅製の装飾品類の数々です。径約9mmほどの純金の
可憐な金鈴は，モール状の金糸・銀糸などと一緒に出土していますので，腰飾
りとされたものでしょうか。また，後述のように20本近く出土した見事な飾り
大刀の近くから，金鈴などがまとまって出土しているので，大刀を腰に付ける
飾り帯にモール状の金糸・銀糸などが織り込まれていた可能性も考えられてい
ます。他にも，金製歩揺（金の針金に金製の薄い小さな円板をねじり止めたも
の）や銀製木実形垂飾など金鈴と一連らしきものや，耳飾りと思われる金環，
銀製葉形飾金具・銀製唐草透彫金具・金銅製飾金具など，貴重なものが出土し
ています。

これらと同類の金銀銅製の装身具類は，古代朝鮮三国時代の王墓と思われる墳墓群からも，副葬品として数多く出土していることが知られています。それはたとえば，新羅の古都慶州の古墳群中の金冠塚や金鈴塚などであり，伽耶（加耶・加羅ともいう）と総称された領域内にある福泉洞古墳群や池山洞古墳群などであり，百済の古都熊津（現公州）の宋山里古墳群などです。特に，宋山里古墳群中の武寧王陵（1971年に偶然の発見から完全な未盗掘状態で学術発掘され，墓誌石や多種多様な豪華な副葬品が出土。百済中興の英主といわれ，523年に没した第25代武寧王とその妃の合葬墓。ちなみにこの武寧王の息子が，仏教公伝で有名で，554年に新羅との戦いの最中に戦死した聖明王です）から出土した冠飾・耳飾りなどの金製装身具には，かなり似通った雰囲気を感じさせます。

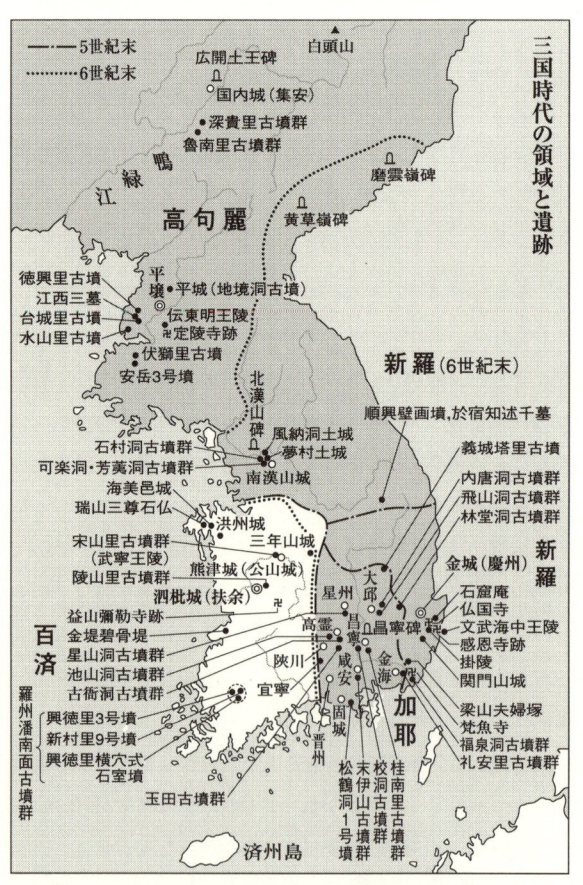

　また伽耶は，ヤマト政権による朝鮮半島支配の軍事的拠点として，"任那日本府"の存否が議論されていた地域を含む小国家群のことで，「金鈴塚」古墳出土の金鈴は，この伽耶各地の墳墓からの出土品と同種同系のものではないかと考えられています。

(4) 金銅製透彫金具

　石室の奥壁付近で，高さ約38cmほどの2枚の透彫金具が見つかっています。図（右頁）のように，頂部には剣先状のものがつき，所々に歩揺がついており，下部は柄のようになっ

三国時代の領域と遺跡（河出書房新社『図説韓国の歴史』より）

4　古墳出土品から朝鮮半島・大陸文化のにおいがする！　045

ています。これは形態こそ違いますが，先述の百済武寧王陵出土の金製冠飾や，新羅の慶州金冠塚・金鈴塚出土の金冠などと対照すると，被葬者の冠に付けられていた立て飾りではないかと思われます。古代朝鮮三国時代では，原則として冠(かんむり)・耳飾(みみかざり)・帯(おび)金具・飾履(しょくり)(飾りの付いたくつのこと)がセットをなす装身具として，副葬される風習があったといわれています。とすると，ここで特記すべきものとして「保存館」ではなく，1933

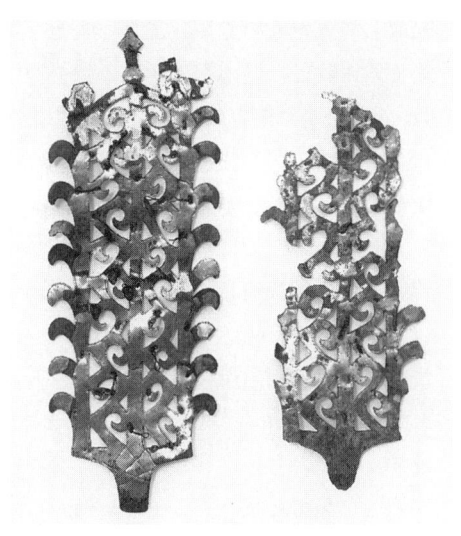

金銅製透彫金具　金鈴塚遺物保存館蔵。

(昭和8)年に「二子塚」(現「金鈴塚」)出土として東京国立博物館に収蔵された飾履を取り上げねばなりません。この飾履は左右一対分の細片で発見され，修理・想定復元の結果，全長45cmのかなり大きなものとわかりました。国内では10余例の出土例しかなく，しかも朝鮮の出土例を加えても，最大の金銅製飾履だといえるようです。奈良の藤ノ木古墳や"ワカタケル大王(雄略(ゆうりゃく)天皇のこと)"銘大刀の出土で著名な熊本の江田船山(えたふなやま)古墳などから，似たような飾履が出土しています。もちろん，武寧王陵を始めとする朝鮮の百済・新羅・伽耶の古墳群からも，同様のものが出土しています。このような状況からして，既述のようにヤマト政権と東国や九州などの地方有力豪族の関わりが，また古代朝鮮の王族とのつながりが，さらに強く見えてくるのではないでしょうか。

(5) 武具(ぶぐ)類

武具類としては，石棺内から衝角(しょうかく)付(つき)冑(かぶと)(前方部の形が軍艦の衝角に似ているのでこの名がある)と呼ばれる鉄製の冑と，小札(こざね)(長さ数cmの短冊形(たんざくがた)の鉄板)を綴じ合わせた挂甲(けいこう)と呼ばれる甲(よろい)が見つかっています。これらの甲冑(かっちゅう)はいずれも騎馬民族に起源があり，高句麗(こうくり)などの古代朝鮮三国を通じて，古墳時代の日本に

衝角付冑　金鈴塚遺物保存館蔵。

伝来してきたものです。また，弭（ゆはず）と呼ばれる銀製筒形の金具が3対出土しています。これは，弓の上下両端の弦（つる）をかける部分にあたる金具で，同様の銀製弭は，「金鈴塚」南方にあった松面古墳からも見つかっています。もちろん，弓には必須の，矢の先端につける鉄鏃（てつぞく）も，石棺の内外から総計約500個あまり出土しています。

そして，ここで特筆すべきものとして，石室内のほぼ3地点からまとまって出土した，総数約20本近くの大刀（たち）を紹介することとしましょう。これらの多くは，柄頭（つかがしら）に金銅製や銀製のさまざまな飾りを付け，鞘（きや）にも透かし彫などの装飾のある金銅板を用いた見事な飾り大刀です。完形ならば，大刀の長さはいずれも1.3～1.4mの大きなもので，まさに一見して，すばらしいの一語につきます。ぜひ，じっくりと，御覧になってみて下さい。特に，刀の柄頭の部分を注意して見るとよいでしょう。柄頭の飾りの形から，環頭大刀（かんとう）・圭頭大刀（けいとう）・円頭大刀（えんとう）・頭椎大刀（かぶつち）・鶏冠頭大刀（けいかんとう）と，さまざまな名前が付けられていることがわかります。ちなみに，圭頭大刀は，柄頭が弧状または山形をなしたもので，鶏冠頭大刀は，文字通り鶏の鶏冠の形をしたものです。また，環頭大刀はその起源は古代中国にあり，朝鮮を経て日本に伝来してきたもので，柄頭の環の中に龍や鳳凰などの意匠を施した飾りがあるものが印象的です。双龍（そうりゅう）（2匹の龍）が玉をくわえあったものや，獅嚙式（しがみ）と呼ばれるユニークなデザインが目を引きます。日本では6世紀代になると主に金銅製の環頭大刀が流行し，朝鮮半島製

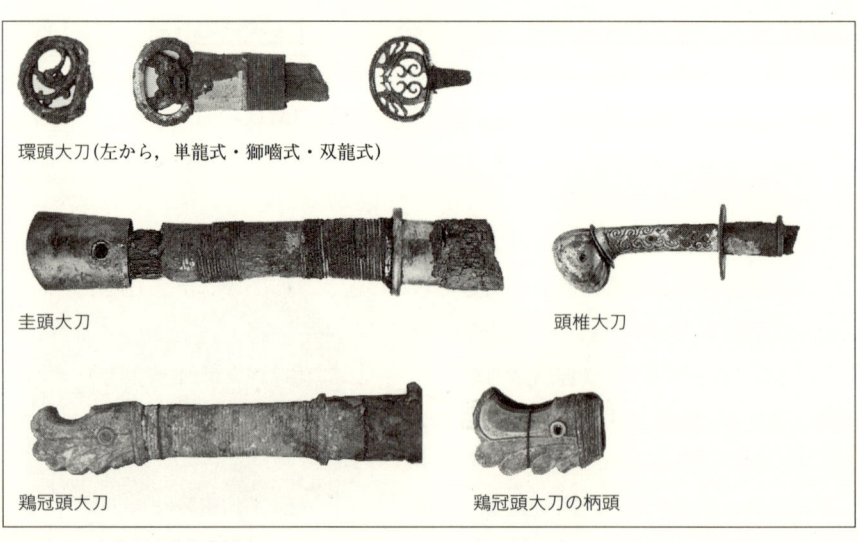

環頭大刀（左から，単龍式・獅嚙式・双龍式）

圭頭大刀　　　　　　　　　　　　　　頭椎大刀

鶏冠頭大刀　　　　　　　　　鶏冠頭大刀の柄頭

飾り大刀　金鈴塚遺物保存館蔵。

に加えて国産化も進み，なかでも双龍式環頭
大刀が6世紀後半以降主流となって，7世紀
まで続いたと考えられています。頭椎大刀は，
こぶし状の柄頭を持つもので朝鮮で流行して
いた環頭や円頭大刀をお手本にして，6世紀
末から7世紀にかけて用いられた日本独自の
ものと考えられ，東日本での出土例が多いよ
うです。

　このように，「金鈴塚」出土の飾り大刀は，

銅承台付蓋鋺　金鈴塚遺物保存館蔵。

その種類・質量ともに豊富で，特筆に値するものなのです。ここでいちいち比
較検討するのは，とても不可能なのですが，古墳時代中期のいわゆる"倭の五
王"が，代々朝貢を続けていた中国南朝以降のにおいを背景に，直接的には
古代朝鮮三国時代の刀剣類に「金鈴塚」の飾り大刀を重ね合わせて見ることが
できそうです。それらは具体的に，新羅の古都慶州の古墳群出土のものや，既
述の伽耶や百済の古墳群からの出土遺物であるのはもちろんのことです。また
国内的には，近隣の松面古墳や祇園の鶴巻塚古墳・大塚山古墳からの出土品や，
富津の内裏塚古墳群(飯野古墳群)中からの出土品，群馬県高崎市の八幡観音塚
古墳・綿貫観音山古墳に類例が認められていますし，奈良藤ノ木古墳からの出
土例との比較も注目されています。それと，考古学上重要な問題である古墳の
築造年代と，「金鈴塚」の3人の被葬者の埋葬された年代を考える上で，「金鈴
塚」の飾り大刀は，後述する大量に副葬された須恵器とともに貴重な情報を提
供しています。

(6) 銅鋺

　「金鈴塚」では石棺の内外から，蓋や承台の付いたものも含めて，銅鋺と呼
ばれる，古墳からの出土品としては貴重で珍しい副葬品が出土しています。こ
れも，じっくりと御覧いただければ，均整のとれた見事なものであることがわ
かります。

　銅鋺は，本来仏器であったもので，中国において新(8〜23年)・後漢
(25〜220年)代に出現し，南北朝(439〜589年)・隋(581〜618年)・唐(618〜907
年)代のものに，朝鮮では百済(4C半〜660年)・新羅(4C半〜935年)のもの
に日本出土のものとの関連が指摘されています。そして，古墳から出土する銅
鋺は，「金鈴塚」のような後期古墳からのものであり，百済聖明王からの仏教

公伝(538年)後、畿内における飛鳥時代寺院の建立に伴って、かなりの量が百済・新羅などから舶載されたものと見られています。また、銅鏡と同様に仿製品(国産品)をも含んで、ヤマト政権による地方把握の手段として、各地の豪族層に配布されたものであろうと考えられています。

この地域では「金鈴塚」の他に、祇園の鶴巻塚古墳、長須賀の丸山古墳、小櫃川中流域の小櫃古墳群（戸崎古墳群）から、それぞれ同様な銅鋺が出土したといわれていますので、小櫃川流域の歴代の首長層、すなわち馬来田国造にヤマト政権から配布されたものが、代々副葬されていったのではないかと考えられています。ほぼ同種同系の銅承台付蓋鋺が、既述の群馬県高崎市の八幡観音塚古墳からも出土し、観音塚考古資料館に展示されていますので、比較されてみてはいかがでしょうか。

(7) 須恵器

飾り大刀の多さとともに、「金鈴塚」で特徴的なのは、総計242点にも及ぶ夥しい数の須恵器の出土です。弥生土器の系譜を引く日本固有の土師器も、28点ほど出土していますが、考古学上土器の型式編年が進んでいる須恵器が大量出土したことは、「金鈴塚」古墳の築造年代などを考える上でも、既述の双龍式環頭大刀や頭椎大刀の編年と並んで、非常に重要なものとなっています。ちなみに須恵器は、古墳時代中期の5世紀前半に、朝鮮半島南部の伽耶地方の技術者が渡来してきて生産が始まったといわれています。その一大生産センターが、大阪府にある著名な陶邑古窯址群で、製品を列島各地に供給していたことで知られています。そして6世紀代には、生産技術が各地に伝播して、いわゆる陶部と呼ばれた技術者集団によって製作されていたことが、高校日本史教科書の"氏姓制・部民制"の所にも取り上げられています。馬来田国造の南隣で、小糸川流域を支配していた国造に、須恵国造という呼称が付いているのも、この須恵器・陶部と何らかの関連でもあるのでしょうか。そういえば、律令制導入後の小糸川流域は上総国周淮郡といいましたし、現在でも地名として周南とか周西などが残っています。西上総にあたる現在の各市域に、こじつければ部民制の名残ともいえる姓として'錦織さん'が比較的多く見られるのも、また

須恵器高杯　金鈴塚遺物保存館蔵。

代表的な渡来系氏族の秦氏と同じ '秦さん・秦野さん' が多いのも，朝鮮半島・大陸文化のにおいをかぐ上で示唆を与えるのではないでしょうか．

○「金鈴塚」古墳から何が見えてくるのか

1951(昭和26)年に，千葉県教育委員会から『上総金鈴塚古墳』というタイトルで刊行された発掘報告書を開くと，敗戦後の復興期にもかかわらず，「金鈴塚」によせる人びとの熱き思いが伝わってきます．今からほぼ半世紀前の発掘調査自体をとっても，当時としては極めて丁寧に，石室内の土砂もきちんとふるいにかけて，微細な遺物までも見落とすまいとしています．その結果，金鈴やモール状の金糸・銀糸など，細かな繊維類の断片までもしっかりと検出されたのです．さりながら当時はまだ，須恵器や大刀などの副葬品の編年が不十分なものでしたから，「金鈴塚」古墳の築造年代は，奈良期もしくはその直前と考えられていました．その後考古学研究の急速な発展に伴って，現在「金鈴塚」古墳は6世紀末から7世紀の初頭に築かれたのではないかといわれています．古墳時代後期で，前方後円墳が造られていた時代の最後にあたります．これはちょうど，中央の権力闘争で蘇我氏が物部氏を打ち破って，いわゆる崇仏論争に決着がつく前後，すなわち聖徳太子や蘇我馬子，推古天皇が政権に登場する前後にあたるのです．

このような認識で，もう一度「保存館」の展示品を見直してみたら，より一層「金鈴塚」とヤマト政権とのつながりが見えてくるのではないでしょうか．また再度，「保存館」から北西約1kmの古墳本体に足を伸ばしてみれば，目の前にある横穴式石室自体が，朝鮮半島から伝播したものであることを思い起こすでしょう．ひんやりとした石室内の箱式石棺も，その石材である緑泥片岩は荒川上流の埼玉県秩父地方の寄居町波久礼から入手されたものですし，苔むした天井や壁の石材である凝灰岩も，富津市大貫の磯根崎付近のものだということが確認されています．「保存館」でじっくりと観察した副葬品の数々を思い浮かべて，この石室内の各所に戻してみたなら，きっときらびやかな光景が浮かんでくるでしょう．そして石室全体から，古代朝鮮半島・大陸文化のにおいが漂ってくるのではないでしょうか．今はあまり訪れる人もいない「金鈴塚」は，ただ単に一地方のありふれた古墳ではなくて，北関東の毛野国を統治した上毛野氏・下毛野氏の墳墓群との共通性や，荒川流域を統治していた武蔵国造(あのワカタケル大王銘の鉄剣が出土した稲荷山古墳を含む埼玉古墳群がその墳墓の一つと見られています)との関わりも見え隠れしています．もちろんヤマト政権との直接的なつな

がりや，朝鮮半島・大陸文化との色濃い関連性など，さまざまな要素が「金鈴塚」に交錯しているのです。

小櫃川下流域，特に木更津市の祇園・長須賀・浜長須賀の古墳群からは，「金鈴塚」の他にも，祇園大塚山古墳の金銅製眉庇付冑や松面古墳の金銅製双魚佩(まびさしつきかぶと)(そうぎょはい)(いずれも東京国立博物館の平成館に常設展示されています)など，全国的にも希少な例を含んだ，質量ともにすぐれた多くの副葬品を出土しています。それはどうしてなんでしょうか。この答えを導くには，広く古墳時代後期における，関東地方の古墳群のあり方をも加味して考えてみるとよいでしょう。一般に後期になると，前方後円墳の規模は急速に小さくなり，かつ少なくなります。それなのに関東では，100m級規模のも含んで，逆に多くなっているのです。ということは，この時期のヤマト政権にとっては，関東地方が軍事的にも経済的にも極めて重要な地域であったということなのです。ですからそのために，ヤマト政権は関東の拠点的な地方豪族を，優遇する必要があったと考えられるのではないでしょうか。

はじめに述べたように，古東海道のルートは三浦半島から海を渡ってちょうど富津市から木更津市あたりに続いていたようです。まさに木更津地方は，ヤマト政権から見れば房総の玄関口で，東国支配のために非常に重要な地域であったわけです。

○おわりに

木更津市では，市制50周年を記念して1993(平成5)年に，「保存館」で『甦る金鈴塚』と題した企画展を開催し，新たに金鈴塚古墳出土品図録を刊行しました。また，「金鈴塚」が発掘されてから，ちょうど半世紀にあたる2000(平成12)年春には，「きさらづ文化財ガイドボランティアの会」などが中心となっ

関東地方と畿内の墳丘規模比較表(墳丘規模単位：m)
関東地方の後期大型前方後円墳

墳丘規模	60～79	80～99	100～119	120以上	計
上 野	64	17	15	1	97
下 野	8	5	2	1	16
常 陸	24	12	2	0	38
下 総	9	1	1	0	11
上 総	16	6	5	1	28
安 房	0	0	0	0	0
武 蔵	17	1	6	2	26
相 模	0	0	0	0	0
合 計	138	42	31	5	216

畿内地方の後期大型前方後円墳

墳丘規模	60～79	80～99	100～139	140以上	計
大 和	8	2	6	4	20
河 内	4	2	4	2	12
和 泉	0	0	0	0	0
摂 津	1	0	0	1	2
山 城	4	0	1	0	5
合 計	17	4	11	7	39

て，3回にわたる公開研修会が開催され，予想以上の参加者を集めました。同年秋には，「保存館」と上総博物館を会場に，発掘50周年記念展『金鈴塚の輝き』が開かれ，市民をはじめ多くの人びとが訪れて，じかに豊富・華麗な出土品の数々を目にすることで，改めて郷土の貴重な宝としての「金鈴塚」に関心が集まりました。

　東京湾アクアライン開通後も，思うように客足が伸びずにやや沈んだ雰囲気にある中で，派手さはありませんが地道に郷土の貴重な財産を見直して，落ち着いた町起しを進めようとする動きが出てきています。「金鈴塚遺物保存館」が抱えている収蔵品の数々も，工夫をこらして光を当てれば，さらに輝きを増すことは間違いありません。

　身近な地域に存在しながらも，かえって見過ごされがちなこのような博物館や史跡・文化財などの中に，過去の歴史の本流に連なるものや国際性を持つものが，「金鈴塚」のように思いのほか多く見受けられます。また，私たち歴史教育に関わっているものにとっても，よりよい授業実践を追求するために，地域の博物館・資料館や史跡などを積極的に活用して教材化することができるでしょうし，むしろ今強く求められているのではないでしょうか。「金鈴塚遺物保存館」は，まさに本稿のタイトル『古墳出土品から朝鮮半島・大陸文化のにおいがする！』でうたったように，古墳時代を学習する格好の材料となりうるでしょう。そして，生涯学習や総合学習という観点からも，子どもだけでなく私たちの探求心をくすぐり，視野を広げていくためのすぐれた学習の場といえるでしょう。歴史を学ぶ本来の目的，すなわち現在を見つめ直し未来を考える手がかりが，いくらでもころがっているのではないでしょうか。皆さんも，何か一つでも探し出してみませんか。働きかけるのは，私たち自身なのです。

〈参考文献〉

千葉県教育委員会『上総金鈴塚古墳』　1951年

金鈴塚遺物保存館『金鈴塚古墳出土品図録―甦る金鈴塚―』　1993年

白石太一郎『企画展「甦る金鈴塚」記念講演会記録―金鈴塚古墳が語るもの―』
　金鈴塚遺物保存館　1993年

木更津市教育委員会『金鈴塚古墳発掘50周年記念展図録―金鈴塚の輝き―』　2000年

(高崎芳美)

【5】

古墳から寺院へ

房総風土記の丘に古墳文化から仏教文化への移り変わりを学ぶ

○はじめに

　3世紀半ば頃，西日本を中心に突然出現した古墳とよばれる巨大な王の墓は，畿内に成立したヤマト政権の覇権拡大とともに，九州から東北地方にまで広がっていきました。とりわけ，5世紀初めに衰退した前方後方墳に対して，巨大な前方後円墳が有力な首長の墓としての地位を確立しました。そして，古墳時代後期，関東地方で前方後円墳が盛んにつくられた頃，竜角寺古墳群もつくられたと考えられています。竜角寺古墳群には，関東地方最後の前方後円墳の一つと考えられる浅間山古墳や国内屈指の大型方墳である岩屋古墳があり，近くには関東最古の寺院の一つと考えられる龍角寺跡が存在し，古墳文化の推移と仏教伝来以後の仏教文化の地方伝播，それに関わる古代寺院建立という時代の移りかわりを考えるうえで，貴重な資料を提供してくれています。以下，具体的にみていきましょう。

○房総風土記の丘の概要

　高度経済成長期の開発による遺跡破壊と文化財保存運動の高まりに対して，資料の展示施設だけでなく遺跡の広域保護と周辺の環境整備をはかり，地域の文化遺産を保存する目的で1966(昭和41)年文部省文化財保護委員会によって推奨されたのが，風土記の丘構想でした。この考え方をもとに，文化庁の提唱と千葉県の県立博物館設置構想を軸に1976(昭和51)年に開設されたのが千葉県立房総風土

復元古墳(竜角寺古墳群第101号古墳)　千葉県立房総風土記の丘提供。

5 古墳から寺院へ 053

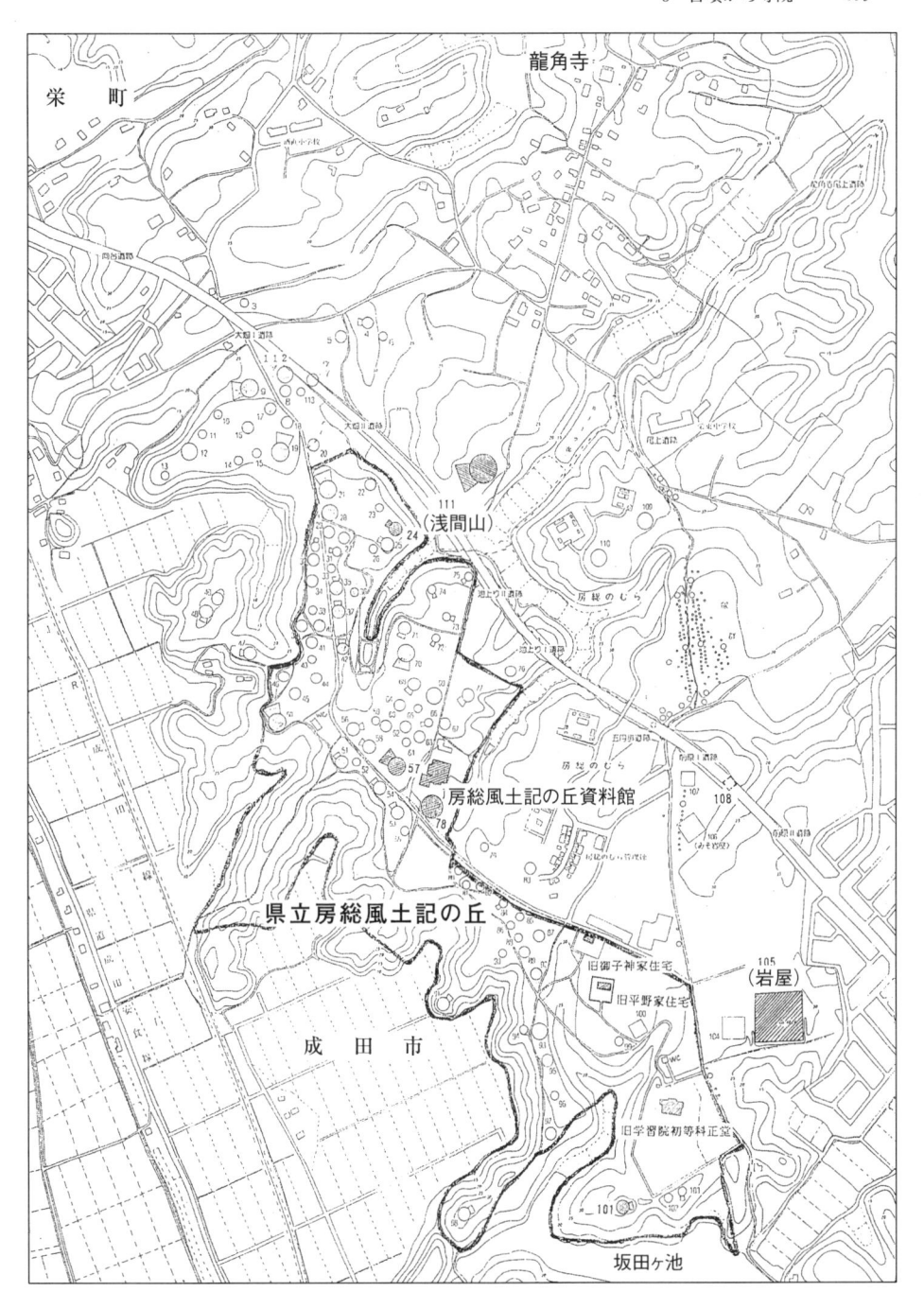

記の丘です。

　房総風土記の丘は，113基の古墳群からなる竜角寺古墳群を中心に整備され，広大な敷地は豊かな自然に恵まれ，資料館を中心に多くの古墳だけでなく復元古墳(第101号古墳)や復元された石室，旧御子神家住宅や旧学習院初等科正堂などの文化財建造物が保存・整備されています。

　また，資料館から北へ伸びる白鳳道と呼ばれる古道を行くと，関東の白鳳仏で有名な薬師如来像を本尊とする龍角寺があります。

○竜角寺古墳群と主な古墳

　竜角寺古墳群は，北に利根川をのぞみ，南に印旛沼をひかえた標高30mの台地上にあり古墳時代後期(6～7世紀)に造営された113基の古墳からなる古墳群です。113基の古墳の内訳は，前方後円墳37基・円墳70基・方墳6基で，その中には，全長78mを有する前方後円墳の浅間山古墳(111号墳)や，日本で最大級の方墳，岩屋古墳(105号墳)があります。

　しかし，何らかの調査が行われた古墳は全体の1割強で，築造年代のわかっているものも前方後円墳(24号・6世紀末～7世紀初)，前方後円墳(101号・6世紀前半)，円墳(65号・6世紀後半)，方墳(180号・7世紀)と極めて限られています。

前方後円墳(101号古墳)

　房総風土記の丘の南端，坂田ヶ池を見下ろす台地上には，直径約24mの前方後円墳があります。1984年から1986年にかけての調査で，複数の埋葬施設と多数の埴輪が確認されただけでなく，当初円墳だった古墳を後に前方後円墳に造り替えたことがわかりました。現在この古墳は，多くの埴輪とともに復元され，古墳築造当時の姿をうかがうことができます。

岩屋古墳(105号墳)

　101号復元古墳の北東，細い遊歩道を入った所に岩屋古墳があります。"鬼の岩屋"と俗称される岩屋古墳は，方墳では奈良県の桝山古墳(96×90m)についで全国2位の規模を誇っています。

岩屋古墳　千葉県立房総風土記の丘提供。

大阪府の春日向山古墳(用明天皇陵古墳,一辺60m)・山田高塚古墳(推古天皇陵古墳,一辺約60m)などの畿内の天皇陵を凌ぐ一辺約80mの規模を誇ります。墳丘の高さは,約12mあり,三段に築かれ,周囲には南面を除き周濠がめぐっています。

石室は朝鮮半島の影響を受け5世紀中頃に出現し,古墳時代後期に一般化する横穴式石室が墳丘南斜面に2基開口しています。この東西並立する石室は,東側が6.5m,西側が4.8mと規模の違いはあるものの,木下貝層という砂岩層を石材とした切石でつくられているという点では共通しています。現在東側の石室は,内部が崩落して入口がふさがれています。

岩屋古墳の石室　千葉県立房総風土記の丘提供。

この岩屋古墳が造営されたのは,7世紀初め頃と考えられています。6世紀末から7世紀初めをさかいに全国的に,前方後円墳に代わり大型の方墳・円墳が造られるようになりました。

春日向山古墳(用明天皇陵古墳)・山田高塚古墳(推古天皇陵古墳)や,飛鳥にある蘇我馬子の墓と伝えられる石舞台古墳のように,それまでの前方後円墳に代わり大型方墳が首長墓として採用されたことがこの時期の変化でした。

そう考えると,岩屋古墳の築造者であり被葬者は,当時の中央政権と極めて関係の深い人物と思われます。

円墳(78号)・前方後円墳(57号)

岩屋古墳から北西に,左手に古墳群を見ながら資料館へ向かうと,直径35m,群内最大の円墳78号墳があります。さらに,その先の資料館西側の古墳広場には,浅間山古墳に次ぐ規模の前方後円墳57号古墳があります。

資料館

資料館に入ると正面に竜角寺101号古墳出土の埴輪群が目に入ります。この第1展

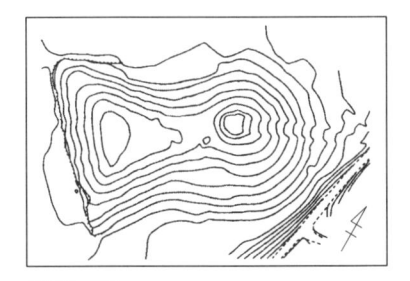

浅間山古墳

056　Ⅱ　原始・古代

塔の心礎　千葉県立房総風土記の丘提供。

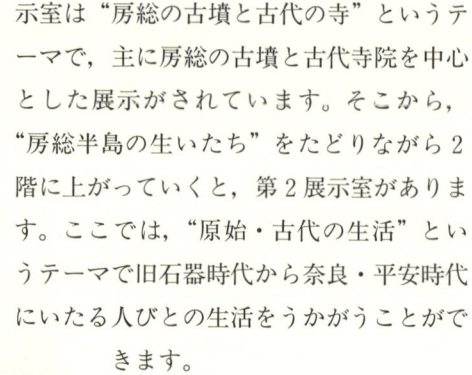

山田寺(左)・龍角寺(右)の軒丸瓦と軒平瓦(左：奈良文化財研究所提供、右：千葉県立房総風土記の丘提供)

示室は"房総の古墳と古代の寺"というテーマで，主に房総の古墳と古代寺院を中心とした展示がされています。そこから，"房総半島の生いたち"をたどりながら2階に上がっていくと，第2展示室があります。ここでは，"原始・古代の生活"というテーマで旧石器時代から奈良・平安時代にいたる人びとの生活をうかがうことができます。

浅間山古墳(111号墳)

資料館を出て横の白鳳道を北へ進み，県道下を潜ると，浅間山古墳に至ります。

浅間山古墳は，竜角寺古墳群の中でも全長78mと，最大の規模を誇る前方後円墳です。1994～1996年度にかけて行われた発掘調査の結果，6世紀末から7世紀初頭に築かれ，7世紀中葉また後半に埋葬が行われたと考えられ，関東地方で造営された最後の前方後円墳の一つと考えられています。

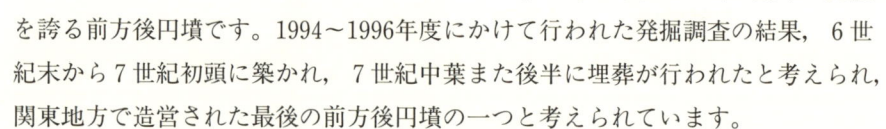

そして，竜角寺古墳群最大の前方後円墳の被葬者は，他の小規模前方後円墳の上位に位置する有力者という見方も出来るかもしれません。

○竜神伝説の寺―龍角寺―

白鳳道をさらに北にむかった所に龍角寺があります。房総風土記の丘資料館か

龍角寺と竜神伝説

　房総風土記の丘のある竜角寺という地名は，房総風土記の丘の北にある寺院の名に由来するものです。この寺院は709(和銅2)年に竜女が化来し，一夜で創建したと言われています。その後，730(天平2)年釈命上人が参籠し本院・寺中などを開き竜閣寺と称しました。翌天平3年，諸国の激しい旱魃に，勅命により釈命上人が雨乞いを行い，印旛沼の主である竜の加護により大雨を降らせることができましたが，竜は頭・腹・尾に裂けて，頭の落ちた地を龍角寺と改称し，腹の落ちた地は竜腹寺・尾の落ちた地は竜尾寺の起源となったと伝えられています。

ら1km程の場所です。昭和になって，本尊の薬師如来坐像は，関東では数少ない白鳳仏と確認されました。

現在，寺は過去の火災によって規模は小さくなっているものの創建当初は東に塔，西に金堂と，法隆寺と塔・金堂の位置が逆になる法起寺式伽藍配置をもつ大寺でした。現存する塔の心礎は創建当時の場所にあると思われ，中心の柱の穴の大きさから高さ33mの三重塔が建っていたと考えられています。

寺に使われていた瓦は，重圏文の単弁八葉蓮華紋の軒丸瓦で，奈良県の山田寺に使用されていたものと同じ系統に属します。

山田寺は，大化改新の際に右大臣に任じられ，後に讒言により自害に追い込まれた蘇我倉山田石川麻呂の発願によって造営が開始された寺院です。このことから，龍角寺を造立した人物にも，中央の蘇我氏との関係がうかがえてきます。

○龍角寺薬師如来座像

龍角寺本尊の薬師如来坐像は，東京都調布市にある深大寺の釈迦如来倚像とともに関東に伝わる数少ない白鳳仏です。

元禄年間の火災で体部を失い，今日残る当初の部分は頭部のみで，他は元禄期の補作です。眉から鼻にかけての稜線を鋭角に表現し，頬を丸く張ったその表情は，少年を思わせる白鳳仏独特のもので，興福寺仏頭(旧山田寺仏頭)に通じるものがあります。

風土記の丘資料館には，龍角寺の仏頭と興福寺の仏頭の複製がそれぞれ展示され，両者の共通点を目の当たりにすることができます。

龍角寺薬師如来像　龍角寺蔵, 撮影堀越知道氏。

興福寺仏頭　興福寺蔵。

○竜角寺古墳群から龍角寺へ

ヤマト政権は地方支配のために各地に国造を置き，多くはそこに各地域の有力な豪族を任じたといわれています。

現在の千葉県にあたる総の国（安房・上総・下総）には11の国造が置かれ，後の下総国には下海上・印波・千葉国造が置かれました。そのうち竜角寺古墳群が営まれ，龍角寺が建立された印旛沼を取り巻く地域は印波国造の支配地域と考えられます。このことから考えて，この古墳群を造営し龍角寺を建立した在地の有力豪族については，印波国造との関係でとらえることができると考えられます。

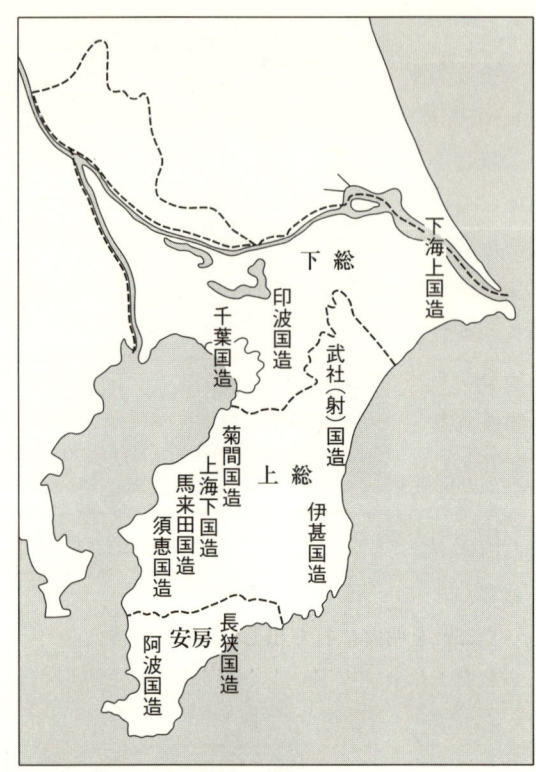

房総における国造の分布（『千葉市史』より）

仏教伝来と以降の仏教受容をめぐる蘇我氏と物部氏の対立は，蘇我馬子による物部守屋滅亡により崇仏派蘇我氏の勝利で幕を閉じます。

これにより，力の象徴であった古墳に代わって，6世紀の仏教伝来による寺院建立が権力の象徴に変わっていきました。

石と土を積み上げる古墳より礎石の上に太い柱を立て，構造物を築きその上に瓦をのせた寺院建築は，当時の人びとに大きな衝撃を与えたに違いありません。

馬子による飛鳥寺建立に始まり，四天王寺，法隆寺など，畿内を中心に次々に寺院が建立されていきました。こうした中央の動向にならい在地の有力豪族たちも氏寺としての寺院造営を行います。

中央における仏教受容に伴う寺院建築という志向は，中央と関係の深い地方権力にも影響を与え，このような風潮の中で，竜角寺古墳群を造営してきたこの地の権力者もまた，いち早く龍角寺という寺院の建立を行ったと思われます。

しかし，仏教受容以後もしばらく古墳が築造されることや，飛鳥寺の塔の心礎

の埋納品が古墳の副葬品と共通する点などから，古墳から寺院への移行は，有機的な繋がりを維持しながら行われていったと考えられます。

○おわりに

　古墳の発生については，奈良県桜井市のホケノ山古墳が3世紀中頃の前方後円墳，同市の勝山古墳は，出土したヒノキの伐採年から3世紀初頭の前方後円墳の可能性も指摘されるようになってきました。これによって，邪馬台国と初期ヤマト政権との関係，以後の日本の統一過程にも再検討が迫られてきました。

　そうした西日本に成立した古墳文化の発展から終焉に至る過程で，在地の豪族はどのように支配され，また，変質していったのでしょうか。

　ヤマト政権による東国支配は，在地の豪族が任じられた国造を介して行われていました。この頃の，国造はヤマト政権支配下にあるといっても，在地の独立した権力者として地方を治めていたと考えられます。

　しかし，大化改新を契機とした，地方支配の方針は，中央集権体制樹立に向けて，中央が強行に地方を統治していくことを明確に打ち出したものでした。

　大化改新以降の，こうした流れの中で，かつて東国に大古墳を築いた国造層は，評督（のちの郡司）というかたちで，中央支配の中に組み込まれていきました。竜角寺古墳群末期に，浅間山古墳→岩屋古墳を営んだ権力者も，ヤマト政権に地方支配を認められると同時に，その支配の中に組み込まれていったと思われます。

　そして，彼らは中央における仏教受容に対して，いち早く古墳に代わる権威の象徴として竜角寺創建を行ったと考えられます。

　やがて，国司の下で郡司に就任した彼らは，在地の状況に精通した終身官として，中央による地方支配の一端を担うようになっていくのです。

〈参考文献〉

白石太一郎『古墳とヤマト政権』　文藝春秋　1999年

房総風土記の丘『房総風土記の丘　ガイドブック』　（財）千葉県社会教育施設管理財団　1999年

石井　進・宇野俊一編『千葉県の歴史』　山川出版社　2000年

白石太一郎「竜角寺岩屋古墳の造営年代をめぐって」『千葉県史研究』第9号　2001年

（入江順一）

【6】 よみがえる天平の甍

史跡上総国分尼寺跡展示館と復元中門・回廊

○はじめに

　729年8月5日，献上された亀の甲羅に「天皇は尊く，その平安な治世は百年に及ぶ」と読める文があったところから年号が神亀から天平と改元されました。それ以後，天平感宝，天平勝宝，天平宝字，天平神護と約40年間天平のつく年号が続き，この時代は天平時代ともいわれます。天平時代は中国をモデルに導入された律令制度が整い，軌道に乗ってきた頃で，国家によって仏教が手厚く保護され，平城京には東大寺や興福寺などの国立の大寺院が国費をかたむけて建設されました。寺院は青い瓦葺きの屋根(甍)に白い壁，朱の柱で造られ，華やかな仏教文化を象徴する建造物でした。

　そうした仏教文化は全国に展開しました。上総国の国府が置かれ，政治・経済の中心であった市原にも国分僧寺と国分尼寺が建設され，いわゆる天平の甍が出現しました。その後，10世紀までは補修を加えながら伽藍は維持されましたが，国家による保護がなくなる11世紀になると，国分僧寺・国分尼寺は衰退し，その地は雑木林や畑になってしまいました。

　しかし，それからおよそ900年後，戦後まもなくから続いた40年をこえる発掘調査により国分僧寺・国分尼寺の全体像が解明されてきました。現在では，国分尼寺跡に発掘成果をふまえて，1993年8月に展示館の開館と同時に中門が復元され，さらに1997年7月には回廊が復元され，約1200年ぶりに天平の甍がよみがえりました。建設当初の華やかさが伝わってきます。国分尼寺の伽藍の中心部の建物が復元されたのは全国でも初めてのことだそうです。

　ところで，そもそも市原の地になぜ国分尼寺が建設されたのでしょうか。40年をこえる発掘調査は，どう続けられ，何を解明してきたのでしょうか。また，全国で初めてなぜ国分尼寺の伽藍が復元されたのでしょうか。こうした疑問を展示館や復元中門・回廊を見学する中で，考えてみましょう。

21世紀の尼寺跡（整備完成予想図）　市原市埋蔵文化財調査センター保管。

○国分尼寺展示館

　大きな博物館を見慣れている者からみると，展示館はいかにも小さい。しかし，内容は工夫され，充実しています。展示コーナーでは，「寺造りのつち音」「鎮護国家の道場」「祈りと生活」というテーマのもとに出土遺物の実物やレプリカ（複製），パネルなどにより国分尼寺が建てられた時代背景や史跡の内容，特徴などをわかりやすく解説しています。パネルで国分尼寺の発掘調査の歩みも解説しています。また，大型スクリーンでは，「よみがえる天平の甍」（約30分）というテーマで海外の仏教遺跡や金堂，七重塔などを映し出し，国分尼寺建立の時代背景を世界史的視野で説明しています。そして，当時の生活や建築の模様がアニメーションで再現されています。

　しかし，何といっても展示館の目玉は，直径4.5mの八角形でつくられた国分尼寺の復元模型（200分の1）です。スポットライトやナレーション，模型の回転，液晶ガラスによる史跡の展望などをコンピュータ制御で行い，見学者があきずに楽しく学べるように工夫されています。パノラマ状の液晶ガラス窓は，ナレーションによる模型の説明（約10分）が終わると，曇ガラスから透明になり，外の復元中門・回廊などが眼前に広がります。その時，よみがえった「天平の甍」をみて，見学者から感嘆の声がしばしばもれるほどです。

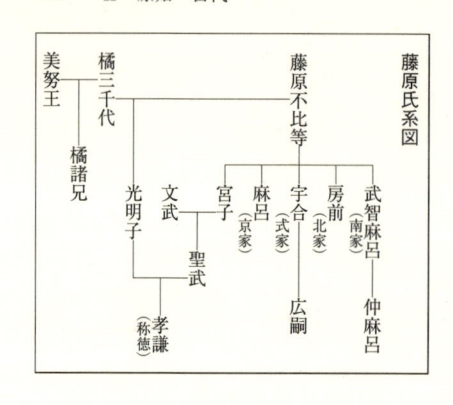

○国分尼寺が建設された背景

一般に国分尼寺を建設するようにとの命令は，741(天平13)年に出されたと理解されています。国分尼寺の正式の名称は「法華滅罪之寺」といい，妙法蓮華経(法華経)の教えに基づいています。法華経には妙音菩薩(34の姿に変身し，法華経を説いて人びとを救うとされる)が王の後宮で女性に変身して，説教することが説かれています。滅罪は人を救済することを意味しています。この命令により水田10町が施され，尼10人が置かれることになりました。

しかし，この建設の命令はこれから全国に国分尼寺を建設することを宣言しているわけではありません。国ごとに僧寺と尼寺を建立する計画は，737(天平9)年以来積み重ねてきたものでした。737年の3月，国ごとに高さ1丈6尺(4.8m)の釈迦像と脇侍の文殊・普賢菩薩を造ることを命じ，740年には七重の塔を中心とする新しい寺院を国ごとに建設する方針が打ち出されています。これに関連して，金光明最勝王経と法華経の書写も命じられています。

こうした国分僧寺・国分尼寺の建設構想には当時の時代背景がありました。天平初年には，異常気象が続き，凶作・飢饉と疫病の流行に人びとは不安と苦悩を募らせていました。特に735(天平7)年に九州から広まった天然痘は，3年間にわたって猛威をふるいました。天然痘は，ウイルスによって起こる急性の伝染病で高い熱と同時に発疹ができ，当時の医療ではほとんど手の施しようがないものでした。737年には4月房前，7月麻呂・武智麻呂，8月宇合というように政権の中枢をしめていた藤原氏の4兄弟の命を次々と奪い，政界の勢力地図を塗り替えてしまいました。さらに740(天平12)年光明皇后の甥にあたる藤原広嗣が九州で反乱をおこすと，動揺した聖武天皇は平城京を捨てて，恭仁京・難波京・紫香楽宮と都を転々としました。

国分寺の建立は，こうした天平初年以来の社会不安や政治的緊張を仏教の呪力で鎮め，人びとの心を一つにまとめようとしたのです。当時の人びとは，災害や疫病がはやるのは目に見えない悪魔や悪神のせいだと考えていました。そして，仏像や読経(経典を読み上げること)による呪力(まじない)によって，それらを打倒できると考えていました。仏像が巨大であればあるほど読経する僧侶の数が

多ければ多いほど悪魔や悪神を退却させる呪力があると考えていたのです。国分寺と似た制度は中国にもあり，唐から帰った留学僧の助言があったようですが，直接の背景には，聖武天皇や光明皇后の仏教へのあつい信仰がありました。当時から東大寺と国分寺の建立は，光明皇后の勧めによるものといわれ，特に僧寺とともに尼寺を建てた点は，女性である光明皇后の強い意向が感じられます。

○国分尼寺の建設と運営・消滅

　国分尼寺を建てる場所については，永久に続くような「好処」(良い場所)を選ぶように命じています。そこは，人家が近すぎて俗臭が及んだり，さりとて人が集まるのに不便でもいけないともいっています。実際には，国府の近くに建てるものと理解されていたようです。したがって，上総国分尼寺は，国府に近い東京湾と養老川の河口平野を望む海抜25〜29mの洪積台地の上に建てられています。ふもとから10m以上登った丘の上で「好処」と呼ぶにふさわしい場所です。

　しかし，741年に国分尼寺を建設する命令が出てから写経や尼僧を選定することはすぐ実行されていますが，伽藍などの建設工事は必ずしも順調に進んだわけではありません。政府は，たびたび催促し，郡司などの地方豪族の協力を求めています。そうした催促のかいあって，760（天平宝字4）年に光明皇太后が亡くなった頃には，ほぼ完成していたようです。約20年を要した大事業でした。

　いうまでもなく国立の寺院である国分尼寺は，建設や運営のための費用には国費が使用されました。国分尼寺のための特定の財源としては，食封や出挙からの収入は建設に，寺田からの収入は運営にあてられました。寺田は，はじめ10町でしたが，747年に50町に増加されました。寺田は近くの農民が耕作し，収穫の半分が納入され，その収入は115石と推定されています。

　その後，時代は平安時代になりますが，9世紀は律令制度の運営が定着した時期であり，国分尼寺は補修を繰り返し，景観も維持できました。しかし，10世紀になると律令制度の運営は行き詰まり，国分尼寺の運営も支障をきたすようになりました。914（延喜14）年に三善清行は，国費乱用の一つとして国分尼寺の造営をあげ，「その歳出は歳入の10分の5にあたる」として，財政的な負担の大きさを批判しています。建立以来の景観は10世紀に大きく変化し，11世紀には跡形もなく荒廃したようです。この時代には，藤原道長が法成寺，頼通が宇治平等院鳳凰堂を建設しているように相変わらず造寺造仏は，さかんでしたが，末法の社会の到来をひかえ，来世に極楽浄土を求めるものでした。もはやそこには，国

1968年調査時の尼寺金堂跡全景　まわりは落花生畑だった。田中新史氏撮影，市原市埋蔵文化財調査センター保管。

家の鎮護を祈るような思想はありませんでした。国分尼寺の消滅は当然の帰結であったのかもしれません。

○40年をこえる発掘調査

 その後，鎌倉・室町・江戸・明治・大正時代と時代は移り，昭和初期には，国分尼寺の跡は祇園原（ぎおんばら）と呼ばれ，雑木林や畑となっていました。1930年代に布目瓦（ぬのめがわら）の散在する土地があったところから国分尼寺跡と注目されるようになりました。そして，戦後になり，40年をこえる本格的な発掘調査が継続的に実施されました。その調査は，大きく分けると3期に分けることができます。

 Ⅰ期の調査（1948，1968，1970年）

 1948年に千葉県と早稲田大学によって，国分尼寺の金堂跡が確認され，1968年と1970年に再度の確認調査によって，金堂の規模と中門・講堂の位置が明らかになりました。

 Ⅱ期の調査（1973〜1984年）

 国分寺台土地区画整理事業に伴う調査が1973年から1984年にかけて実施されました。この調査は，主要伽藍の周辺部が広範囲にわたって実施され，国分尼寺に対する従来の認識をくつがえすものでした。

 1981年6月3日付の『朝日新聞』は「豪壮な国分尼寺　解明」「全体像，初の確認」という見出しで，「なかでも従来わずかに知られていただけの政所院（まんどころいん），太衆院（しゅいん），修理院（すりいん），卑賤院（ひせんいん）などの付属雑舎や金銅仏を鋳造したとみられる工房の遺跡が確認された」ことを報道しました。その記事には，当時大正大学教授であった斎藤忠氏が「これまで国分寺と国分尼寺を比べると，尼寺の方が施設など貧弱と考えられてきた。上総の尼寺は国分寺以上に立派で，バックに豪族がついていたのかもしれない。規模の大きい雑舎群が解明されれば尼寺の性格を見直す好材料となり，画期的な発見だ」というコメントを寄せています。一躍全国的にも注目される史跡となりました。そうした中で，当初は金堂跡だけを公園用地として，現状保存する予定でしたが，伽藍中心部と政所院・東門跡などが国の史跡に指定

されました。

Ⅲ期の調査(1988，1989，1991年)

史跡整備の基礎資料を得るために市原市によって，1988・89・91年の3カ年にわたり，伽藍中心部の確認調査が実施されました。1988年11月26日に開催された発掘の見学会には，北風が強く寒い日にも関わらず大勢の人が全国から参加していました。

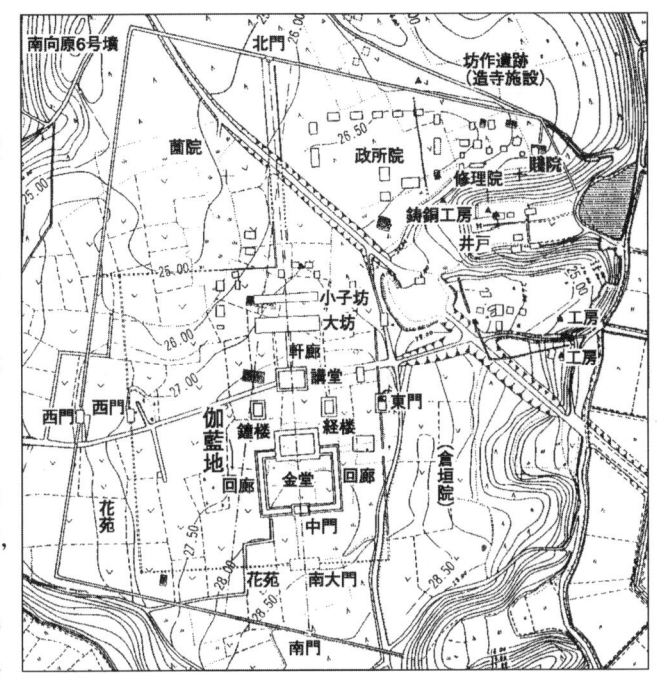

遺跡全体図（『千葉県の歴史 資料編 考古3』より）

新聞報道によると約200人で，その関心の高さがうかがえました。見学会は，市原市文化財センターで直接発掘に携わった担当者がハンドマイクを片手に，北面西回廊・中門などを案内しつつ中門と回廊の全容が判明し，建物平面まで全面的にとらえられたのは，上総国分尼寺が初めてであると力説していました。その後も詳細が不明であった金堂・講堂・鐘楼・経楼などの配置や規模，構造と変遷がわかり，全国に先駆けて国分尼寺の全体像が解明されたのです。

○広かった寺域と金堂・講堂

それでは，発掘成果に基づく国分尼寺の復元模型でじっくりと全体像を見てみましょう。いわゆる七堂伽藍とよばれる主要堂塔の建つ一郭を伽藍地とよび，その付属施設の敷地をあわせて寺院地とよんでいます。それぞれまわりに溝や塀をめぐらし，四方に門が開かれています。国分尼寺の南北372m，東西が北辺で285m，台地東斜面を含む中央部で350m前後となり，面積は12.3万㎡に達しました。今のところ諸国の最大で，大和（奈良県）の法華寺に匹敵する規模です。

金堂は，本尊をまつる仏堂であり，当番の尼が灯明をあげる以外，普段はみだ

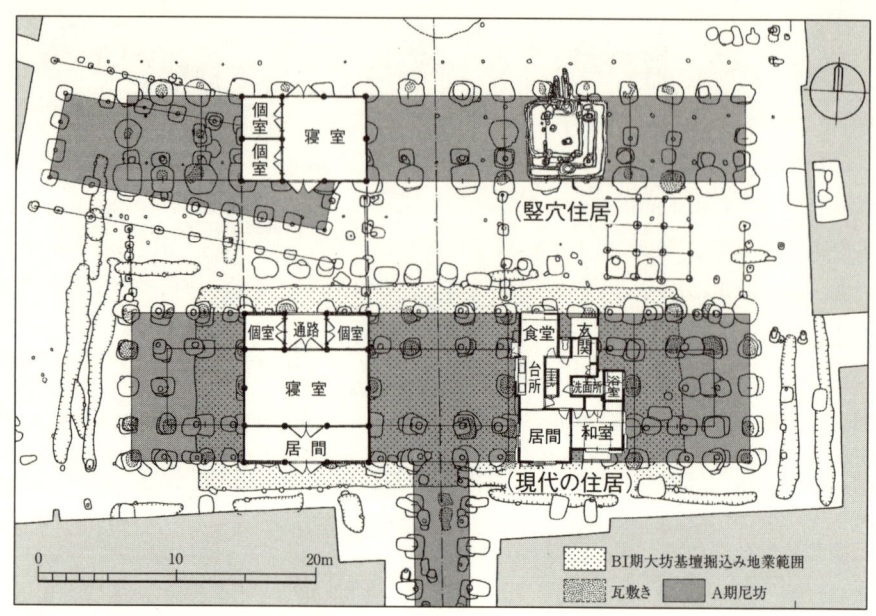

房の広さと間取り(『史跡上総国分寺跡』より)

りに人が出入りする場所ではありません。一方，講堂は日ごろ尼が集まって仏法を講説する場所であり，日常的な行事は講堂で行われました。金堂は，東西30m強，南北20m弱・高さ1m前後の基壇の上に立つ間口7間78尺・奥行4間44尺の瓦葺き七間堂でした。基壇の縁は初め板を立てて，並べていましたが，後に中門・回廊と一連の瓦積み基壇に改装していました。

　講堂は，東西71尺，南北52尺の基壇の上に金堂より一回り小さな間口5間59尺，奥行4間40尺の瓦葺き5間堂で建設されていました。

○尼寺には伽藍が二つあった

　尼寺の伽藍は，二つありました。瓦葺きの本格的な伽藍(B期)ができるまで，掘立柱の仮の講堂と尼坊(A期)が建てられていました。B期も建物によっては，3，4回建てられています。なかでも奈良時代後半のBⅡ期が最も整っていました。ちょうど僧の道鏡が政治に強い影響力をふるい，寺院や僧尼が優遇された時期にあたります。

　また，金堂と講堂は瓦敷きの通路で結ばれていました。当番の尼が金堂背後の扉から入り，灯明やお経をあげていた様子がしのばれます。

　古代の僧尼の地位は社会的に高く，高僧の中には貴族と同等に扱われていた者

もあり，一般の僧も官人の8位に相当する待遇を受けました。地方では，郡司クラスが持つ位です。僧尼は租税や労役を免除されたので，正式の僧尼になるには政府の許可が必要でした。役所や寺院から衣食を支給され，生活が保障されていたかわりに，その行動は僧尼令によって厳しく制約され，仏道修行を通じて国家に奉仕することが求められていました。寺院の外で自由に活動することは許されませんでした。尼寺の定員は，僧寺の20人に対し，10人ですが，奈良時代の後半に20人に増やされた時期があります。彼女らには近親の婦女が一人ずつ仕えていました。彼女らは，数人ごとに長大な尼坊を仕切った房ごとに寝起きを共にし，鎮護国家の教えや儀式を学び伝えました。上総では定員の倍増した最盛期の尼房が大坊と小子坊からなる本格的な構造であったことがわかっています。

　BⅡ期の一坊は，大坊で89m²，小子坊で52m²で大坊と小子坊の向き合う房を中庭を含めて，一組で使い，10人前後が住んだようです。中央の広い部屋は寝室で，窓がなく暗い。土間床にイス，ベッドの大陸式生活だったと思われます。床は板張りの例もあります。

○鐘楼と経楼と付属施設

　尼寺では，金堂と講堂の間の東西に，2階建ての鐘楼と経楼が向かい合って建っていました。鐘楼の2階につるされた青銅の梵鐘は，定まった時刻に突きならされ，尼の生活を律する時計台の役割とともに，その音色によって付近の人びとを仏教の教えに目覚めさせる効果もありました。経楼はお経を収めた書庫です。一揃いの経やその注釈書は5000巻あまりに達し，一切経とよばれ大切にされてきました。国分尼寺にもその主要なものが備えられ，地方で仏教を体系的に学ぶ者にとって図書館のような役割を果たしたでしょう。

　また，国分尼寺は，金堂・講堂が建ち，尼が住んでいるだけでは十分に機能しませんでした。寺院の活動を支えるさまざまな付属施設が必要でした。尼寺では，伽藍地の背後にあたる北から東側に置かれていました。それらの中で最も重要な施設は，寺全体の管理運営にあたる政所院で，寺の役所にたとえられます。政所院の東に建物や仏像などの修理に携わる修理院が置かれたようで，鍛冶や鋳造の工房跡が見つかっています。そのさらに東側の北東隅付近には，力仕事などに従事した奴婢の居住区である卑賤院が置かれていたようです。寺院地の北西部には建物がほとんどみられず薗院であったと推定されています。ここで野菜や薬草・果樹などが栽培されていたのでしょう。

よみがえった尼寺の聖域・金堂院　中門と回廊。市原市埋蔵文化財調査センター保管。

○復元中門と回廊

　さて，いよいよ展示館を出て，復元された中門や回廊に目を向けてみましょう。

　いうまでもなく寺院は，木造建築であったので，その跡は礎石や礎石を据えた痕跡，あるいは掘立柱の跡を示す穴が残っているケースがほとんどです。上総国分尼寺も例外ではありません。このような痕跡から当時の建造物を類推することは一般の人びとにはほとんど無理だと考えられます。そこで，上総国分尼寺では，復元模型を作成して，建築史的研究の成果を形で表現することを行っています。しかし，復元模型は構造の理解に最善の方法ですが，建築のもつスケール感や芸術性を味わう空間体験は行えないものです。つまり，建造物は，空間体験によって初めてその価値を認識できるものです。建物の位置を表示したり，説明板程度では，見学者に遺構の形とその歴史的，文化的意義を十分に理解させることは困難だろうと思われます。そこで，空間体験ができて，しかも各所に歴史的情報を織り込むことのできる手法としては，「復元」が非常に有効な方法です。

　そこで，上総国分尼寺も「復元」の方法を中門と回廊で採用しています。

　復元中門は，「史跡等活用特別事業」として1991年より1993年にかけて復元され，93年8月1日より公開されています。木造平屋建て切妻造りです。屋根は，本瓦葺きで，古代からの伝統的な屋根です。間口は，桁行9.9m，梁間(奥行き)5.4mの八脚門で，高さ7m，建築面積は76m²です。構造形式や矩形は，ほぼ同規模で同時代の法隆寺東大門を参考に設計されたものです。二天像は設置していませんが，隅の間を金剛柵で囲って，仏門であることを暗示しています。

　基壇部分は，側面に瓦を積み，上面に塼(灰黒色のれんが)を敷き並べた瓦積み基壇です。柱を据え付けた礎石は蛇紋岩自然石とし，木材は，檜やケヤキ，ひばなどを使用しています。瓦の文様は，出土した瓦と同じ文様で，軒丸瓦や軒平瓦など約5000枚を使用しています。ベンガラ(赤)や緑青(緑)など大陸風の極彩

色に塗られています。古代寺院建築の力強い美しさが感じられるようです。

　復元回廊は，梁間3.75m・桁行延長137.7m あまりの単廊が金堂前庭を取り囲み，中庭をめぐる吹き放しの柱列と連子窓の「青丹」の陰影が独特の諧調をかもしだしています。「地域中核史跡等整備特別事業」として1993年から1997年にかけて復元されました。中門回廊の用材は，荷重のかかる大斗を堅いケヤキ，地覆や垂木を水に強い青森ひばとしています。他は樹齢100～200年の尾州檜を使用しています。屋根や基壇に用いた瓦塼は約７万枚にも達したそうです。

○おわりに

　聖武天皇や光明皇后が「仏教の力をかりて，社会の動揺を鎮めよう」と考えて，全国に国分僧寺と国分尼寺を建設し，東大寺に大仏を鋳造したことは多くの高校生が知っていることです。しかし，一歩踏み込んで「なぜ僧寺と尼寺を建設することで社会の動揺を鎮められるのか」と問うと，生徒は首を振るばかりで「なぜそんな質問をするのか」ととまどいの表情を示します。確かに，「当時仏教に期待したのが，国家の鎮護と五穀の豊作をもたらす仏教の『呪力』であり，読経と法会の場として，寺院が建設された。」と教科書に書いてあっても理解できないでしょう。

　そんな時，国分尼寺の復元中門・回廊をみながら金堂の基壇跡に立ち，10人の尼僧が読経をあげるさまを想像させてみたらどうでしょうか。迫力ある大音声に驚き，「これなら目に見えない悪魔や悪神が打倒されるな」と実感できるのではないでしょうか。そういう実感を体験することで国家仏教への理解が深まるのではないでしょうか。よみがえった天平の甍は，国家仏教への理解を深める大きな役割を果たすものと思われます。

〈参考文献〉
『史跡上総国分寺跡―国分僧尼寺とその時代―』　市原市文化財センター　1986年
宮本敬一「上総国分寺の成立―尼寺の造営過程を中心に」『東海道の国分寺―その成立と変遷』　栃木県教育委員会　1994年
『千葉県の歴史　資料編　考古3（奈良・平安時代）』　1998年

(河名　勉)

【7】

古代下総の新しい村

八千代市立郷土博物館

○はじめに

1960年代,畑や雑木林が広がっていた下総台地上に,東京で働く人たちのベッドタウンが造成されはじめました。八千代市の中心を流れる新川に沿った,標高26mほどの台地上にも,戸数7000戸の村上団地の建設が計画され,それにともなって,1973(昭和48)年に村上込の内遺跡の緊急の発掘調査が行われました。この発掘は,当時としては大規模なものであったことと,8～10世紀の建物跡が多数確認されたため,古代の村全体の様子がわかる遺跡として話題になりました。

この村上込の内遺跡の,新川を挟んだ対岸にあたる萱田地区,現在のゆりの木台でも,1977(昭和52)年から1991(平成3)年まで,宅地造成にともなって萱田遺跡群(白幡前遺跡・井戸向遺跡・北海道遺跡・権現後遺跡など)が約50万m²にわたって発掘調査され,同じ時期の建物跡が次々と発見されました。8～10世紀といえば奈良から平安時代にあたります。この時代の村の様子を,八千代市立郷土博物館に展示されている,それらの遺跡から出土した資料を見ながら考えてみましょう。

○開拓された村

八千代市立郷土博物館は,市内の歴史と民俗の資料を,現代から原始へ時代を遡るように展示しています。その第4のコーナー「大地の広がりを生きる人々」の壁面に,村上込の内遺跡のジオラマが展示されています。

村上込の内遺跡では,小判のよう

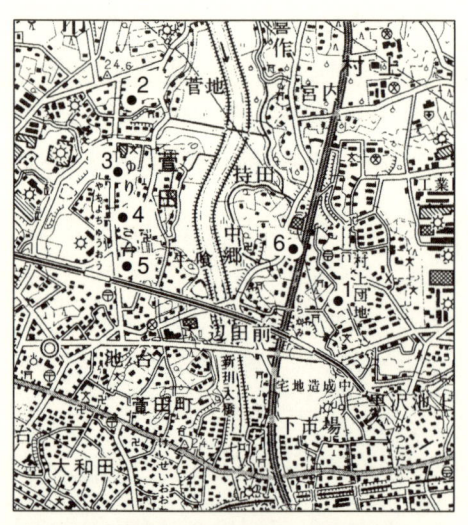

1.村上込の内遺跡 2.権現後遺跡 3.北海道遺跡 4.井戸向遺跡 5.白幡前遺跡 6.郷土博物館
遺跡の位置(国土地理院5万分の1地図「佐倉」)

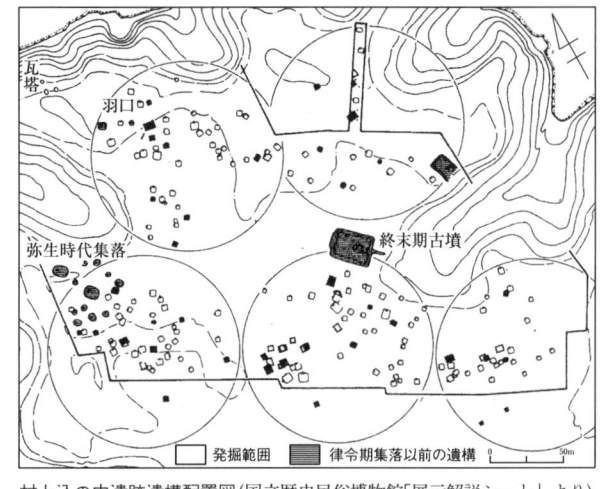

な方形の弥生時代の竪穴住居14棟，古墳が作られなくなる7世紀末の横穴式石室を持つ方墳1基，そして，奈良・平安時代の建物跡が179棟確認されました。発掘調査の面積は遺跡の約3分の2ですので，全体ではこの数を上まわる建物跡があると想定されます。萱田遺跡群でも約700棟を超す奈良・平安時代の建物が確認され，さらに周辺にも広がっていると見られています。当然，この棟数が同時に存在していたわけではなく，村上込の内遺跡では，調査が行われた範囲で最大でも40棟前後であったろうと考えられています。

村上込の内遺跡配置図（国立歴史民俗博物館「展示解説シート」より）

村上込の内遺跡でも萱田遺跡群でも，8世紀中頃から村が作られはじめ，9世紀前半に建物の棟数がピークを迎えています。そして，2つの遺跡とも，古墳時代の村が存在しないことが大きな特徴です。この特徴は，この2つの遺跡だけではなく，印旛沼南岸にある同時代の村には多く見られます。県内では，5世紀後半から奈良・平安時代まで規模に変化はあっても続いて営まれている村も調査されていますが，それらの村とは違った様相を示しています。つまり，新川流域を中心とする印旛沼南岸では，8世紀中頃，ちょうど，「良田百万町歩開墾計画」「三世一身法」「墾田永年私財法」という開墾を促す政策が連続して出されたころに，新しい村が積極的に作られはじめたことになります。

○竪穴式住居と掘立柱建物

県内で発掘される，この時代の建物跡の多くは竪穴式住居で，村上込の内遺跡では155棟が調査されています。古墳時代と比べると床面積が狭いものが多くなっていますが，正方形でカマドを持つ構造は同じです。竪穴式住居の他には，掘立柱建物があります。ジオラマの中に，小さな穴が規則正しく並んだ遺構が見られますが，これが掘立柱建物の跡です。村上込の内遺跡では24棟が検出されて

います。萱田遺跡群では,竪穴式住居552棟に対して掘立柱建物222棟,新川上流の保品地区にある上谷遺跡では,竪穴式住居176棟に対して掘立柱建物175棟が調査されていて,いずれも村上込の内遺跡より,掘立柱建物の割合が高くなっています。掘立柱建物は,床が地面より高い位置にある高床式建物か,地面を直接床とした平地式建物です。柱の穴しか残っていないので,それぞれの掘立柱建物がどのような使われ方をされていたのかはわかりませんが,すべてが住居というわけではありません。柱と柱の間を1間と数えて建物の大きさを表しますが,1間×2間の小さいものや,萱田遺跡群で調査された,建物の内側にも柱を立てて重い物にも耐えられるようにした総柱構造のものは,高床式の倉庫である可能性が高いと考えられています。掘立柱建物から出土する遺物は少ないので,建っていた時期を判断するのは難しいのですが,村上込の内遺跡や萱田遺跡群の掘立柱建物の多くは,9世紀に入ってから作られたようです。畿内では,7世紀のはじめには竪穴式住居が見られなくなり,農民の住居も含めて,すべての建物が掘立柱建物になるのと比べると対照的です。また,県内全体を見ると,奈良・平安時代に新しく作られた村に,掘立柱建物が多い傾向がみられます。

○村の中の建物群

もう1度,村上込の内遺跡のジオラマを見てください。方墳の所在する台地の中央を広場として残し,周りに建物が造られている様子がわかります。さらによく見ると,建物はいくつかのまとまりを作っているように見えます。この建物のまとまりを建物群と呼ぶことにします。村上込の内遺跡は,保存地区を含めて5つの建物群に分けることができます。同様の建物群は,萱田遺跡群でも確認ができます。このことから,いくつかの建物群が集まって村を構成していたと考えることができます。

建物群は,すべてが一様の消長をしたわけではなく,それを追うことで,村の発展や消滅の経過を見ることもできます。建物群の中で,同時に存在していた竪穴式住居は,

建物群の復元模型　国立歴史民俗博物館蔵。

最大でも10棟程度，平均的には3〜5棟程度であろうと考えられています。これに，掘立柱建物が1〜5棟が加わっています。この建物群が，村のどのようなグループを表しているのかは，とても難しい問題です。たとえば，建物群に竪穴式住居が3軒あった場合，そこには3世帯が住んでいたと断言することはできません。なぜなら，竪穴式住居に何人が住んでいて，その構成員はどうであったのか，さらに突き詰めれば，本当に住居として利用されていたのか，発掘の結果からは断定することができないからです。現代の農家を見てもわかるように，農家1軒＝1世帯は複数の建物から構成されているのが一般的です。

　古墳時代でも同様な状況が確認されています。6世紀に榛名山の二ツ岳から噴出した軽石で埋まり，日本のポンペイと呼ばれている群馬県子持村の黒井峯西組遺跡では，住居・作業小屋・高床式倉庫・馬小屋が垣根に囲まれて発掘されました。これらのことからすれば，1つの建物群が1世帯を構成していたと見ることもできます。そうであれば，建物群は「下総国葛飾郡大嶋郷戸籍」などに見られる房戸（小家族）的な集団と考えることもできます。

○谷津に広がる水田

　村上込の内遺跡や萱田遺跡群を開拓した人びとは，どこに水田を作ったのでしょうか。まず，思いつくのが新川です。新川は，印旛沼から東京湾へ水を流していますが，1969（昭和44）年に完成した印旛沼干拓事業が行われる前までは平戸川と呼ばれ，四街道市を源とし，印旛沼にむかって流れていました。新川は，川幅も広く水量もありますが，郷土博物館のビデオを見ると，平戸川の頃は細い川だったようです。この平戸川の両岸の低地は水田に使えそうです。しかし，新川流域に新しく作られた村は，川に面した場所ではなく，支谷である谷津に沿った台地上に作られています。

　村上込の内遺跡のジオラマのとなりに，萱田遺跡群の須久茂谷津を挟んだ権現後遺跡と北海道遺跡のジオラマがありますが，竪穴式住居が，谷津に面した台地の縁辺に作

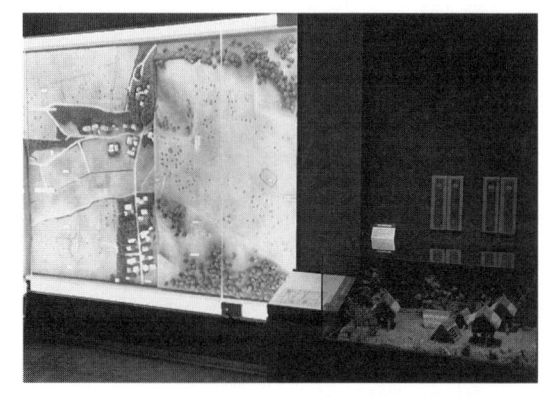

八千代市立郷土博物館展示室　八千代市立郷土博物館提供。

られていることがわかります。谷津には台地に降った雨が湧き出しており，当時の人はその水を利用して田を作りました。一見狭く，生産効率の悪そうに見える谷津田ですが，川の周りよりも，水の管理はしやすかったと考えられています。農業技術が進んだ後も谷津田は利用され，1970年代までは北総地方を代表する農村風景でした。

○文字が記された土器

　出土した遺物についてみてみましょう。遺跡のジオラマのとなりに，墨やヘラで文字が書かれた土師器が展示されています。墨で書かれているものを「墨書土器」，ヘラで刻みつけたものを「刻書土器」または「線刻土器」と呼んでいます。

　文字は，ほとんどが坏形（食べ物を盛る器）の土師器に書かれています。村上込の内遺跡と萱田遺跡群では，合計1500点を超える墨書土器・刻書土器が出土しています。新川流域全体では3000点を超えており，これは全国でも屈指の量です。つまり，この地域に文字を知る人が居たことになります。ただ，すべての文字が文字を知る人によって書かれたとは限りません。中には，文字を知らない人が真似をして書いたと思われるものもあります。

　では，書かれている文字を見てみましょう。文章になっているものもありますが，3文字以上はとても少なく，ほとんどは，展示資料のように漢字1文字だけです。文字を，所有者や所有する集団などを表す記号として主に使っていたのでしょう。その文字が，どのように選ばれたのかは分かりませんが，個人や集団の名前の，最初のひと文字なのかもしれません。道教では，文字に呪術的な力があると考えられていたので，吉祥句が選ばれたのではないかとも言われています。確かに，出土した文字を見ると，「大」「盛」「万」「富」「豊」など縁起がいい文字が多く見られます。文字は200種類以上が確認されていますが，1点しか出土していないもの，建物群の中だけで出土しているもの，村上込の内遺跡の「来」や「毛」のように数も多く，遺跡内のほとんどの建物群から出土しているものなど，様子はさまざまです。

　そのなかで，萱田遺跡群で160点検出された「生」の文字が，おもしろい情報を提供してくれることが指

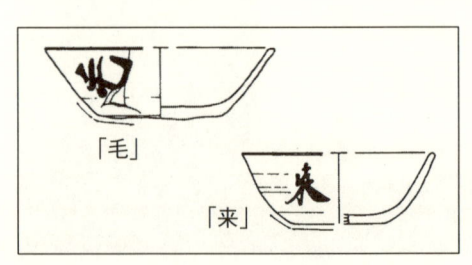

墨書がされた坏形の土師器（八千代市教育委員会蔵）

摘されています。白幡前遺跡では9つの建物群が確認されていますが，この中の一番北の建物群で，8世紀の後半に「𠀾」が現れます。これは，唐の女帝，則天武后が作った則天文字で「一生＝人」の意味があります。この文字が草書的な字体に変化して，9世紀前半から権現後遺跡でたくさん見つかるようになります。この時期は，一時人が住んでいなかった権現後遺跡が再興する時期と重なります。その後，9世紀中頃に「生」は白幡前遺跡の北の建物群に戻り，権現後遺跡は9世紀の後半に建物の数を減らして幕を閉じてしまいます。つまり，権現後遺跡の開拓に白幡前遺跡の北の建物群の人びとが直接乗り出していったということが「生」の動きから分かるのです。

○古代の村上郷

　大宝律令のときの地方行政単位は，「国・郡・里」と定められましたが，その後，改められ，715年からは「国・郡・郷」となりました。発掘された村が，何郡何郷にあたるのかを確定するのは難しいのですが，新川流域は，出土した墨書土器から，どの郷に所属するのか確認できた貴重な地域でもあります。

　承平年間(931〜937年)に編纂された百科事典『和名類聚抄』には，全国の国・郡・郷名が載っています。それによれば，下総国は葛飾郡，千葉郡，印幡郡など11郡からなり，印旛沼の周辺の印幡郡には八代，印幡，言美，三宅，長隈，鳴矢，吉高，船穂，日理，村神，余戸の11の郷がありました。

　「村神郷」は名前から現在の八千代市村上地区であり，ほぼ同じ地域を指すものと考えられていました。ですから，村上込の内遺跡が発掘されたとき，村神郷

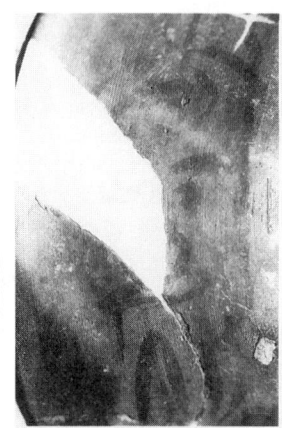

「村神郷丈部国依甘魚」墨書土器と人面(右)(八千代市教育委員会蔵)

の中心部が発見されたと思われたのです。しかし、萱田遺跡群の発掘調査で、権現後遺跡から「村神郷 丈部国依甘魚」と判読できる文字と、人面が描かれた坏が出土したことによって、村神郷の存在が証明されるとともに、千葉郡と考えられていた新川の西側も、村神郷の郷域であることが明らかになりました。さらに、保品地区の上谷遺跡で「下総国印幡郡村神郷」と書かれた甕が出土したことなどから、現在では、印幡郡村神郷の範囲は新川を中心として、八千代市全域と、千葉市、船橋市、佐倉市の一部も含むと考えられています。

「村神」の他に地名が書かれた墨書土器としては、萱田遺跡群の白幡前遺跡から出土した「草田」があります。草田を「かやた」と読む例が知られていることから、草田=萱田と考えられ、この地名も8世紀後半から存在していることが確認されました。しかし、草田が里名であるのか、どの範囲を指しているのかは不明です。

○村の中の仏教

村上込の内遺跡や、萱田遺跡群で村が作られはじめた奈良時代は、国家の力で都には東大寺などの大寺院、地方には国分僧寺と国分尼寺が建設されました。一方、行基のように、民間に布教をして歩いた僧も存在していました。では、下総の村では、仏教は信仰されていたのでしょうか。

萱田遺跡群の白幡前遺跡では、瓦塔2基分と瓦堂1基分の破片が出土し、瓦塔は郷土博物館に展示されています。瓦塔、瓦堂は、五重塔と金堂のミニチュアで、土器と同じような焼き物です。展示されている瓦塔をよく見ると、柱部分に朱を塗り、壁の部分には白土を塗って、色までも本物に近づけた痕跡が残っています。瓦塔がどのように使われたかはよくわかっていませんが、大きなものは屋外に建て、白幡前遺跡で出土した高さ120cmくらいのものは寺の建物の中に安置されていたとも考えられています。瓦塔・瓦堂の中には、釈迦の遺骨である「舎利」の代わりになるものや、仏像を納めていたのかもしれません。

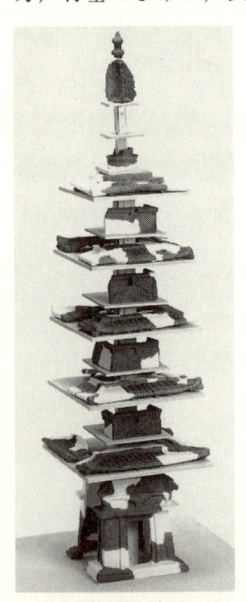

また、白幡前遺跡の中央部では、溝で囲んだ内側から、四面廂付きの5間×6間の掘立柱建物と、それに付随

印西市馬込遺跡瓦塔　千葉県文化財センター提供。

7 古代下総の新しい村

すると思われる2間×2間の掘立柱建物数棟が確認され、村の中の寺と見られています。さきほどの瓦塔もこの建物の近くから出土し、他にも「佛」と墨書された鉢や「寺杯」と墨書された土器などが出土しています。また、同じ萱田遺跡群の井戸向遺跡からは青銅製の小仏像が、北海道遺跡からは、展示されている奈良三彩の小壺と托(受け皿)が出土しています。この2つの遺跡からは、「勝光寺」「尼」など仏教に関係する墨書土器も出土しています。

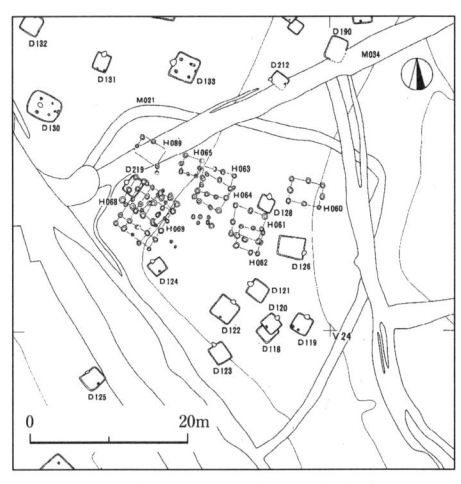

白幡前遺跡村内寺院の遺構(千葉県文化財センター『八千代市白幡前遺跡』より)

では、寺は誰が建てたのでしょう。寺は、瓦が出土していないので、草葺きか板葺きであったと思われますが、それでも、一般の村人達に寺を建てる余裕はないでしょうから、村を開拓した有力者であると考えたほうがよさそうです。

○神への祈り

仏教に関係する遺構、遺物を見てきましたが、萱田遺跡群の権現後遺跡では「神」と書かれた土器も出土しています。彼らは、神も意識していたようです。先のほうで触れた「村神郷丈部国依甘魚」という墨書は、「村神郷に住む丈部国依がおいしい魚を(この器に入れて)捧げます」と読むことができます。この坏には髭を生やした人面も描かれていますが、これは疫病神で、その退散を願ったのかもしれません。北海道遺跡からは「丈部乙刀自女形代」と書かれた坏が出土しました。丈部乙刀自女という女性が、自分の身代わりを器に入れて供えたのでしょう。北海道遺跡ではこの他に、「承和五年二月十□」(承和五年＝838年)と墨書された、県内でも数少ない実年代が分かる土器が出土していますが、この坏にも人面と、欠損してはっきりとは分かりませんが長文が書かれていた形跡があります。最後の文字が「代」であることから、同じようにまじないに使ったものと考えられます。また、白幡前遺跡からも、人面と「丈部人足召代」と墨書した小型甕が出土しています。これも丈部人足があの世に召されるのを免れようと、神に捧げものをして祈ったものと考えられます。

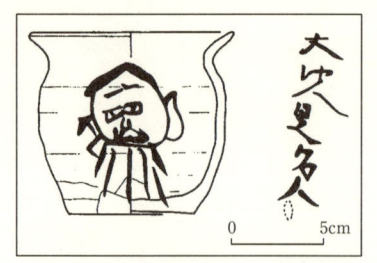

白幡前遺跡出土の墨書と人面が描かれた小型甕(千葉県文化財センター『八千代市白幡前遺跡』より)

都では，道教の影響を受け，人面を描いた甕に穢(けがれ)や疫病神を封じ込め，川に流すというまじないが行われていました。しかし，ここでは，まじないに使われた土器が村の中から出土することから，都の影響を受けながらも，土器に捧げ物を入れて神に祈るという都とは異なった方法が行われていたようです。

○村の開拓者

今まで，8世紀中頃から作られた村上込の内遺跡・萱田遺跡群の村の様子を見てきました。では，この村を開拓した人は誰だったのでしょうか。それが明らかになる資料は残念ながらありません。しかし，県内の奈良・平安時代に開拓された村が，古墳時代から続いてきた村よりも，掘立柱建物を多くもち，墨書土器を多く使用していたことから考えれば，開拓には，都とつながりの深い役人層が関わっているとみることができそうです。この当時の下総の村では，まだ新しい文化であったはずの仏教が，村の中に取り入れられていることからも，このことが言えるのではないかと思います。

また，土器に書かれている人名も手掛かりになりそうです。「神への祈り」のところで見た土器には，いずれも「丈部」姓を名乗る名前が書かれています。この時代に，自分の名前を書いてまじない＝祭りを行えたのは，村の中でも指導的な階層であったと考えられます。その「丈部」についてみてみると，天平(てんぴょう)10年(738年)『駿河国正税帳(するがのくにしょうぜいちょう)』に「下総国印波郡丈部直廣成(いんぱぐん)(あたいひろなり)」という名が見られます。さらに，『続日本紀(しょくにほんぎ)』天応元年(781年)の条に印幡郡の郡司(てんのう)として「丈部直牛養(うしかい)」の名前が見られ，国造(くにのみやつこ)の系譜を引く「丈部直」一族が有力者として存在していたことが分かります。村神郷の「丈部」が，郡司の「丈部直」の一族であるのかどうかは分かりません。ただ，村神郷一帯に渡る村の開拓は，郡司層やそれにつながる有力者，いわゆる「富豪の輩(ふごう)(やから)」などによる可能性が高いのではないでしょうか。

郷土博物館には，萱田地区から出土した，腰帯(ベルト)(ようたい)に付けた飾り(帯金具)(おびかなぐ)が展示されていますが，腰帯は「養老律令(ようろうりつりょう)」に規定された装飾品で，役人が身分に応じて身に付けていたものです。開拓をした人や，それに連なる村の指導者の腰を飾っていたものかもしれません。

7　古代下総の新しい村

○村の終焉

　村神郷の村は8世紀末から9世紀前半にピークをむかえ，9世紀後半には衰退していきます。そして，10世紀にはほぼ台地上から村が消えてしまいます。この衰退の様子は，古墳時代から続いていた村でも同様で，10世紀には，千葉

萱田遺跡群出土の帯金具　八千代市教育委員会蔵

県の台地上から一斉に村が消え去っていったことになります。そして，村上地区，萱田地区では，1000年後に開発が行われるまで，台地上に村は作られませんでした。10世紀は，初期荘園が崩壊していく時期にあたります。このことと，村が台地から消えたことには関連があるのでしょうか。また，この後，村はどこにいったのでしょうか。発掘調査では，確認されていません。

○おわりに

　展示の中に，鉄の鎌(かま)，紡錘車(ぼうすいしゃ)，刀子(とうす)，釣針(つりばり)などがありますが，村上込の内遺跡や萱田遺跡群では，鉄製の道具が多く出土しています。大量の墨書土器，掘立柱建物の増加，仏教の信仰などと合わせて考えると，8世紀中頃に開拓された村をとおして，都の文化が下総にも，もたらされたのかもしれません。律令体制の成立によって，農民は重い税の負担を強いられ，村は疲弊(ひへい)していくことが強調されます。しかし，地方にも開拓を行う力があったこと，また，律令体制が下総に新たな文化をもたらしたことにも，注目しなくてはならないと思います。

　新川流域の村上郷と想定される地域は，団地などの開発・造成が活発に行われているため，全国的に見ても，郷の単位としてはもっとも調査が進んでいる地域です。近年，発掘調査が行われた保品地区の上谷遺跡や，向境(むかいさかい)遺跡・境堀(さかいほり)遺跡では，掘立柱建物が多数確認され，その中には役所的な性格をもつと考えられるものもあります。また，墨書土器も大量に出土しています。これらの資料から次次と新しい発見があり，さらに郷の姿が解明されていくことと思います。

　古代の村の授業では，文献資料から村の様子を考えることが中心になりがちですが，考古学の成果も取り入れることで，文献史学と考古学がお互いに補完しあうことによって，歴史が解明されていくことを，理解してもらえればと思います。

〈参考文献〉
『八千代市の歴史　資料編　原始・古代・中世』　八千代市史編纂委員会　1991年
『房総考古学ライブラリー7　歴史時代(1)』　千葉県文化財センター　1993年
『千葉県史　資料編　考古3(奈良・平安時代)』　千葉県史料研究財団　1998年

(渡邉政治)

III 中世

【8】

土一揆から何が見えるか

国立歴史民俗博物館の中世展示に学ぶ

○はじめに

　戦国時代の大和国興福寺大乗院門跡尋尊が編集した年代記である『大乗院日記目録』は，11世紀半ばから16世紀初頭までの中央の政情，世相が詳しく書かれていることで有名です。

　正長元(1428)年九月日の条には，多くの高校教科書に掲載される正長の土一揆の記事が載っています。尋尊は，関白を務めた一条兼良の子息で1430年の生まれです。応仁・文明の乱を興福寺の最高責任者として過ごした彼にとって，誕生の直前に起きた正長の土一揆は，どのように目に映ったのでしょう。彼は言います「そもそも亡国のもとは，この一揆に他ならない」と。

　体制側の人間であった彼にとって，土民の蜂起とは，許されざる下剋上的行為に思えたのでしょう。しかし，一揆をおこした「土民」と呼ばれた民衆にとって，一揆とは何だったのでしょうか。

　ここでは，国立歴史民俗博物館の中世展示にある，柳生の徳政碑文や矢野庄百姓申状などを見学し，実際に現場で発問や指示をしながら，授業形式で中世民衆の台頭の様子を学んでみましょう(筆者の勤務していた佐倉東高校は2001・02年度にわたって「国立歴史民俗博物館を利用した実践学習協力校」に登録されており，同館を利用して授業が可能です)。

○国立歴史民俗博物館

　国立歴史民俗博物館は，1981(昭和56)年4月に佐倉市の近世佐倉城跡の一角に設置されました。歴史学・考古学・民俗学の三分野，さらには三者の協業を通じて，わが

国立歴史民俗博物館

国の歴史・文化を総合的に究明する目的のもとに，それらの学問に関する資料を収集・保管し，展示しています。そして民衆の暮らしをメインテーマに掲げて，展示に工夫がこらされています。

　緑豊かな佐倉城址公園は，往時の深い堀や土塁（どるい）が残り，建物こそありませんが，近世城郭（じょうかく）を見学するうえでもたいへん参考になります。

　さて，展示は原始から近代まで，民俗分野を含む5つの展示室に分かれ，それぞれの展示室はいくつかのテーマ，サブテーマが取り上げられています。ここで取り上げる一揆（いっき）に関するテーマは，第2展示室の5つのメインテーマのうちの一つ「民衆の生活と文化」に含まれます。これは，さらに小テーマ「都市の自衛と文化」「惣（そう）の寄合（よりあい）と農村」「芸能と職人」に分かれます。

　この中でも一揆にかかわる小テーマ「惣の寄合と農村」では，「農村の景観」，「惣村（そうそん）と訴訟」，「灌漑（かんがい）の技術」，「農村の年中行事」，「やまとうみの村」の各項目に分かれ，中世農民の生活ぶりが追えるように展示されています。

○村はずれの疱瘡地蔵

　メインテーマ「民衆の文化と生活」の会場を，境界を示すカンジョイタ（巻数板）を頭上に見ながら入ると，すぐ左手に，有名な柳生の徳政碑文が彫られた疱瘡（ほうそう）地蔵の巨石レリーフが，見る者を圧倒するように展示されています（小テーマ「惣の寄合と農村」の中の「農村の景観」というコーナー）。レリーフ右手には，碑文周辺の景観がパネルで大きく引き伸ばされており，巨石の置かれたおおよその位置が想像できます。

　さてここで，なぜ疱瘡地蔵の傍らに徳政碑文が彫られたのか，生徒たちに質問してみましょう。

　そもそも疱瘡地蔵とは，モガサとも呼ばれて恐れられた天然痘（てんねんとう）（疱瘡）を神（疱瘡神）の仕業（しわざ）と信じた民衆が，村境に祀（まつ）って疱瘡神の侵入を防ごうとしたものです。ですから，疱瘡神や疱瘡地蔵は村の境界に祀られました。

　巨石のレリーフ展示は，こ

疱瘡地蔵の展示光景　国立歴史民俗博物館蔵。

III 中世

徳政碑文のある周辺の景観　蕨由美氏撮影。

柳生周辺(国土地理院2万5000分の1地図「柳生」)

うした村境の景観を伝えてくれます。つまり,「負ヰメ」(負債)のなくなったことを村の出入り口に掲示することによって,そこを通るすべての人びとに見えるようにした,というわけなのです。

　ところで,先の『大乗院日記目録』には,一揆は管領によって鎮圧されたとあり,幕府によって徳政令が出されたとは記されていません。ではなぜ,この神戸四カ郷には徳政が実施されたのでしょう。これは地域徳政といって,全地域に発令される「天下一同」の徳政ではなく,地域限定の徳政令だったのです。当時,大柳生・阪原・小柳生・邑地の神戸四カ郷は大和興福寺領で,興福寺は土民の要求を受け入れ,やむなく徳政令を出したものと思われます。

　すでに貨幣経済の進展はめざましく,年貢も代銭納されたり,隣接するコーナーには『一遍聖絵』の備前国福岡市のシーンを模型化した展示もあり,貨幣が農村に入り込んでいた様子がうかがえます。土倉や寺院などの高利貸し資本が,年貢を払えない農民に土地を担保に金を貸したり,土地を買得したりする例は,畿内のみならず,東国でも一般に見られます。さきの『大乗院日記目録』で,京中の土倉や酒屋,寺院などが襲われ,「借銭ことごとくこれを破」られたのは,こうした背景があったのです。

　「正長元年より将来にわたって,神戸四箇郷に負債があってはならない。」
　領主興福寺に徳政を認めさせ,民衆によって高らかに宣言された碑文は,村

ずれの疱瘡地蔵の傍らに、500年以上も消えることなく刻み込まれて、今にいたっています。

○矢野庄の一揆

さて正長の土一揆は、「土民蜂起之初なり」と尋尊が記したように、畿内諸国を巻き込んだ初めての大規模な一揆

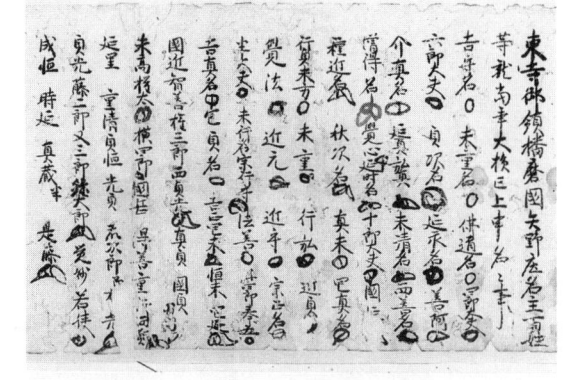

矢野庄百姓申状　京都府立総合資料館蔵。

(土一揆)でした。正長以降、土一揆は徳政を求めてしばしば起こされました(徳政一揆)。しかし、農民の抵抗が、いきなりこうした広範囲な地域の結合する土一揆に発展したのではなく、荘家の一揆とよばれる荘園単位のそれが、鎌倉から南北朝期にかけて起こされていました。

次に注目させたい展示は、「惣村と訴訟」というコーナーにある1367(貞治6)年の「播磨国矢野庄(兵庫県相生市)百姓申状」です。これは、教科書によっては「矢野庄起請文」として写真の載る、50数名の百姓らの名が連署された起請文です(「東寺百合文書」)。なお、荘園の呼び名は原文書にならい、以下文中すべて○○庄とします。

ここでは、百姓らのサイン(花押)に注目してみたいと思います。上の写真でもわかるように、百姓の中には、小ぶりながらも武家様の花押を据える者もいれば、略押といって筆で丸を書いただけの者もいます。同じ百姓といっても身分的な差異があることを示しています。この差を生徒たちはどう見るでしょうか。

花押を書いた百姓は名主層の農民で、戦国期にかけて地侍(戦国土豪)とよばれる階層に連なっていく人びとと思われます。数の上からは圧倒的に多い略押の者は、作人層の農民と考えられます。しかし、後述するように農業技術の進展から生産力の向上がおこり、村落内における作人層の台頭を招いたのでした。

○荘家の一揆は何をもたらしたのか

さて、この申状は何を訴えているのでしょうか。矢野庄の一部は、荘園領主が山城国東寺でした。百姓らは、2年にわたった冷害と水害によって損亡を蒙り、東寺に対し年貢の減免(検見の実施)を求めたのです。

さらに、この10年後の1377(永和3)年1月、矢野庄の百姓らは耕作を放棄しいっせいに村を出ました。逃散とよばれる一揆の戦術のひとつです。この時は、東寺の代官祐尊の罷免を訴えてのものでした。東寺の派遣した使者は、両者の和睦を勧めましたが、祐尊の実力行使もあり和解は成立せず、ついには祐尊の解任で幕を閉じました。そして、年貢を名主らが直接東寺に納める地下請（百姓請）を実現しました。このように、荘園単位で年貢の減免や代官の更迭などを求めたものが、研究史上、荘家の一揆とよばれるものです。

この後も、矢野庄の名主百姓らはたびたび年貢減免を求めて一揆を起こし、1429(正長2)年の播磨国土一揆では、同庄が中心地となるまでにいたったのです。

こうした、地下からの突き上げに対し、荘園領主の東寺は守護の武力を導入することによって支配を貫徹しようとするのですが、これは両刃の剣でした。武家勢力が荘園侵略に走るのも、自然の流れといえましょう。東寺の荘園領主としての実体は、15世紀末までしかたどることはできません。

○惣村の結合

一揆を行うには、村民の団結が何よりも大切なことでした。村人たちは、鎮守社の運営を司る宮座を中心にまとまり、一味神水をして団結を誓ったのです。一味神水は、村人たちが全員で2枚の起請文に署名し（前述の百姓申状）、1枚は保管し、もう1枚は燃やして、鎮守社の井戸から汲んだ神水の中に灰を混ぜ、その灰汁を一同回し飲むという手続きを経ました。

中世の人びとには、こうした神前での誓いを裏切ると、全身の毛穴から神罰・仏罰がわくと考えられており、一定の拘束力を持っていたものと思われます。

また、宮座とは別に、惣村の運営をおこなう寄合には村人全員（下人・所従と呼ばれた隷属農民は除く）が参加し、意志決定をしました。寄合は、村落の指導者である乙名・年寄・沙汰人などと呼ばれる有力名主が中心となりました。これらの人びとこそが、前述「「播磨国矢野庄百姓申状」に花押を据えた人びとだと考えられます。そして、彼らは戦国期には地侍として現れることになります。

○村人が村人を成敗した話

関西新空港にほど近い大阪府の南部和泉佐野市に、かつて日根野庄という九条家領荘園がありました。戦国期には、荘園の維持のため、京都からしばしば領主の九条政基が現地に下向し、直接荘務を差配しました。彼は、その時の行動

8 土一揆から何が見えるか　　087

を『政基公旅引付（たびひきつけ）』という日記に残してくれています。その中の1504（文亀（ぶんき）4）年2月16日の条に，現代人にとって信じられないような話が記録されています。展示では，現代語に訳された内容が受話器を取ると，自動的に音声で流れるようになっており，生徒も興味を持って聞くでしょう。

　これは，惣村の自検断（じけんだん）にかかわる話です。自検断とは，犯罪人の逮捕・裁判・刑の執行を，公権力に委ねないで自ら執行することです。この場合は，村人たちが犯罪人の逮捕，処分を行うという話で，あらすじは以下のとおりです。

　不作が続いた日根野庄では，飢饉の中，住民たちはかろう

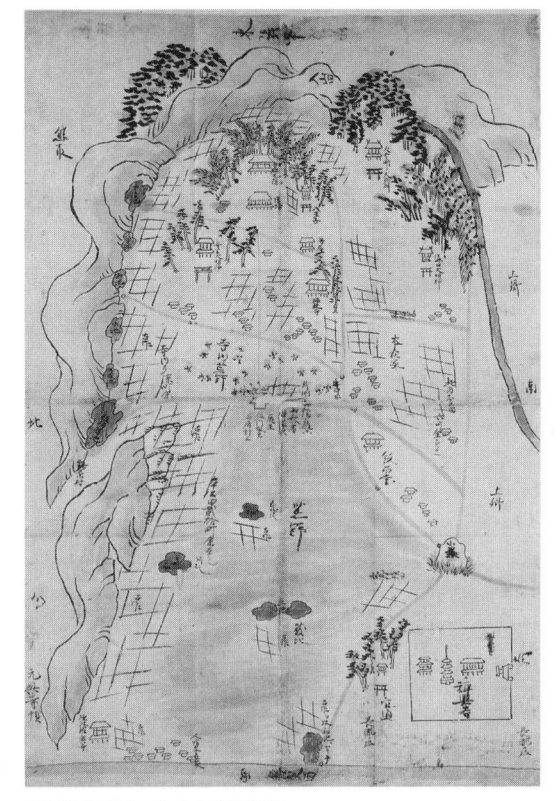

日根野庄絵図　宮内庁書陵部蔵。

じて蕨粉（わらびこ）を食べて命をつないでいました。蕨粉は，一晩水にさらさないととれないので，夜の間さらしておいたところある晩，盗まれてしまいました。

　命の糧を盗まれた村人たちは寝ずの番をして，犯人の現れるのを待ちました。そうしたところ，再び犯人の2人の男が現れ，村人たちは追いかけました。盗人たちは，村のある年老いた巫女（みこ）の家に逃げ込み，村人たちもその家に入り込みました。犯人は巫女の2人の息子だったのです。村人たちは，2人をその場で殺してしまいました。さらに，一緒にいた老母も殺してしまったのです。

　この話は後ほど，政基に住民の代表から報告されました。政基は，この話を聞いて，縁座（えんざ）で殺された母については，さすがに可哀想にと書いています。しかし犯人の2人の息子については，盗んだのだから仕方のないことだとしています。

　この話から，戦乱の続く中，自衛を図る惣村内部の生活の一端が見えてきます。展示には，惣の法律ともいえる惣掟（そうおきて）（「今堀日枝神社文書（いまほりひえ）」）があります。その中

には，（入会地の）木を伐採してはならないとか，惣村内で犬を飼ってはならないとか書いてあり，興味をひきます。

○農民の財産はどのようなものだったのか

次に，1425（応永32）年に山城国上野庄のある農民の，荘園領主に家財道具を没収された時の記録が展示されています（「山城上野庄百姓雑具注文」）。

> 釜2，鍋大小3，つき臼1，杵3，する臼1，からすき1，うまくわ1，牛1匹，まさかり1，鍬1，槍2，弓1，結桶大小4，味噌の桶1，乾菜いもじ30連，わらもみ1，豆俵1，粟俵1，金輪1（名称の後の数字は個数）

家財道具として，ナベ・カマをはじめいろいろ載せられていますが，注目すべきは牛馬耕をしていたことを示すからすき（犂），馬鍬があることです。財産没収をうけた哀れな農民（上野庄兵衛次郎）は牛馬を飼うことができたことから，農民の中でも富裕な階層にあったと思われます。

さらに注目されるのは，弓・槍といった武器を持っていたことです。近世の農民を標準に考えてしまうと，中世の農民は見えてきません。刀や槍，弓などを普通に持つ農民，こうしたイメージで見ないと，地侍とか豊臣秀吉の刀狩りの意味が理解できないのではないでしょうか。

さて，こうした農民の姿は，農業技術の進展にともなう生産力の向上という視点から，考えていく必要があります。そこで次の展示では，中世における生産力の向上をみたいと思います。

○現代に生きる農業用水路

次の展示は，「灌漑の技術」のコーナーです。今も農業用水路として残る中世の用水路の航空写真があり，ボタンを押すことで流路にランプが光り，地理的な景観が生徒にもよく理解できるはずです。

また，竜骨車の導入によって，川の水面より高い位置にある田へ，水を汲み上げることを可能にしました。教科書によく絵が載る竜骨車も模型として展示されているので，具体的にイメージすることができることでしょう。こうした灌漑技術の向上は耕地面積を拡大させ，生産力の量的向上をもたらしました。

さらに質的な生産力向上という面では，鉄製農具の普及，牛馬耕，二毛作・三毛作，鳥獣駆除，肥料の改善などがあります。深耕を可能にした鉄製農具の普及

は，土中の肥料分が空気に触れ酸化することによって，作物に取り込まれやすくなり，地味を肥やすことにつながります。二毛作・三毛作では，裏作は本来年貢のかからない収入として，農民の収入増に結びつきました。

昔話などで身近な生物として人びとに親しまれてきたスズメは，秋の実りを食い荒らす害鳥でもありました。当時の絵巻物からは，鳴子などの音で害鳥害獣を追い払う工夫もなされるようになったことがわかります。今も田でお目にかかる案山子は，古くは僧都とよばれ，古書に「田んぼに立てられた脅かしのための人形」と解説されるほど，古くから鳥獣の害を防ぐために用いられてきました。

○おわりに

こうした生産力の向上により増加した収穫を，当然のことながら農民たちは手元に残そうとします。しかし，荘園領主や地頭は，これを年貢などの形で取り上げようとします。ここに，農民，荘園領主，地頭との三者で増加した収穫をめぐって，せめぎあいが始まるのです。

農民たちは，団結して領主や地頭と交渉するまでになりました。この過程で愁訴，強訴や逃散などの手段がとられるようになり，農民たちは手元に収穫の多くを留保することに成功しました。こうして実際の耕作者である作人層にも，生産力向上の成果がもたらされました。先の「播磨国矢野庄百姓申状」に，略押を据えた苗字をもたない農民こそが，この作人たちであると考えられます。

このように生産力の向上によって力をつけた農民は，やがて広範な地域で連帯し土一揆を起こすようになります。さらに宗教で結びついた一向一揆，土豪層と農民の結合した国一揆などが地域権力を脅かすようになってきました。これらを権力が克服するためには，戦国期の地域権力から，より強力な天下統一権力へと進まざるをえなかったことが重要な視点ではないでしょうか。

つまり，戦国時代の学習では戦国大名のことがどうしても表面に出てきますが，こうした経済構造から見ていく必要性が大きいと考えます。博物館を使っての授業は，現代に生きる生徒にはなかなか実感しにくい農業生産力の向上という観念的な事象を，目で確かめながら学習できる貴重な場といえます。

〈参考文献〉
上島有・大山喬平・黒川直則編『東寺百合文書を読む』 思文閣出版 1998年
黒田日出男『日本中世開発史の研究』 校倉書房 1984年

(遠山成一)

【9】よみがえる中世のムラ

袖ヶ浦市郷土博物館の展示から

○はじめに

　袖ヶ浦市のほぼ中央に位置する袖ヶ浦市郷土博物館は，上池という大きな溜池を含む袖ヶ浦公園の一画にあります。この博物館の展示はトンネル内の映像室からはじまり，歴史展示室へと進んでいきます。歴史展示室では，近現代から原始へと時代をさかのぼって袖ヶ浦の歴史を体験することができるのですが，なんといってもこの博物館のみどころは横田郷という中世のムラについての展示です。

　横田郷は，上総国の中央部に成立した畔蒜荘という荘園のなかの一つの郷でした。じつは横田郷については，関東では希有なことなのですが，詳しい地域調査が実施されています。袖ヶ浦市郷土博物館の横田郷についての展示も地域調査の成果にもとづいています。そこで本稿では，横田郷についての展示物などを教材として，中世の荘園や公領の実態について考えることにしたいと思います。

○中世のムラとしての横田郷

　ここでは，東国の荘園や公領内の「村郷」をムラと表記して，中世のムラを教材化することの意味について少しだけ考えておきます。

　中世の荘園や公領は日本列島内に成立した中世国家の行政的な単位だと考えられており，荘園公領制は中世日本の社会のしくみとして教材化される必要があります。中世の荘園・公領は，古代の郷・里や近世や近代の町・村と同じように，中世の基本的な地域史教材となるべきはずのものなのです。しかし，紀伊国桛田荘絵図のような地域史教材にふさわしい荘園絵図は多くはなく，具体的な文献資料も偏在しています。

　では，地域史教材としての荘園絵図もなく，文献資料も少ない地域では，どのようにして荘園や公領を取り上げるべきなのでしょうか。私は，広大な領域をもつ東国の荘園や公領の場合には，荘園や公領の全体像を教材化するのではなく，荘園・公領内の「〜郷」あるいは「〜村」などに注目すべきだと考えています。東国の荘園においては荘園そのものではなく，荘園内の村郷を重視すべきである

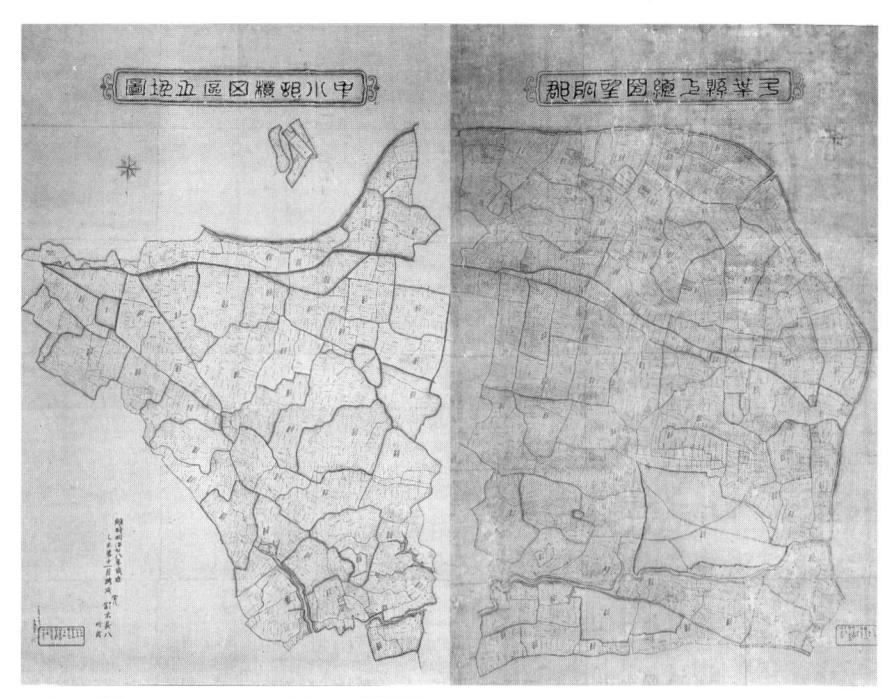

図表1　「横田区之地図」　袖ヶ浦市郷土博物館蔵。

との見解は早くからありましたが，東国における荘園や公領の研究においては，荘園・公領の実態として村郷が取り上げられることはほとんどありませんでした。しかし，村郷こそが東国の荘園や公領内で生活した人びとの基本的な生活の場であり，現実的な支配もまた村郷ごとにおこなわれたと考えることもできるのです。

○「横田区之地図」

　中世の展示物の一つに「横田区之地図」（図表1）という1895（明治28）年の地図があります。どうして，中世の展示なのに明治時代の地図があるのでしょうか。この地図で「横田区」とよばれているところは，現在の袖ヶ浦市横田にあたります（図表2）。この地図の範囲は，現在の横田とほぼ同じです。じつは，この袖ヶ浦市横田に関しては，中世の東国ではめずらしい室町時代の土地台帳が残っているのです。その土地台帳とは，1411（応永18）年9月20日の上総国畔蒜荘横田郷地検目録案と1416（応永23）年9月2日の上総国畔蒜荘横田郷名寄帳です。ともに『袖ヶ浦市史　資料1』（袖ヶ浦市，1999年）でみることができます（図表3・4も参照）。

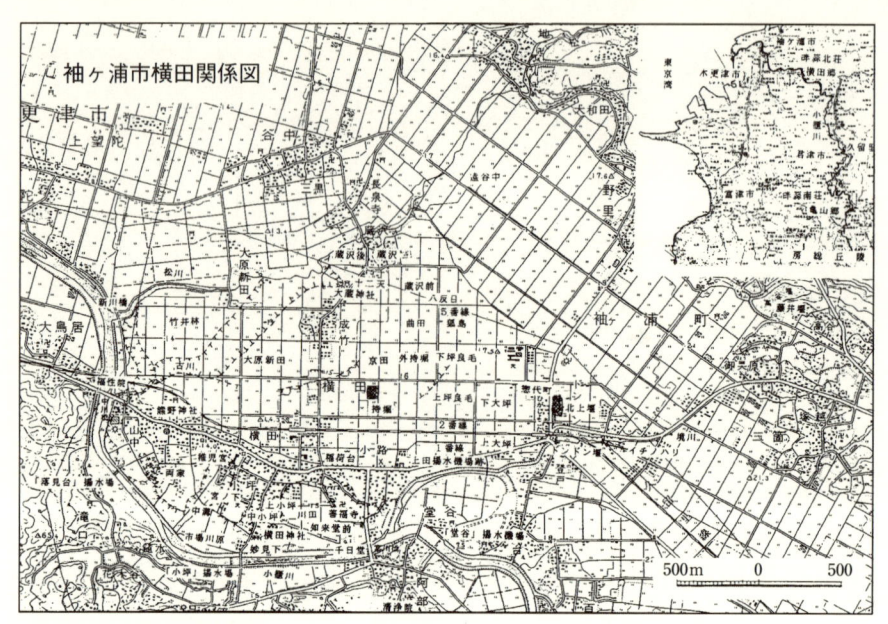

図表2　袖ヶ浦市横田関係図

　上総国は千葉県中部にあった古代以来の国名であり，畔蒜荘は古代の畔蒜郡が中世の成立期にそのまま荘園化(立荘)されて成立したものと考えられています。そのため，畔蒜荘は小櫃川(おびつがわ)の上流から中流にかけての広大な領域をもつ荘園だったのです。畔蒜荘全体の荘園領主は熊野三山(くまのさんざん)でしたが，実際の支配は荘内に存在した村郷ごとに行われたものと考えられます。横田郷は，こうした畔蒜荘内の一つの村郷でした。

　この土地台帳によれば，現在の袖ヶ浦市横田は室町時代には，すでに「横田郷」と呼ばれていました。そして，地検目録案や名寄帳という土地台帳には，室町時代の横田郷内のたくさんの地名や寺社名をみることができるのです。それを整理したものが図表5です。ではこうした中世の地名や寺社名は，現在の横田に残っているのでしょうか。さっそく調べたくなりますが，じつはこの時に明治時代の「横田区之地図」が意味をもつのです。

○「字切図」の作成

　現在の横田の地図を持って現地を歩いても，図表5と一致する地名や寺社名を確認することができるのですが，地名や寺社の位置は時代とともに移動する可能性があります。横田では明治時代末から大正時代にかけ，地方改良運動にもとづ

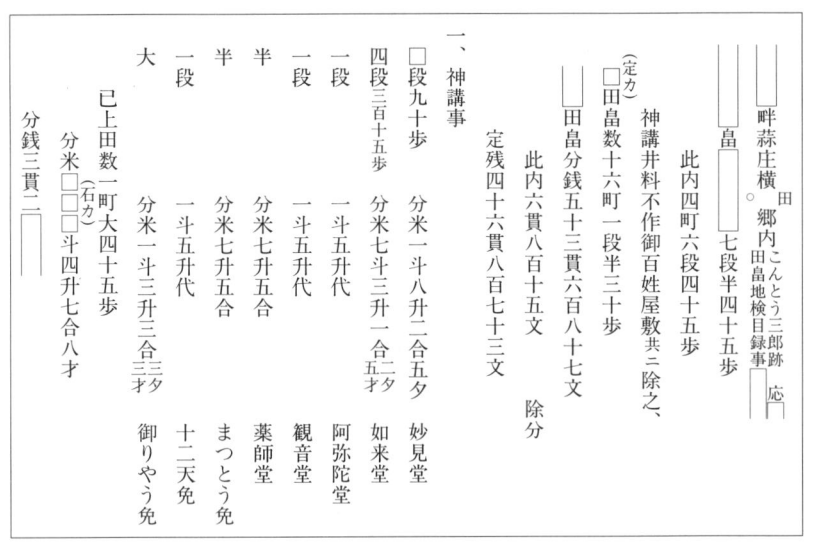

```
畔蒜庄横田郷内こんとう三郎跡　応
田畠地検目録事

畠　七段半四十五歩
　此内四町六段四十五歩
　　神講井料不作御百姓屋敷共ニ除之、
〔定カ〕
　□田畠数十六町一段半三十歩
　　田畠分銭五十三貫六百八十七文
　　　此内六貫八百十五文　　除分
　　　定残四十六貫八百七十三文
一、神講事
　□段九十歩　　分米一斗八升二合五夕　　妙見堂
　四段三百十五歩　分米七斗三升一合二夕　如来堂
　一段　　　　　　一斗五升代　　　　　　阿弥陀堂
　一段　　　　　　一斗五升代　　　　　　観音堂
　半　　　　　　　分米七升五合　　　　　薬師堂
　半　　　　　　　分米七升五合　　　　　まつとう免
　一段　　　　　　一斗五升代　　　　　　十二天免
　大　　　　　　　分米一斗三升三合三夕　御りやう免
　　　已上田数一町大四十五歩
　　　　〔右カ〕
　　　　分米□□斗四升七合八才
　分銭三貫二
```

図表3　1411年（応永18）9月20日上総国畔蒜庄横田郷地検目録案　覚園寺蔵。

```
　　　　　　　　　　　　　〔応永以下同じ〕
（二）横田郷四分一田数之事　九月廿二日
□ほん名
一段十二天のうしろ　　　　　　大卅歩一大
二反半くらさハ三ケ所ニあり　　　四反半　小っ、みの下
　八古木二反分七百文　　　　　　二ケ所ニあり
二反一半いやし　　　　　　　　　半□っ、みの□
　五反まち／三ケ所ニあり
　年貢二百四十代
一反よしき八　　　　　　　　　　一反きつねしま
一反六十歩一反め
一反半そう大夫まち　　　　　　　一反半もちほりあ□
　（歩、以下同じ）
い上四段二丁二反小卅部
一、こんとう四郎名　　木四郎
　一反半きやうてん
　一反大つは
　一反こぬま
　一反水くミと　　　　　　　　一反こぬま
　一反ほまち　　　　　　　　　古木
　　　　　　　　　　　　　　　二反いやりのはし
　　　い上田数七反
一、中内三郎名　　木四郎
　一反十二天のうしろ
　一反たうかいと　　　　　　　大卅部十二天の
　　　　　　　　　　　　　　　大卅部つ、みそへ
　一反ほこてん
　　　　　　　　　　　　　　　一反一丁めん
　　　い上田数四反卅歩
```

図表4　1416年（応永23）9月2日上総国畔蒜庄横田郷名寄帳　覚園寺蔵。

いて耕地整理が行われたことがわかっています。ですから，実際に地名のなかには移動したり整理されているものがあるのです。

　この点で，「横田区之地図」は耕地整理前の地図として意味をもっています。室町時代から戦国・江戸時代と長い時間を経ているのですが，少なくとも明治後期以降の急激な変化をうける以前の横田の様子がこの地図からはわかります。で

図表5　横田郷の土地台帳にみえる地名や寺社名

応永18年地検目録案

妙見堂	いまやなか
如来堂	しんミそ
阿弥陀堂	ふちへ
観音堂	下そりまち
薬師堂	大まかり
まつとう	
十二天免	まかん田
御りやう	つほらけ
	うしふせ
いちは内	ちゝふた
いちははたけ	八反め
あへ	上そりまち
	かわた
	中ミそ

応永23年名寄帳

十二天のうしろ	中さわ
一大……	
くらさハ	いなりしま
古木	やくち
小つゝみの下	いのつほ
いやし……	むかいかわた
まち	
きつねしま	水おし
よしきハ	つほうけ
一反め	かうつけミのくち
もちほりあい	大口そのはた
そう大夫まち	上おりと
	四反め
きやうてん	すいしんはう
大つほ	
こぬま	あへ名
水くミと	にへ
ほそまち	水ふか
いやりのはし	みいたし
	やきハいや……
十二天のつゝみそへ	うしふせいや六
とうかいと	小はしつめ……
一丁めん	かわ……
ほこてん	いち……

　すから，中世の横田郷を考えるにあたってもたいへんに重要な地図だということになります。

　さて「横田区之地図」から横田区内の小字（こあざ）を拾い上げてみましょう。図表6は，小字の境とともに字名を書きあげたものです。ふつう「字切図（あざきりず）」といいます。さらに，この字切図に寺社の位置を記入したものが，図表7です。

○横田郷の寺社

　図表5の応永18年地検目録案にみえる寺社名と図表7の寺社名とを対比してみましょう。対応しそうなのは，「観音堂（かんのんどう）」と「阿弥陀堂（あみだどう）」（図表7では「阿弥堂」）・「御りやう（霊）」だけですね。この3つにしても，図表7では観音堂は二ヵ所あり，阿弥陀堂は阿弥堂とあってほんとうに対応するのか不安が残ります。そこで，図表6の字切図をもう一度みてみましょう。どうですか。字切図には，「十二天（じゅうにてん）」や「如来堂前（にょらいどうまえ）」「妙見下（みょうけんじた）」といった字を確認することができますね。図表7では，図表6の十二天のところにある寺社が「大峰社（おおみねしゃ）」となっていますが，現在のこの社の扁額（へんがく）には「十二天」とあり，室町時代の横田郷の十二天がこの社であったことはほぼまちがいありません。

　また如来堂前の字は，如来堂という寺社の前ということで，図表7の善福寺（ぜんぷくじ）のことと考えられます。じっさい善福寺には，鎌倉時代の1274（文永11）年の善光寺式（ぜんこうじしき）阿弥陀如来三尊立像（りゅうぞう）の優品が本尊として安置されているのです。善福寺は室町時代には如来堂とよばれていたものと考えられます。さらに，妙見下は妙見社の

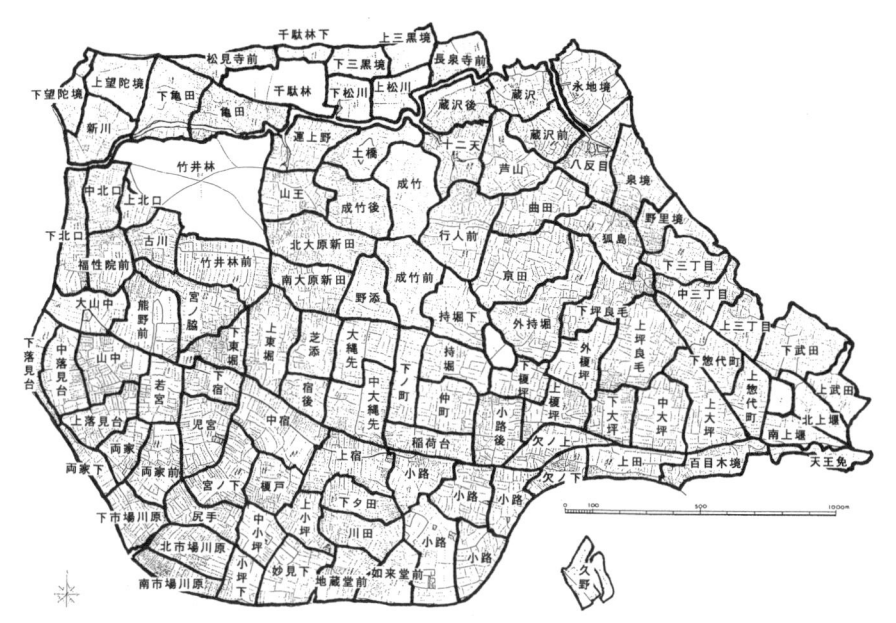

図表6　横田の「字切図」(鈴木哲雄「中世横田郷の地域景観をさぐる」『袖ヶ浦市史研究』6号, 1998年より)

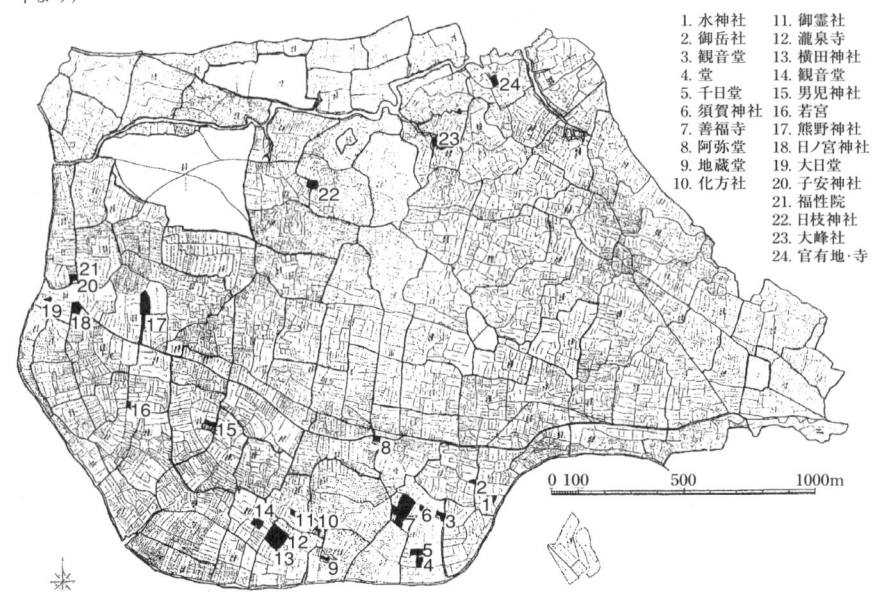

図表7　「横田区之地図」にみえる寺社(同上)

1. 水神社
2. 御岳社
3. 観音堂
4. 堂
5. 千日堂
6. 須賀神社
7. 善福寺
8. 阿弥堂
9. 地蔵堂
10. 化方社
11. 御霊社
12. 瀧泉寺
13. 横田神社
14. 観音堂
15. 男児神社
16. 若宮
17. 熊野神社
18. 日ノ宮神社
19. 大日堂
20. 子安神社
21. 福性院
22. 日枝神社
23. 大峰社
24. 官有地・寺

下ということで、現在、字妙見下の一段高い場所に横田神社があります。横田神社は横田の鎮守として横田の地名が神社名になっていますが、もともと妙見社で

あったことは確実です。現在も境内の入り口におかれた手水鉢(ちょうずばち)には,「妙見社」と刻まれています。

　以上のように,応永18年地検目録案にみえる横田郷内の寺社8カ所のうち,6カ所は明治時代の前半から,さらには現在まで信仰され続けてきた寺社だったことがわかるのです。応永18年地検目録案によれば,如来堂の免田畠(めんでんばた)(寺社などに与えられた田畠)は7段(約70 a)ほどですが,これは如来堂のつぎに免田畠の多い妙見社の2段余りの3.5倍にもあたります。室町時代の横田郷の村人の信仰の中心には如来堂があり,さらに妙見社・阿弥陀堂・観音堂・御霊(ごりょうしゃ)社,北部の蔵(くら)沢(さわ)集落の十二天,所在地が不明な薬師堂や「まつとう」などが横田郷の人びとの日々の生活や心の支えとなっていたものと推定されるのです。そして,これらの寺社のほとんどが現在の横田に存在し,また横田の人びとによって信仰され続けてきているのでした。

　ところで,明治末から行われた耕地整理は横田の南側集落を除く,水田だけが対象でした。そのために,図表7にのる寺社のほとんどを現在の横田で確認することができます。寺社の立地は,ムラの広がりと密接にかかわるわけで,室町時代の横田郷のムラの景観は,現在の横田の風景に近かったのではなかったのか,との想像が生まれるのです。

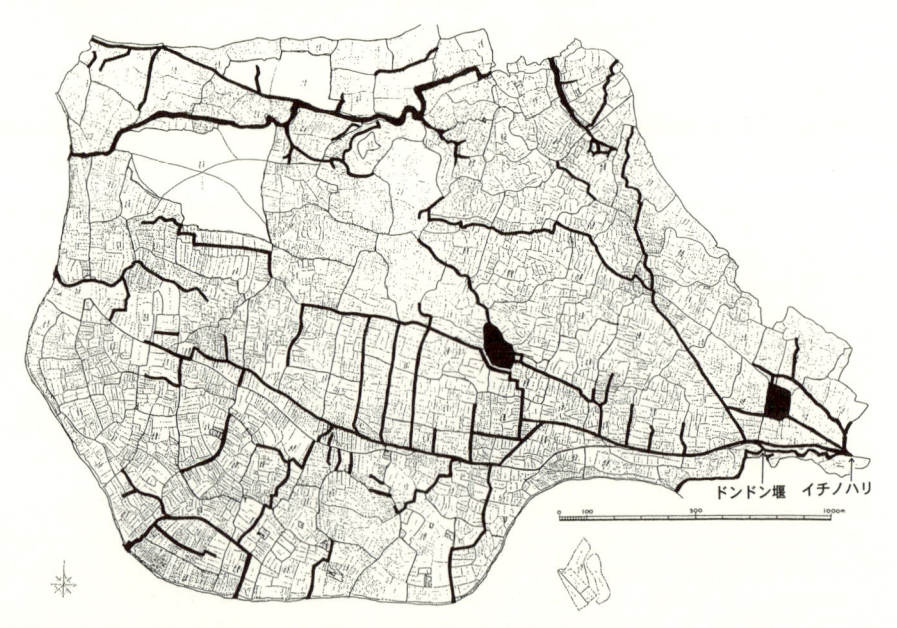

図表8　「横田区之地図」にみえる「溜・井・川」(同前)

○横田郷の用水系

　つぎに話をちょっとかえて,「横田区之地図」に記入された明治前期の用水系について調べてみましょう。「横田区之地図」には,用水路(地図の凡例でいうと「溜・井・川」です)などが青色で記入されています。それをトレースしたものが図表8です。明治前期までの横田郷の用水は,横田の東に位置する高谷(現在の袖ヶ浦市高谷)にあった高谷堰という溜池から引水されたものでした。高谷堰から引かれた用水は現在の境川を流れ,「イチノハリ」とよばれるところで分水されていきます。図表8のちょうど東の端のところです。イチノハリで分水される用水路を,古いと推定される順にみていきたいと思います。

　一番古くからあったと推定される用水路は,イチノハリからほぼ西にまっすぐ引かれた用水路です。横田の用水系の基本はこの用水路であり,北側の水田にほぼ直角に分水され,さらに南側へも引水されています。図表8をよくみると,この用水路の北側では水田の地割が正方形になっていることがわかりますね。おおよその長さは110m(約109mが1町です)ほどです。また,図表6の字切図を見ると,東部を中心に「大坪」「坪良毛」「榎坪」といった坪をつかった小字が分布しています。つまり,この用水路の北側に沿って広がる正方形の地割は,一辺が1町に区画された条里地割の可能性が高いのです。現在までの条里制研究によると,近代に確認できる条里地割の多くは奈良時代の古代条里ではなく,平安後期に再編成された地割であったとみることができます。ですから,「横田区之地図」で確認できる条里地割も平安後期に成立したものとみてよいと思います。

　そうだとすると,この用水路は平安後期の条里制耕地を整備するに際して完成したものと考えることができるのです(もちろん,原型はそれ以前からあったのかもしれませんが)。

○二つの溜池

　つぎに古い用水路は,イチノハリから分水された北側の2本の用水路です。もちろん,この2本の用水路にもつくられた時期の差を考えるべきでしょうが,明確な根拠はありませんので,ここではほぼ同時期のものとしておきます。この2本の用水路は,横田の東部から北部の蔵沢にかけての水田を潤すものです。いつ成立したのかはっきりしませんが,条里制耕地が成立してからのちの鎌倉時代以降のことと考えられます。つぎの項目で検討するように,この地帯の水田内の小字は応永23年名寄帳に多く記載されていますから,室町時代までには成立してい

たとみてよいでしょう。

　また，境川の本流は一番南側の水路を流れ，小櫃川に流れこんでいくのですが，境川の水はイチノハリから西へ400mほどのところで，堰上げられてすぐ北を流れる基本用水路の水量を調整することができるようになっています。ここが現在の「ドンドン堰」です。中世の堰も現在のドンドン堰のしくみと基本的には同じだったとみてよいでしょう。ドンドン堰で堰上げられた用水は，横田郷の基本用水路を流れるとともに，そのすぐ西から北西にまっすぐ分水され，東北部の水田開発あるいは水田の安定化に利用されたと考えられます。

　さらに東北部の水田開発あるいは安定化にとって重要なものが，図表8にみえる溜池（黒く塗りつぶされたところ）です。イチノハリに近い方が「上堰(うわぜき)」，遠い方が「持堀(もちほり)」とよばれていました。溜池の名前は，図表6の字切図の小字としても残っています。この溜池はいわゆる水深の浅い皿池(さらいけ)とよばれるものですが，室町時代にはすでにつくられていたのかどうかは，残念ながら不明です。

　以上のように，「横田区之地図」にのる用水系をトレースすることによって，中世の横田郷の開発のあり方が復原できるのです。これもまた画期的なことです。

○応永23年名寄帳にみえる地名

　ここで応永23年名寄帳にみえる地名と図表6の字切図にみえる小字との対応関係を確認してみましょう。名寄帳の順にみていくと，「十二天」「くらさハ（蔵沢）」「きつねしま（狐島）」……と次つぎに対応する地名があることがわかります。せっかくですから，図表6の小字のうち，応永28年名寄帳の地名と対応するものを着色してみましょう。着色してみると，北東部の水田地帯が室町時代までには相当開発されていたことがわかります。また南部では，「川田」が対応していますし，応永18年地検目録案にみえる「いちは」は南西部の小櫃川の沿岸部にみることができます。

　以上のように，明治前期の「横田区之地図」と室町時代の土地台帳とをおもな教材として，中世横田郷の村落景観を復原してくると，中世の横田郷は東部にかたよって開発がすすみ，ムラの形成も進んでいたようにみえるのです。しかし，この点については慎重な検討が必要です。なぜかというと，横田郷に関する2通の土地台帳は横田郷全体についての台帳ではないためです。応永23年名寄帳は「横田郷四分一田数之事」と書き出された台帳でしたし，応永18年地検目録案は「横田郷内こんとう三郎跡」に限定された台帳でした。ですからこの2通の土地

台帳には，中世横田郷の西部についてはふれられていない可能性がたかいのです。では，中世の横田郷の西部はどうなっていたのでしょうか。

○横田郷の景観

　それを知る手がかりは，3つほどあります。1つは横田郷の1591・92(天正19・20)年の検地帳からわかる耕地の分布です。細かな説明をする余裕はありませんが，天正の検地帳では，西部にも耕地の広がりを確認することができます。2つめは，「横田区之地図」に「竹井林」などとみえる北西部の湿地帯が耕地化された時期についてです。この湿地帯が耕地化されるのは明治末からの耕地整理後のことであり，中世の横田郷では低湿地帯となっていたと考えてよいでしょう。

　第3は，西部における寺社の存在です。図表7の寺社名としては15男児神社～21福性院まで，7カ所の寺社を確認することができます。まず，15男児神社は現在，児宮と呼ばれています。近年まで中世の板碑が所在した場所であり，中世以来の寺社であったと推定してよいようです。16若宮は現在も小さな祠として祀られています。18～21は現在確認することができません。これにたいして，男児神社とともに重要なのは17熊野神社です。

　冒頭にふれたように，畔蒜荘は熊野三山を荘園領主とする中世荘園でした。現在も畔蒜荘の荘域(小櫃川流域)には多数の熊野神社が勧請されています。ですから，横田郷の熊野神社も中世以来の寺社であった可能性が高いのです。熊野神社の南には，図表6にみえるように「両家」の小字が残っており，その南が「市場川原」です。両家は領家が変化した地名である可能性もあります。つまり横田郷の南西部は，熊野神社を中心に荘園領主側の影響がつよかったと推定できるのです。

　横田郷の西部についても，こうした推定が可能だとすると，中世の横田郷の景観は現在の横田の風景とそう変わらないことになりますね。逆にいえば，現在の横田の風景の原型は室町時代までには成立していたといえるのです。関東の場合，中世に成立した村郷こそが江戸時代から近代へと続く，町村の前提にあたると考えることができそうです。

○おわりに

　袖ヶ浦市郷土博物館の中世の展示物に，「川と市」(交通の要衝・横田郷)というジオラマ(図表9)があります。このジオラマは，ここまで書いてきた横田郷の

図表9 「川と市」のジオラマ　袖ヶ浦市郷土博物館提供。

　景観復原にもとづいて作製されたものです。ゆるやかな小櫃川の河原に市が立ち（「市場川原」），市の北側に立派な武士の館があり，館の東には観音堂と妙見社が，さらにその東には「川田」の水田が広がります。一方現在，「中溝」と呼ばれている用水路（この用水は横田郷の基本用水路からのものです）を挟んで，武士の館の西には両家（領家か）側の建物が並びます。

　武士の館は，鎌倉武士の横田氏の末裔の館をイメージしたものです。横田氏が横田郷の開発にかかわっていたことは確実でしょう。ですから，本稿で復原した横田郷の景観は，鎌倉時代までさかのぼるのだという説もだされています。さてどうでしょうか。

　最後に，図表10「横田の空撮写真」と図表11「中世横田郷の復原図」をのせておきました。両者を比較してみると楽しいですね。また，博物館では「横田郷を探る」という4分ほどのビデオをみることができます。本稿で述べたムラの復原がコンパクトに解説されています。

〈参考文献〉
　笹生衛・柴田龍司・鈴木哲雄・湯浅治久「上総国畔蒜庄横田郷の荘園調査報告」『千葉県史研究』3号　1995年
　鈴木哲雄『社会史と歴史教育』　岩田書院　1998年
　『千葉県の歴史　資料編中世1』　千葉県　1998年
　石井進・宇野俊一編『千葉県の歴史』　山川出版社　2000年

（鈴木哲雄）

9 よみがえる中世のムラ　101

図表10　横田の空撮写真　袖ヶ浦市郷土博物館提供。

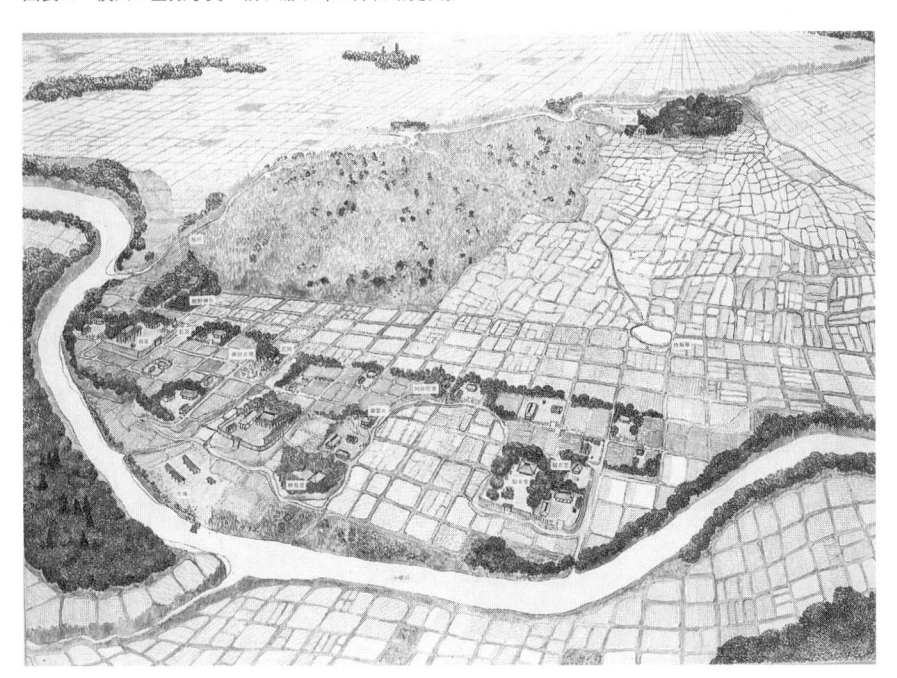

図表11　中世横田郷の復原図　笹生衛氏画，袖ヶ浦市郷土博物館提供。

《10》
海の戦国大名里見氏
館山市立博物館から館山市の成り立ちをみる

八犬伝版本

八犬伝犬の草紙

仮名読八犬伝

八犬伝後日譚

今様八犬伝

八犬伝版本(上)と絵双紙各種　館山市立博物館蔵。

○はじめに

　江戸時代の小説『南総里見八犬伝』は、里見氏の歴史や房総の地理の本を参考に、里見氏の安房統一伝承やところどころに実在の人物などを登場させたので、虚像としての里見氏をつくってしまいました。伏姫や犬の八房はもちろん、八犬士のモデルもいませんし、話の舞台である場所には小説に関わる伝承も存在しません。作者の滝沢馬琴も八犬伝の最後に、あくまでフィクションとしての里見の歴史とはっきり断り書きをしているくらいです。にもかかわらず、今もって史実としての里見氏が『南総里見八犬伝』の世界に飲み込まれてしまっているかのようです。

　ところで里見氏の研究は『房総里見氏の研究』(大野太平著、1933年)以来ありますが、近年は中世東国史研究の進展とともに、新史料の発掘

もあり里見氏全体の歴史が洗い直されたり，広い視野からの研究によって，従来からの里見氏像が覆りつつあります。

里見氏に関する情報センターとして位置づけられた館山市立博物館の展示資料を通じて，地域の歴史のなかで里見氏の時代がどんな意味をもっているかを考えてみましょう。

○捏造された里見氏の歴史

里見氏は上野国新田氏の出自で足利氏と同族と位置づけられ，室町時代には鎌倉府の足利氏に仕えていました。15世紀中頃になると，関東管領上杉氏と対立していた鎌倉公方足利氏の命を受けて動き，なかでも里見義実は関東の戦国争乱の幕開きといわれる1454(享徳3)年の享徳の乱のときに，安房国に進出したといわれています。

房総里見氏の祖である義実については，一般に1441(嘉吉元)年の結城合戦で敗れた結果，三浦半島から海路安房の白浜に上陸したという軍記物が，史実のように流布しています。今もって謎の多い部分ですが，現在どのように把握されているのでしょうか。

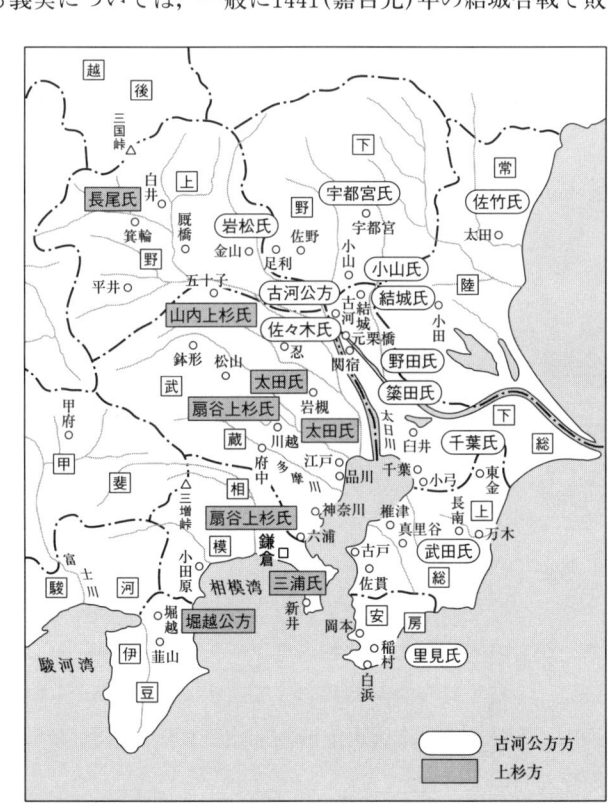

当時，伊豆半島や房総半島をはさんだ伊豆諸島や江戸湾岸の海域での海上交易，つまり制海権を関東管領上杉氏が掌握していたといわれます。鎌倉公方からの指令を受けた里見氏は，対岸にある鎌倉の最前線として位置づけられた安房を拠点

15世紀後半の関東勢力地図

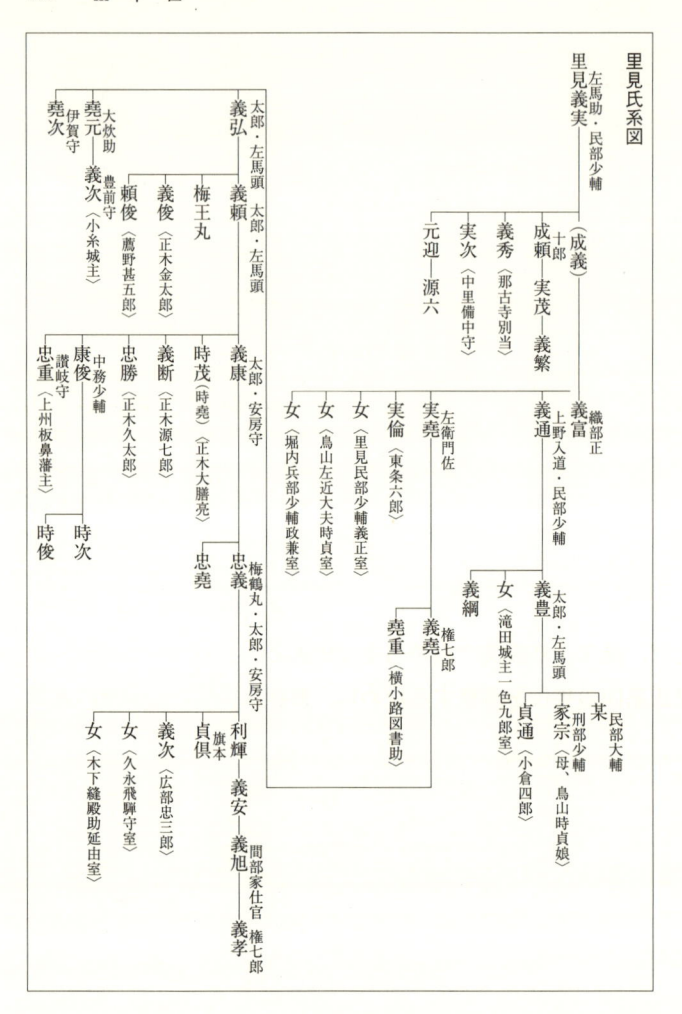

にして，まず太平洋岸の交易の拠点を上杉氏から奪いながら上杉氏勢力を安房国から一掃するねらいがあったと思われます。里見義実が最初に上陸し居城を構えたという伝承がある白浜には，当時上杉氏の家臣で江戸湾岸の最も重要な湊であった武蔵六浦（むつら）を管理していた木曽（きそ）氏がいたといわれます。現在でも白浜一帯には木曽姓の人たちがいますが，伝承によると木曽氏は当初より義実の重臣として扱われてきました。しかし，どうも義実との戦いのなかで里見の軍門に下って，家臣として安房での生き残りをはかったと想定されるのです。義実による安房国平定が急速に進んだ理由はそこにあったかもしれません。

ところで1533（天文（てんぶん）2）年，当主の里見義豊（よしとよ）と叔父（おじ）である実堯・義堯（さねたか・よしたか）父子との間で「天文の内乱」と呼ばれる里見一族内での主導権争いが起こり分裂しました。結局，実堯・義堯側が勝利し，家督が本家から分家に移っていきます。今日学説的には義豊までの本家の流れを前期里見氏，義堯以降の分家の流れを後期里見氏と呼んでいます。

ここで重要なことは，勝利した側によって里見家の歴史を大幅に書き換えたり，

三浦半島城ヶ島の北条軍を攻める里見水軍(江戸時代末作)　館山市立博物館蔵。

不当に史実を曲げたと考えられています。つまり，本家から家督を奪った出来事を歴史的に正当化しようとした結果，系図などの人物や年代を捏造した可能性が高いのです。たとえば，従来より義実の次の当主は成義といわれていますが，どうもこの成義は里見氏系図の年代を調整するために，無理に挿入した架空の人物と思われるのです。また，房総里見氏の初代義実に関わり史実として語られてきた，結城合戦から安房上陸までの話も系図にあわせて創作したものと考えられています。後の里見氏関係の軍記物などは，こうした書き換えられた歴史で描かれてきたことを忘れてならないでしょう。

○海の戦国大名里見氏の登場

　江戸湾岸には品川や金沢，富津，勝山などを中心にたくさんの湊があり，関西や東海方面から多くの交易船がやって来ました。そうした湊間の海上交易だけでなく，江戸川や利根川の流域にある湊との交易も盛んで，海や川の水上交通が流通の大動脈となり，関東各地と結ばれていったのです。それぞれの湊を拠点に商人や職人，海民たちが活動していました。

　ところで里見実堯が殺害されたことで始まった天文の内乱は，義堯が小田原北条氏の援軍を得て義豊を滅ぼし，里見氏の宗主権を握りました。しかし，まもなく義堯は北条氏と断交することになります。その後は上総国に進出して奪取した久留里城を拠点に，最大の敵である小田原の北条氏と江戸湾の海上交易支配をめぐって，下総の国府台や三浦半島などで戦ったり，江戸湾海域でも水軍の戦い

を繰り広げていったのです。里見氏は北条氏と互角に戦っていましたが、その力の源は、江戸湾を行き来する交易船の運航や沿岸住民の生活に強い影響をおよぼしてきた水軍、つまり海賊の力が強かったからだといわれています。江戸湾の航行に関する権限を握っていた里見氏に対して、北条氏はわざわざ紀伊半島から海賊衆を雇ってきたのです。

里見水軍から掠奪をうけた三浦半島の村々は、里見氏に年貢の半分を差し出すことで安全が保障されました。これを「半手」といいますが、そのためには、北条氏からそのことを承認してもらわなければなりませんでした。つまり、北条氏と里見氏にそれぞれ半分ずつ年貢を差し出していたのです。里見氏領であった西上総でも北条氏に半手を出しているところがあり、その年貢の収納を担当していた商人は里見氏の領国で鋳物の生産を行いながら、北条氏領の神奈川や金沢の湊で商売が許可されていたのです。江戸湾ではこのような抗争のなかでも、それぞれの領主のもとで、商人や職人たちの活動が活発に行われていました。

里見氏は鎌倉公方足利氏と、その流れをくむ一族を盟主とあおぎ、反北条勢力を結集しながら、江戸湾海域や房総半島全域に勢力を広げ、房総最大の戦国大名にのし上がっていったのです。ただ北条氏との戦いでは、危機的な状況のたびに北条氏の背後にいた上杉謙信と軍事同盟を結んだり、ときには上杉氏と対立していた武田信玄と結ぶなど、さまざまな外交戦略で対抗していきました。しかし義堯の死後は北条氏に押され気味となり、1577（天正5）年に義堯

里見氏の支配領域（天正年間後半）

の子義弘は，北条氏政からの和議を受け入れるという大転換を図ったのです。こうして江戸湾をはさんだ40年間にわたる長い抗争に終止符をうちました。

○江戸湾の制海権を握った里見氏

　江戸湾を航行する商人たちは，海上交易の安全を保障してもらうために通行許可証を要求することがありました。たとえば里見義弘は伊勢国からきていた御師の龍大夫に上総や下総までの海上通行許可証を出したり，義弘の子義頼の場合は武蔵金沢の商人山口越後守に海上での安全を保障する文書を出しています。

　ところで海賊行為をさせないという保障には，当然里見から金品での見返りが求められたと思われますが，このような海上での安全保障は，安房国の国衙が本来江戸湾でもっていた権限と関係あるのではないかと考えられています。つまり安房国主であった里見氏はそれを受け継ぐことで，江戸湾の制海権という権限を北条氏より強く握っていたと考えられています。

　対外的には抗争せず和平外交を継続していった里見義頼は，北条氏との和議以来，どちらかというと外交的には北条氏寄りの立場を取り，ときには軍事的な支援をおこなって，江戸湾の勢力安定と海上航行の安全を確保することに努めました。とくに商人に対しては，海上航行の安全保障だけではなく，積極的に交易活動をすすめる政策をとり，領国での流通拡大に取り組んだといわれます。そのひとつに利根川流域から安房への交易許可を求めてきた下総布川（茨城県利根町）の新井兵衛三郎の申請を認めた記録が残っています。

　その後，家督をめぐる争いを処理し，北条氏との間で抗争の心配がなくなった義頼は，安房からでも安定した上総の支配が可能になったので，安房の地に本格的な交易拠点をつくることにしました。そこで選ばれたのが平安時代から湊に利用されていた館山湾内の高之島でした。ここは水深もあり西風が防げる天然の良港で，近くには海の砦として使われていた館山城があり，経済面だけでなく軍事的な点でも，交易の拠点にふさわしい要素をもっていました。里見義頼は，1584（天正12）年に商人の岩崎与次右衛門に館山城西側の沼之郷に屋敷を与え，館山を拠点とした交易活動をすすめるよう指示しました。こうして義頼の子義康の時代になると，館山城が里見氏の本城となったのです。

○海上交易の拠点である館山城

　1939（昭和14）年の市制以前の館山は，館山の町と北条の町とに分かれていまし

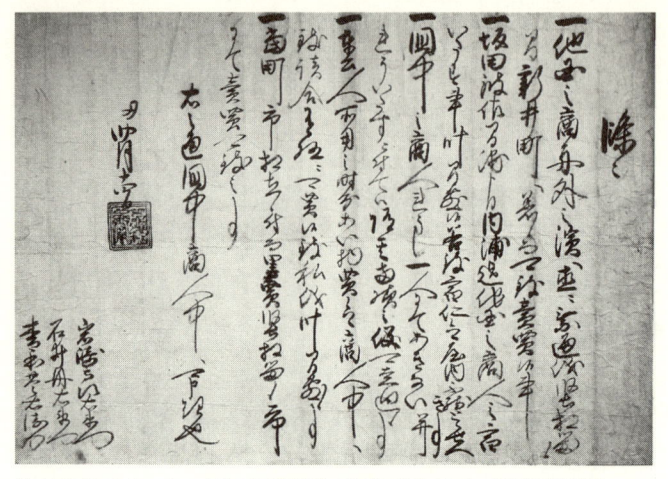

館山城下に市をつくった時の里見義康の法度(慶長6年)　岩崎文江氏蔵。

た。江戸時代にはどちらにも大名の陣屋があり、陸の道は北条に集まり海の道は館山の湊に繋がっていましたが、2つの町が合併した結果、海陸交通の接点になったのです。ところで、館山城下に家臣団や商人、職人を集め、上町・仲町・下町など町の形を整えながら、城と湊を中心にした城下町づくりをすすめたのが里見義康の時代でした。義康は館山での交易活動を積極的にすすめ、市を立てたり商売しやすくするなど海上交易都市づくりに努め、いまの館山市街地のもとを築きました。

里見義康法度

一、他国の商船が新井町以外の浜へ船を乗り付けて商売をしてはならない。必ず新井町に船をつけて売り買いをすること。

一、坂田波左間から内浦までの海岸の村では他国の商人に宿を貸してはならない。もし宿を貸したときは家の財産を全部取りあげる。

一、安房国内の商人や漁師がひとりで商売と漁業の両方をする場合はそれぞれの税金を支払うこと。

一、武家の奉公人が塩魚や干魚を買うときは商人ときちんと相談して正しい取り引きをしなさい。むりやり安く売らせないこと。

一、新井町で市を開くので農村へいって勝手に仕入れをしてこないこと。必ず市で売り買いをすること。右のとおり安房国内の商人たちへ申し渡す。

慶長六年(1601年)四月十四日　里見義康　　　岩崎与次右衛門
　　　　　　　　　　　　　　　　　　　　　　石井丹右衛門
　　　　　　　　　　　　　　　　　　　　　　松本豊右衛門

館山城跡周辺を歩く

【見どころ】

公園では，ツバキ・ウメ・ツツジなどの花木が季節にあわせて楽しめる。博物館では里見氏の歴史資料，分館では「里見八犬伝」の資料が展示されている。

【ウォーキングコース】

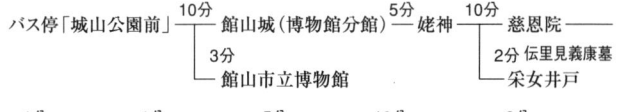

バス停「城山公園前」─10分→館山城（博物館分館）─5分→姥神─10分→慈恩院─2分→伝里見義康墓・采女井戸
　　　　　　　　　└3分→館山市立博物館

─1分→妙音院─1分→泉慶院─5分→御霊山─10分→城山公園─3分→バス停
　　　　　　　鹿島堀跡・青岳尼供養塔　空堀跡

〈所要時間約1時間〉

〈交　通〉

JR内房線館山駅よりJRバス「1，2番線乗り場」か，日東バス「館山航空隊」行きに乗車10分，「城山公園前」下車。

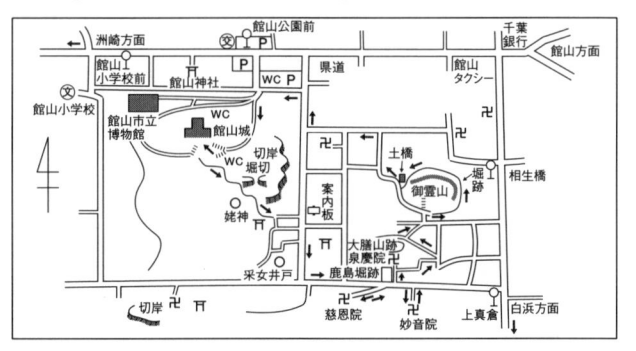

この法度の第4番目の御触れをみると，里見家やその家臣につかえる奉公人が商人から干魚・塩魚などを買うときには通常の取引値段で買いなさい，無理な要求をして買うことは禁止する，という内容です。武士たちが権威をかさに，商品を安く売らせていたのでしょうか。

また館山から長須賀や北条の城下町に集まっていた商人たちは，税金の免除や他領での取引禁止などの営業上の規制や保護をもらったことで，そのかわりとして道路の整地や盛り土をおこなったり，馬の糞で汚れた道路の清掃など町の整備や衛生管理を命じられていたといいます。

○改易された江戸湾の外様大名

里見氏は戦国期のはじめ，上杉氏などがもっていた太平洋岸や江戸湾岸の交易拠点を奪いながら，戦国大名にのし上がっていきました。江戸時代に入っても外様大名の里見氏が江戸湾海域の航行に関するさまざまな権限をもっていたことは幕府にとって面白くなかったはずです。

そして大坂冬の陣の年である1614(慶長19)年9月に，里見忠義はさまざまな口実のもとで鹿島に国替えを命じられたのでした。その後，すぐに伯耆国に改易され，8年後にはとうとうお家断絶となってしまいました。里見家最後の当主忠義は21歳で突如安房国を追われ，29歳という若さでの病死でした。鳥取倉吉に今

も残る祈願文には，徳川家に対する憤りとともに，安房の人びとを想う気持ち，さらにはお家再興の願いにあふれています。改易後，館山城は廃棄され，当主を失った武士たちは名主や組頭をはじめ，安房各地の農民として散っていったのです。

現在館山市内には，里見氏の本城跡がふたつ残っています。JR内房線の九重駅の近くの稲村城は，里見氏が安房を平定した頃の拠点で，古代からの安房の中心地だった国府に近く，館山平野を見わたせるところにあります。防御のための堀や土塁，あるいは曲輪の遺構がいまでも見ることができます。そして，市立博物館のある城山公園の館山城は，交易と領国支配にとって絶好の場所であり最後の本城となったのです。

○おわりに

中世東国史のなかでも江戸湾をめぐる海上交易史において，房総半島や三浦半島の位置づけが重要になっています。また近年の中世史研究は，社会学や民俗学の視点からだけでなく，とくに中世考古学の急速な進展により従来の通説が塗り替えられています。海や地域の視点から房総半島や安房の中世史を捉え直すなかで，従来の史料の再検討が必要でしょう。そのなかで地域の人びとの生活や文化を浮き彫りにさせながら，新たな里見氏像をつくっていきたいものです。

〈参考文献〉
川名登編『すべてわかる戦国大名里見氏の歴史』 国書刊行会 2000年
館山市立博物館編『市民読本 さとみ物語』 館山市立博物館 2000年
里見氏稲村城跡を保存する会編『里見氏稲村城跡をみつめて』 1～4集 里見氏稲村城跡を保存する会 2000年

(愛沢伸雄)

IV 近世

〈11〉 サン・フランシスコ号の上総岩和田漂着

御宿町歴史民俗資料館

○はじめに

　東京から特急で約1時間半，JR外房線の千葉県御宿駅の古い駅舎を出ると，両側にワシントンヤシが植えられ，歩道に南アメリカ産の石が敷かれた街路がつづきます。この異国情緒あふれる通りは，1978(昭和53)年に御宿町を訪れたメキシコのホセ・ロペス・ポルティーリョ大統領の名にちなんで通称「ロペス通り」といいます。この年，御宿町はメキシコのアカプルコ市と姉妹都市協定を結びました。また，同町には，1928(昭和3)年に建てられた白大理石張りのオベリスク型で通称「メキシコ記念塔」と呼ばれている「日・西・墨三国交通発祥記念之碑」があります。日本とスペインとメキシコの三国に関する通交が始まった記念碑です。こうした御宿とメキシコとの深い関係は，1609(慶長14)年秋のフィリピン総督であったドン・ロドリゴを乗せたサン・フランシスコ号が上総国岩和田村(現，御宿町)に漂着し，地元の海女たちが総出で助けたという史実に由来しています。

　1609(慶長14)年という年は，島津氏が琉球王国に侵攻し環シナ海仲介貿易の拠点を日本が押さえた年です。また，プロテスタントの国であるオランダが商館を平戸に開いた年でもあります。こうした大きな時代のうねりの中で，スペインとの通商をもくろんだ徳川家康の外交政策を考えるために，ドン・ロドリゴの上総漂着という身近な史実や，駅から徒歩3分のところにある御宿町歴史民俗資料館での展示品から考察してみましょう。

日・西・墨三国交通発祥記念之碑　御宿町商工観光課提供。
　1928(昭和3)年建設
　1958(昭和33)年改修
　1978(昭和53)年周囲を記念公園として整備
第二次世界大戦中は，米軍の空襲の目標とされる恐れのため，黒く塗りつぶされていた。

11 サン・フランシスコ号の上総岩和田漂着　113

○五倫文庫から生まれた御宿町歴史民俗資料館

　1891(明治24)年から1928(昭和3)年の長きにわたり，五倫甕といわれた御宿尋常小学校の校長をつとめてきた伊藤鬼一郎は，伊藤家に伝わった江戸時代の寺子屋の教科書を手始めに，1892(明治25)年から初等教育の教科書の収集

御宿町歴史民俗資料館　御宿町歴史民俗資料館提供。

を進めました。彼の晩年には，教科書収集の働きは日本国内のものにとどまらず，世界に及んでいきました。伊藤鬼一郎の死後，その遺志を継いだ御宿小学校の同窓会は，この文庫を五倫文庫と名付け，引き続き全世界の初等教育教科書収集事業を行うとともに，所蔵図書の活用をはかるために五倫文庫図書館の建設計画を持つようになりました。

　1975(昭和50)年3月，国内外から寄せられた寄付による五倫文庫図書館の建設基金を基礎として，御宿町では歴史民俗資料館を完成させ，同時に五倫文庫から図書2万2000冊の移管を受けました。こうして，御宿町歴史民俗資料館は歴史資料や民俗資料の展示だけではなく，五倫文庫の蔵書を保存し展示する役割も担った資料館としてスタートしたのです。

○ガレオン船とアカプルコ貿易

　資料館に入ると正面に「御宿とメキシコ」のコーナーがあります。そこにはガレオン船と呼ばれた帆船の模型が展示され，1609(慶長14)年秋に上総国岩和田村近くの田尻海岸に漂着したサン・フランシスコ号と同じ船型だと解説されています。

　15〜16世紀は，一般に大航

御宿町歴史民俗資料館のガレオン船模型

南蛮貿易時代のヨーロッパ船の変遷(1540年代～1630年代末)

時期・名称	特　徴	例
初期　カラック (15世紀末に登場)	500～1000トン級の大型帆船 三本の帆柱 巨大な船首楼と船尾楼	1609年長崎で撃沈されたポルトガル船マードレ・デ・デウス号
中期　ガレオン (16世紀後半より)	カラックの発展型 船型は細長い 船首楼が小型化 船首倉が突き出る 船尾は喫水線より上が平形	1596年土佐浦戸に漂着したスペイン船サン・フェリペ号 1600年豊後臼杵に漂着したオランダ船リーフデ号
末期　ガレオタ (1618年以降)	300～400トン 船足が速く沿岸航海用	1618年以降オランダの拿捕をさけるため「マカオ―長崎」間に就航したポルトガル船

(荒野泰典氏の研究を参考にした)

海時代とかヨーロッパから見ての「地理上の発見」の時代と呼ばれています。ルネサンスの生み出した科学技術と結びついて，ヨーロッパ人はその活動の舞台を全世界に展開していった時代でした。中でも，ポルトガルとスペインは他国にさきがけて東西に新天地を開拓していきました。

　近世の初めまでに日本に来航したヨーロッパ系の船は，日本では南蛮船あるいは黒船と呼ばれていました。この船型は，1540年代から来航の禁止される1630年代末までの約90年の間に，初期がカラック，中期がガレオン，末期がガレオタというように推移してきました。資料館に展示されている模型は，南蛮貿易中期を支えた「黒船」なのです。風による横流れを少なくし，帆走の速度をアップさせたカラックの改良型です。サン・フランシスコ号は1000トンの大型船ですが，スペイントンは現在の0.68トンですから，現在では680トンの船ということになります。

　ここで，ポルトガルとスペインの東洋貿易を振り返ってみましょう。1498年にヴァスコ・ダ・ガマによってインド航路を開拓したポルトガルは，ムスリム商人が活動するインド洋交易圏から南シナ海交易圏へと強引に割り込み，モルッカ諸島に到達して香辛料貿易で巨利を得ました。一方，この頃のスペインは中南米を植民地とし，先住民の文化を破壊征服していく中で，いわゆる「新大陸」の大量の金・銀をヨーロッパに持ち帰りました。特に，ポトシ銀山からの大量の銀の流入は，ヨーロッパの価格革命をもたらしたほどでした。

　この西方の大航海時代の大波とともに，東方でも海外欲求の揺れが始まっていました。15世紀にはいると，元の終わりから明の初めにかけての混乱から立ち直った中国経済は，大量の南海・西方の物資を求めるようになっていました。多くの中国人が海外商業活動に参入し，中国と東南アジアさらにはヨーロッパ世界へ

とつながっていく南シナ海では，中国商人・ポルトガル商人・琉球の船さらには倭寇と大いににぎわったのでした。

スペインは中南米で成功し，東から東南アジアをめざしました。1521年マゼランはスペイン艦隊を率いて世界一周航海の途中，フィリピンに寄港し，この地で殺されました。1529年のサラゴサ条約でモルッカ諸島がポルトガル領と決定され，スペインは香辛料貿易から除外されたのです。1557年にポルトガルはマカオを租借し，次の市場開拓の目標を中国におきました。香辛料貿易で除外されたスペインも交易の目標を中国に定めました。スペイン領メキシコすなわちノビスパン(新スペインの意)と中国とを結ぶ中継基地として，マゼラン以来の因縁を持つフィリピンが選ばれたのです。1565年レガスピ率いるスペイン艦隊がセブ島に来航し，1571年にはルソン島のマニラに基地を建設しました。1575年にはマニラと中国の交易路が開かれました。ここに，中国―マニラ―ノビスパン―スペインという，南シナ海と太平洋そして大西洋を結ぶスペインの貿易体制が成立したのです。

中国船はマニラに絹織物や陶磁器をもたらし，メキシコ産の銀を持ち帰ったのです。一方，マニラからはガレオン船が絹織物を中心に中国の物産を満載してノビスパンに向かい，ノビスパンの港アカプルコではマニラ向けに銀を積んだのです。これをアカプルコ貿易とかガレオン貿易と呼んでいます。

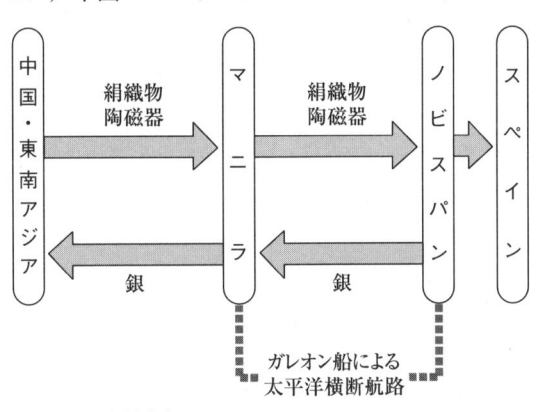

スペインの貿易体制

○近世の日本とスペイン

日本とスペインの関係は，1584(天正12)年スペイン船が九州の平戸に来航して以来交渉がはじまりました。しかし，江戸幕府のいわゆる鎖国政策の中で1624(寛永元)年に国交が断絶してしまいます。

こうした経緯の中で，不慮の事故によって日本に漂着したスペイン船は12回に及ぶといいます。山本美子氏の作成になる漂着年表(次頁)を引用してみましょう。この年表の中の＊印の9隻が，マニラとノビスパンを結ぶ航路を航行中のもの

スペイン船漂着年表

スペイン船漂着年月	漂着地
1584年8月	平戸
＊1587年7月	天草サシノツ
＊1589年9月	薩摩片浦
＊1590年6月	薩摩山川
＊1596年10月	土佐浦戸
＊1602年9月	土佐清水
1604年6月	薩摩阿久根
1605年	薩摩
＊1609年9月	上総岩和田
＊1609年9月	豊後臼杵
＊1616年6月	土佐清水
＊1616年9月	薩摩坊津

『千葉県の歴史11』，「近世初期の日西交渉とドン・ロドリゴ」より

```
マ                サン・フランシスコ号 →  ┌──┐ → 9月30日 岩和田の田尻海岸へ漂着
ニ                                       │暴│
ラ・カビテ港       サンタ・アナ号      →  │風│ → 9月12日 豊後臼杵沖で難破し漂着
                                         │雨│        翌年5月17日出帆しマニラへ
                  サン・アンドレス号  →  └──┘ → 無事アカプルコへ航行し到着
```

サン・フランシスコ号などスペイン船の漂着経過

でした。ノビスパンのアカプルコからマニラのカビテ港までの往路は，2月末から3月中旬までに出帆して，100日間の行程です。復路は6月20日以降にカビテ港を発ち，日本近海まで北上してから太平洋を横断することになります。左記9隻のうち7隻までがノビスパンへの復路を航行中だということでもわかるように，復路はまさに台風シーズンの真っ只中でした。

○サン・フランシスコ号の漂着

『ドン・ロドリゴ日本見聞録』とそれを研究した古山豊氏の論文「史料にみるロドリゴ上総漂着とその意義」を参考にしながら，サン・フランシスコ号の漂着にまつわる出来事をまとめてみましょう。

スペイン領フィリピン総督を，ドン・ファン・デ・シルバに引き継いだドン・ロドリゴ・デ・ビベロ・イ・ベラスコ（父方の姓ビベロと母方の姓ベラスコの息子であるロドリゴさまの意）の一行は，1609(慶長14)年7月25日にマニラのカビテ港を3隻で出帆しました。ところがこのうちの2隻が途中暴風雨にあって乗船が大破し，日本へと向かったのです。

サン・フランシスコ号には，前フィリピン総督のロドリゴが乗り込んでいました。『見聞録』によると，遭難の原因が暴風雨と航海図の読みちがいによることがわかります。乗員は373名のうち56名が溺死し，残りの

遭難した船員を助ける村人たちの想像図（松本勝哉氏画）
御宿町歴史民俗資料館蔵。

317名が船の破片などにしがみつき，岩和田村の近くの田尻海岸に泳ぎ着いたのです。すぐに岩和田の村人たちと出会うことのできた遭難者たちは，村へと案内されました。

　当時の岩和田村の人口が300名余り，そこに317名の漂着民が加わったのです。村はたいへんな騒ぎになったと想像されます。また，村人の生活は貧しかったと思われますが，村人は裸同然の漂着民に多くの衣料や食物を与えたのです。今でも御宿町では，この時の岩和田村の人びとの行動を美事として語り継いでいます。

〇ロドリゴ，家康と会見す

　当時，岩和田村を支配していたのは，大多喜城主本多忠朝（徳川四天王の本多忠勝の次男，2代目大多喜城主，5万石拝領）です。忠朝は村民にロドリゴ一行を手厚く保護させるとともに，ロドリゴから将軍の徳川秀忠そして大御所の家康に遭難を報告することを許しました。そこで，ロドリゴはアントン・ペケニョ下士官とセビコス船長に手紙を持たせて，忠朝の家来とともに江戸表へ送ったのです。ちょうどその時代は，三浦按針（ウィリアム・アダムズ）らを幕府の外交・貿易の顧問とし，諸外国との貿易の体制を模索していた時でした。そうしたこともあり，ロドリゴ一行は家康のいる駿府（現，静岡市）に招かれることになりました。

　ロドリゴらは，37日間を過ごした岩和田を後にして，大多喜城を経由して江戸へそして駿府へと向かいました。大多喜城では忠朝によって宴に招かれています。江戸城にて将軍秀忠と会見した後，1609年10月29日（慶長14年10月2日）に駿府城で，大御所家康と謁見しました。

　スペインと日本の通交は，豊臣秀吉時代の1596（慶長元）年におこったサン・フェリペ号事件以来途絶えていました。家康は，南蛮貿易による巨大な利益のみならず，豊臣恩顧の西国大名の南蛮貿易独占にクサビを打ち込む意味でも，外国との貿易に積極的な姿勢を取りたい時期でした。こうした背景もあって，この謁見の席上，家康側近の本多正純を介して次の2点が

千葉県立総南博物館（大多喜城本丸跡）　総南博物館提供。

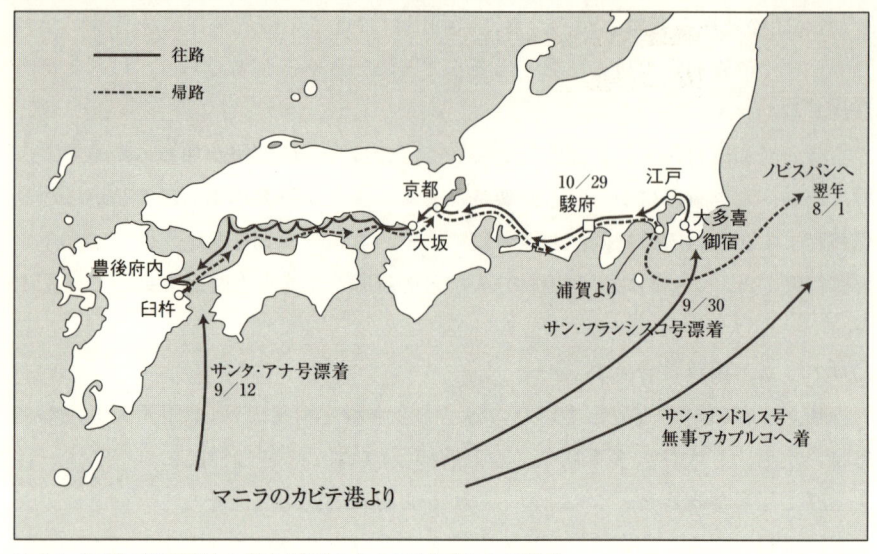

ロドリゴの国内経路図（古山豊氏が作成したものを参考にして改図）

言い渡されました。「①ノビスパンとの通商を求めること。②ノビスパンより鉱山技師50人ほどを派遣して欲しいこと。」こうした申し出の背景には，当時の貿易が日本から銀や銅を輸出し中国産の生糸や絹織物を輸入していたことがあります。南蛮貿易は，中国と日本の間の中継貿易だったのです。ポルトガルだけではなくスペインにもこの中継貿易に加わらせようとした意図がくみ取れます。また，日本はまれに見る金・銀・銅の産出を誇った時期でもありました。この金・銀・銅を輸出の要としたのです。そこで，幼稚な日本の採鉱法に西洋の優れた技術を導入しようとしている様子もわかります。

10月29日の謁見の翌日，ロドリゴは本多正純を訪問し，次の3点の希望および意見を提出しています。「①宣教師の保護。②スペイン国王との親交。③オランダ人の日本よりの追放。」このロドリゴの3つの請願は，③を除き，家康に受け入れられました。この時，ノビスパンに帰る船が必要であれば都合をつけることと，滞在中の必要な金銭は給付されることが付け加えられました。

駿府城での謁見の後，家康はロドリゴ一行を京都見物から大坂（大阪）見物へと向かわせます。ロドリゴ一行は，大坂から瀬戸内海航路で豊後の臼杵までやってきます。目的は，サン・フランシスコ号とともにマニラのカビテ港を出帆し，同じように暴風雨によって遭難漂着したサンタ・アナ号の様子を見るためでした。サンタ・アナ号の被害はさほどでもなかったらしく補修後，1610年5月に臼杵か

らセビコス船長などのサン・フランシスコ号乗員の大部分も同乗させてマニラへ向けて出帆しています。ロドリゴは乗船を辞退し，再び駿府へ戻ってきました。

○ロドリゴ，日本を去る

　駿府に戻ってきたロドリゴは，家康の提供する船の完成を待って，そこに数カ月滞在しました。この船は，スペイン風にサン・ブナヴェントーラ号と名付けられ，三浦按針(ウィリアム・アダムズ)に建造させた120トンほどの船でした。この船が完成して，駿府で家康の書簡と江戸で秀忠の書簡を預かり，1610年8月1日に浦賀を出帆しました。

ノビスパンへの通商を希望する家康・秀忠の書簡

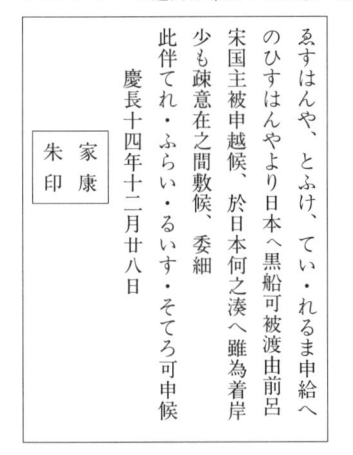

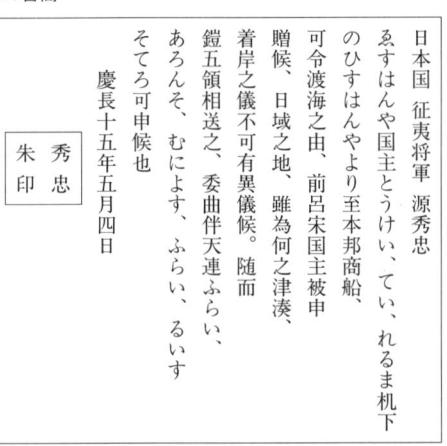

　　　　　　　　　　家康
　　　　　　　　　　朱印

　慶長十四年十二月廿八日
　此伴てれ・ふらい・るいす・そてろ可申候
　少も疎意在之間敷候，委細
　宋国主被申越候，於日本何之湊へ雖為着岸
　のひすはんやより日本へ黒船可被渡由前呂
　ゑすはんや，とふけ，てい・れるま申給へ

　　　　　　　秀忠
　　　　　　　朱印

　慶長十五年五月四日
　そてろ可申候也
　あろんそ，むによす，ふらい，るいす
　鎧五領相送之，委曲伴天連ふらい，
　着岸之儀不可有異儀候。随而
　贈候，日域之地，雖為何之津湊へ
　可令渡海之由，前呂宋国主被申
　のひすはんやより至本邦商船，
　ゑすはんや国主とうけい，てい，れるま机下
　日本国　征夷将軍　源秀忠

　この船には，京都の商人田中勝介ら日本人23人が乗り込んでいました。彼らは，記録に残った太平洋を渡った最初の日本人ということになります。

　一行がカリフォルニアの入り口にあるマタンチェル港に到着したのは，出帆後87日目の10月27日のことでした。ロドリゴは，到着後ノビスパン総督のドン・ルイス・デ・ベラスコに家康と秀忠の書簡を届けています。ロドリゴ自身も日本との通交の利点について考えていたようで，『見聞録』からは熱心に通商を開こうとした努力の跡がうかがえます。スペイン国王は翌年，答礼使であるビスカイノを団長とする対日特派使節を日本に送りました。しかし，これを機会に仙台藩の支倉常長一行の慶長遣欧使節が，ノビスパン経由でスペインからローマに派遣されるのですが，時代の大きなうねりの中で日本とスペインの通商が充分に開かれるまでには発展しませんでした。

○サン・フランシスコ号の痕跡

　この遭難でロドリゴ自身も，10万ドガド以上の値打ちのある中国製の大きな箱とダイヤモンドやルビー数個を失ったと記録しています。多くの品々が海の中に消えていったと思われます。

　しかし，そのうちの数点は御宿に痕跡を残していました。1904(明治37)年の千葉県夷隅郡長の回答の中に，「慶長14年に，岩和田に南蛮の黒船が，大風に吹かれて漂着し，乗組員317名は助かったが，船の半分が破損し，綿布や宝物が多数あがった」とあります。ところが，1853(嘉永6)年に岩和田村で大火災があり，多くの漂流品が灰になってしまったようです。1927(昭和2)年の『千葉県史蹟名勝天然紀念物調査・四輯』に掲載されている銅製の火入れは，方形の雷紋が連続して施され中国の華南地方の製作品の可能性が高いといわれています。しかし，1935(昭和10)年頃までは残っていたようですが，現在は行方不明となっています。

　だだひとつ現存していると推察されるサン・フランシスコ号の遺品は，御宿の銘酒「岩の井」の醸造元である岩瀬家の梁に使用されている2本の帆柱(ほばしら)です。東京国立博物館の調査によると材は南方産のラワンに似た硬材と認定されているの

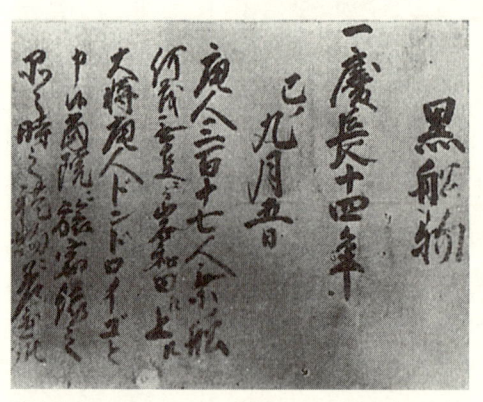

「黒船物」とドン・ロドリゴ持参の火入(『大多喜町史』より)

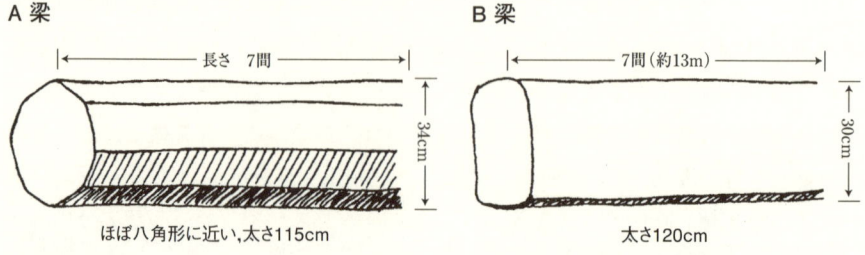

A 梁
　長さ 7間
　34cm
　ほぼ八角形に近い,太さ115cm

B 梁
　7間(約13m)
　30cm
　太さ120cm

岩瀬家の梁(サン・フランシスコ号の帆柱と推察されている)を古山豊氏が実測し作図したもの。

で，岩瀬家の家屋が建てられた時期との兼ね合いでほぼサン・フランシスコ号の遺品であると考えられています。この帆柱は1974(昭和49)年に，御宿町の指定文化財第1号になりました。

○時を越えて
「エルマーノ！(兄弟よ)私はやってきた」
大きな手を広げて，メキシコのホセ・ロペス・ポルティーリョ大統領がヘリコプターから降りてきます。そのとき，スルスルっと若者たちの神輿がタラップに横付けされます。「ホーラ，ヤッサ，ホーラ，ヤッサ」の掛け声の中で，ハッピを着込んだ大統領を神輿に乗せて，レセプション会場まで運んで行ったのです。1978(昭和53)年11月1日，急ごしらえでつくった御宿町の漁港広場のヘリポートでのことです。この日，御宿町の老若男女はこぞって大統領の出迎えに集まりました。1928(昭和3)年に建設された「日・西・墨三国交通発祥記念之碑」を中心として，日本とメキシコの友好親善のシンボルとして記念公園が改修整備されたのです。ロペス大統領はこの記念公園のテープカットのために御宿に来訪したのでした。

神輿にのったロペス大統領　　御宿町商工観光課提供。

ロドリゴと徳川家康の夢であった日本とノビスパンの通交が，平和な時代の友好親善として，御宿町とメキシコの間で実現した一瞬でした。

〈参考文献〉
村上直次郎訳注『ドン・ロドリゴ日本見聞録』　雄松堂　1966年改訂復刻
金井英一郎『ドン・ロドリゴ物語』　新人物往来社　1984年
大多喜町『大多喜町史』　大多喜町　1991年
御宿町『御宿町史』　御宿町　1993年

(各務　敬)

12

海から畑へ 鰯のもたらしたもの

九十九里町立九十九里いわし博物館

○はじめに

　白い砂浜が延々と続く九十九里浜のほぼ中央に位置する九十九里町は，高村光太郎などの多くの文化人が逗留したことでも知られますが，なんといっても江戸時代に発達した地曳網による鰯漁が町の代名詞になっています。しかし，現在では，鰯漁は片貝漁港を中心に行われているものの，地曳網は観光用でも見られなくなり，砂浜はサーフィンをする若者達で賑っているだけです。

　その片貝海岸から県道を約1km東金方面に入った所に，九十九里町立九十九里いわし博物館があります。この博物館の展示をたどりながら，江戸時代の経済について考えてみることにします。

○いわし博物館の概要

　いわし博物館は1982(昭和57)年に開館した，日本唯一の鰯だけをテーマにした博物館で，九十九里町に残る鰯漁関係の資料の保存・展示をしています。

　入口を入り，〆粕作りの「きりん〆め」が展示される廊下を通って展示室に入ります。展示室は16のテーマで構成され，鰯の生態から始まり，九十九里の漁場環境，江戸時代の鰯漁の復元，現在の鰯漁と今日までの鰯と日本人の関係の概略がよくわかるようになっています。

○展示から考える近世経済史

　当然，展示の中心は江戸時代の鰯漁関係ということになりますが，ここではその鰯漁や鰯加工品製造や販売について見ていきましょう。江戸時代というとどうしても「米が

いわし博物館全景

生産のすべてで，武士による厳しい収奪で農民は食うや食わずの生活を強いられていた」というイメージがありましたが，近年，諸産業の発達がクローズアップされ，教科書などでも，産業と流通を取り上げるページ数が増えました。しかし，その内容は項目羅列的で理解しにくいところもあります。

そこで，このいわし博物館の展示を通して，もう一度，漁業や水産加工業などの諸産業の発達を学び，江戸時代の経済活動をイメージしてみることにしましょう。

○上方漁法の伝播と房総半島における漁業の発達

房総半島での漁労活動は貝塚などの発掘成果から縄文時代にさかのぼれ，奈良時代には海産物を貢納していたことが知られています。中世になると，西国で干鯛などの塩干魚が流通し，それをとる漁業が発達していましたが，関東ではあいかわらず自給的な漁労が続いていたようです。

しかし，近世初頭に，城下町の発展による鮮魚需要の増大や綿花・藍・蜜柑などの商品作物の栽培により干鰯・〆粕などの金肥の必要性が増し，関西地方の漁場が過密化したことから，紀伊国，和泉国，摂津国を中心とする関西漁民が関東地方に出漁して来ました。いわゆる「上方漁民の関東出漁」・「上方漁法の伝播」といわれる現象で，これにより漁業は全国的に発展しました。

房総半島における関西漁民の出漁は天正年間（1573〜92年）にまでさかのぼることができ，大量の漁民が出漁してきたことが史料に残されていますが，そのほとんどは干鰯・〆粕生産のための鰯漁でした。鰯漁は周期的に豊凶が交替するといわれますが，それと関係して関西漁民の出漁にもパターンがあるようです。

まず近世初頭から延宝年間（1673〜81年）に

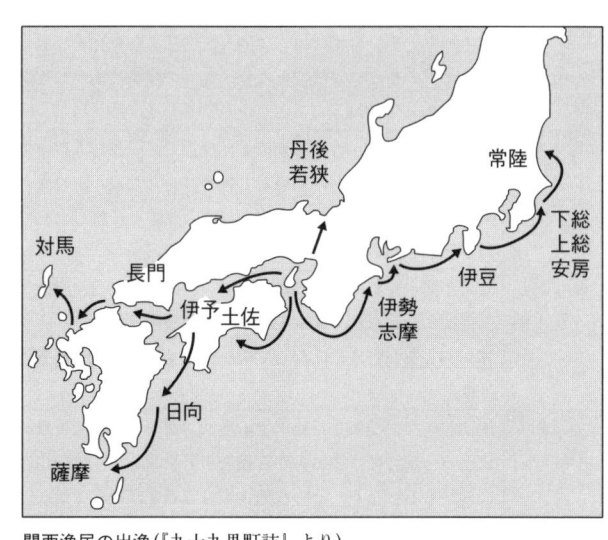

関西漁民の出漁（『九十九里町誌』より）

かけては「旅網」と呼ばれる季節的な出稼ぎ漁が行われ、安房や上総東南部・銚子などの岩場の海岸の良港を拠点として、「八手網」と呼ばれる船による漁業を展開しました。当然、地元漁民との紛争も発生したようですが、次第に受け入れられ、周辺部へ拡大しました。

片手廻しの地曳網（いわし博物館解説パネル）

次に延宝年間から享保年間(1716～36年)にかけては、鰯の豊漁期にあたることもあり、岩場の海岸の拠点から九十九里地方の砂浜海岸へと出漁パターンが変化しました。当然、漁法は「地曳網」ですが、「片手廻しの地曳網」から「両手廻しの地曳網」に改良され、多くの労働力が必要なことから、地元農民と結び付いた大規模な経営が行われました。

享保期以降は、不漁期にあたり、元禄大地震の影響による海岸地形の変化などから砂浜海岸への関西漁民の出漁は減少して、飯岡や外川(銚子)、天津などの特定の拠点的漁村に土地を借りるなどして定住するようになりました。またこの時

房総半島における漁法の変遷

八手網	3艘の船で漁網を海中に敷くように張り、その上にきた魚を捕獲する漁法。水深の深い海でも操業でき、岩場の海岸に適した漁法。各船10～15名の乗組員で、合計30～50名。船上ではチームワークが必要となり、高度の操船技術が必要。それゆえ享保期以降も関西漁民が定着化して操業。
片手廻しの地曳網	近世初期に伝えられた小規模な地曳網で、一網10人以下で操業。網船に網を積み、投下しながら弧を描いて海岸に帰着し網張りをした後、海岸から網を手繰り寄せ、鰯を捕獲。小規模なので一村内に多くの網が操業し旅網と地網(地元漁民の網)が共存。元禄大地震以後は、旅網が撤退し地網が中心になる。
両手廻しの地曳網	宝永年間(1704～1711年)に上総国一宮本郷村(現長生郡一宮町)の片岡源左衛門が発明し、享保期に改良されて完成。網を積んだ2艘の網船が、海上から左右に別れて、魚群の動きに対応しながら岸に向かって網を張って行き、網張り完了後、左右の曳き網を引いて鰯を捕獲。
揚繰網	明治20年代に発展した船による漁法。2艘の船が円を描くように網を投下し、鰯を円の中に追い込んだ後、底の方から網を巾着を絞るように繰揚げて捕獲。導入当時は、地曳網との紛争もあったが、その後地曳網は衰退し、現在では、ほとんどこの漁法で鰯漁が行われている。

期は地元漁民が進んだ漁法を習得して成長したり，江戸やその周辺の問屋が地元漁民と結び付いて漁業経営に乗り出した時期で，これも関西漁民の出漁減少の原因と考えられています。

○九十九里浜の地曳網漁

九十九里浜への関西漁民の進出は，1692(元禄5)年，上総国山辺郡粟生村(現九十九里町粟生)に紀州湯浅村(現和歌山県湯浅町)の太次兵衛ら4名が出漁していた史料などに見られますが，その特徴としては，岩場の海岸への出漁よりも著しく人数が少ない点で，これは地曳網漁の独特の経営方法と関係があります。

地曳網漁は一般に，「網元」あるいは「網主」と呼ばれる経営者が，漁船と網と納屋と呼ばれる家屋を持ち，「水主」と呼ばれる漁夫と，「岡者」と呼ばれる網の曳き手を雇い，海岸近くに廻遊してきた鰯を捕る漁業ですが，大地曳網では200人以上の労働力が必要で，地元の漁業関係者との結合は不可欠でした。

佐藤信季の『漁村維持法』に，安永年間(1772～81年)には，「九十九里浜には2000張の大地曳網が操業し，年間30万両の売上があった」と記されていますが，当時の網主はほとんど，海岸付近の農村の豪農で，九十九里町にも旧小関村の平山家や旧粟生村の飯高家などが知られています。中でも粟生村の飯高惣兵衛(尚寛。1734～1805年)は上総代官をつとめたりして，繁栄を極めました。

水主の多くは網主の魚年季奉公人などの従属民(当然，操船技術が必要になりますから，関西漁民なども含まれたでしょう)で納屋集落(海岸段丘上に発達した漁業のための季節的集落)に居住していました。網主はこれらの水主を確保するために文政年間(1818～30年)で5両から7両，幕末期には20両ほどの前貸金支給をしたり，網主の耕地を耕作させたりしています。岡者は小作人や「抱百姓」と呼ばれる人びとが従事しました。古田悦造氏の研究により，抱百姓の人口は豊漁期には納屋集落で増加し，不漁期には本田地の集落で増加することが明らかにされましたが，このことからも，海岸付近の農村

大地曳網(いわし博物館解説パネル)

による地曳網経営の実態がわかります。

　地曳網で収獲された鰯は購入権のある問屋商人や干鰯問屋などに売り渡され，干鰯や〆粕に加工され，関西地方などに売られました。享保年間以降，関東地方での金肥需要が拡大すると，干鰯問屋などの商業資本が，網主に資金提供をして，「網付商人」としての専属契約をするものも現れます。これは，多くの資金が必要で，漁に失敗すると打撃が大きい代わりに，大漁時の収益も大きい，地曳網のある面では合理的な経営形態だったのではないでしょうか。

○干鰯・〆粕製造とその使用法

　つぎに，干鰯についてですが，意外とその内容や使用法については知られていないようです。この点については博物館の展示が，この疑問に的確に答えてくれています。

　干鰯は文字通り鰯をそのまま干したもので，中世からあったようです。古くは砂浜にむしろを敷いて，鰯をまいて干しましたが，江戸時代後半はむしろや人手が足りないので，直接鰯を砂浜にまいて干す製造法に変わりました。春夏で10日から15日，秋冬で25日から30日間乾燥させますが，雨の日は覆いをかけるか，小屋に入れるかするなど手間のかかるものでした。特に油が多いときは，2日程穴に埋め，油抜きもしました。

　干鰯の使用法は，学芸員の永田征子氏によれば，干鰯を臼に入れて細かく砕き，それを撒く方法や，一本ずつ作物の株の近くに差す方法などがあったそうです。

　一方，〆粕は遅れて江戸中期に作られたといわれます。こちらは，「粕焚場」と呼ばれる製造場が必要で，沸騰した釜の中でカゴに入れた鰯を煮て，肉離れが起きたときに，木枠に入れて油を絞ります。その時60cm角で厚さ15cmくらいの塊ができ，それをむしろで干してできあがりです。

　使用法は干鰯同様，細かく砕いて使いました。ともに江戸時代に普及し，金肥の代名詞として，木綿栽培や稲作にも使用されました。

干鰯生産（いわし博物館解説パネル）

史料によれば，1617(元和3)年に紀州海部郡加太浦(現和歌山市)の大甫七重郎が紀州湯浅村・栖原村(現和歌山県湯浅町)の漁師を連れて，岩和田村(現御宿町)で鰯漁をして，関東ではじめて干鰯をつくったとあり，元和年間から寛永年間に房総半島で始まっていたようです。この時

〆粕づくりの道具　いわし博物館蔵。

期は関西地方や尾張・三河地方で木綿栽培が急速に発達した時期と一致し，冒頭に述べたように，この需要が上方漁民の出漁の原動力となりました。

　木綿栽培は収益が多い反面，労働力と良質の肥料が大量に必要とされ，干鰯・〆粕が1反につき1石程度必要だったと言われます。当時の農書はその様子を「木綿栽培は，干鰯を使用すれば綿の実が大きくふくらみ，下肥だけを使用した場合は虫がつき，綿の実は固くてふくらまない」と記しています。それだけに干鰯・〆粕の需要度は高かったといえます。さらに木綿は江戸中期には麻にかわって庶民の衣料の中心になっていったことから，木綿栽培は飛躍的に発展し，元禄・享保期(1688〜1736年)には，摂津・河内などでは全耕地の60〜70％で行われていた程でした。そのような事情で，九十九里地方で大量に干鰯・〆粕生産が行われ，関西地方に運ばれていました。

〇干鰯・〆粕の流通

　近世初期の関西漁民の出漁期には，同時に，捕れた鰯を干鰯に加工し関西地方まで運ぶ問屋商人も関東に進出して来ていました。彼らは，三浦半島の先端の浦賀を拠点として，干鰯の買い付け，南海路(江戸と大坂を結ぶ航路)を使い輸送しました。

　近世中期は九十九里浜で大地曳網漁が盛んに行われた時期で，莫大な資金を必要としたことから，江戸の干鰯問屋が，浦賀の問屋にかわって，網主と専属契約を結ぶ網付商人として台頭してきます。江戸の問屋は海上輸送路だけでなく，東金街道を中心とする陸上輸送路や利根川を使った水上輸送路も持ち，機動力があり，次第に浦賀の問屋を圧倒するようになりました。この時期の，主な出荷地域

は相変わらず関西地方が多いのですが、享保の改革以降は新田開発に伴い関東地方の水田に使用されることや、幕末期にかけて関東でも木綿栽培が始められたこともあって、これらの地域にも流通網が広がっていきました。

このような競争の中で縮小化していった浦賀の干鰯問屋の中に、幕末期になると新興勢力の台頭が見られるようになります。1816(文化13)年に開業した飯塚屋吉太郎がその代表例です。彼は九十九里粟生村の網主、飯高家三代尚義惣兵衛(君路)の弟で、後に浦賀の干鰯問屋の総代に就任します。彼らは武士の保護を受けながら、幕末期には、尾張や相模を市場として、営業を続け、その勢力を多少盛り返します。

一方、幕末期に関西地方に蝦夷地の干鰊が入ってくると、木綿栽培の魚肥の主力はそちらになり、江戸の干鰯問屋は関東地方中心の地域的営業となりました。この時期は、関東地方に木綿栽培が拡大し、いわゆる「地織」と呼ばれる綿織物工業が発達した時期で、

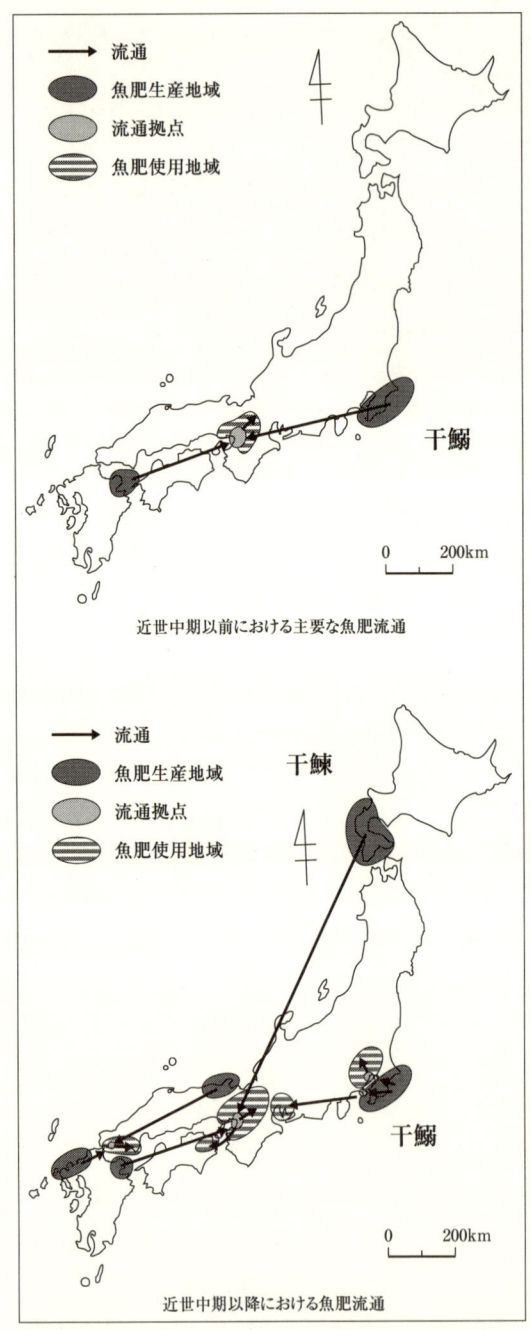

近世魚肥流通の変化(古田悦造『近世魚肥流通の地域的展開』より)

房総でも上総木綿（かずさもめん）の栽培が行われる時期にあたります。

○飯高家の繁栄と「いわし文化」

このように九十九里浜の地曳網は，「干鰯を生産すると一船で千両の収入があった」と言い伝えられるほど，網主である豪農を中心に巨大な富をもたらしました。特に粟生村の飯高家（隠居家）は代々惣兵衛を名乗り，名主を世襲するだけでなく，尚寛惣兵衛（瀟陵　1734〜1805年）の時代には上総地方代官をつとめ，尚義惣兵衛（君路　1790〜1852年）の弟は飯塚屋を開き，隆盛を誇っていました。経済的優越は言うまでもなく，飯高家の持高は1773（安永3）年に21石でしたが，網主として財力を蓄え，農地を集積し，1870（明治3）年には持高53石に倍増しています。

さらに，飯高家は好学的な家系であったのでしょうか，折衷（せっちゅう）学派の儒学者（じゅがくしゃ）や上総で活躍した俳人達など，多くの文化人が訪れ，自らもさまざまな文化活動を展開しました。『九十九里町誌』編集委員で，いわし博物館の創立に尽力された古川力氏は，このような文化活動を鰯のもたらした文化という意味で「いわし文化」と名付けました。これは干鰯生産による財力をもって，文化人のパトロンとなり，さらには自ら庶民文化を形成する。化政文化（かせい）の地方波及の典型例と考えられます。

そして，その代表例が尚寛惣兵衛の俳句・漢詩集『瀟（は）

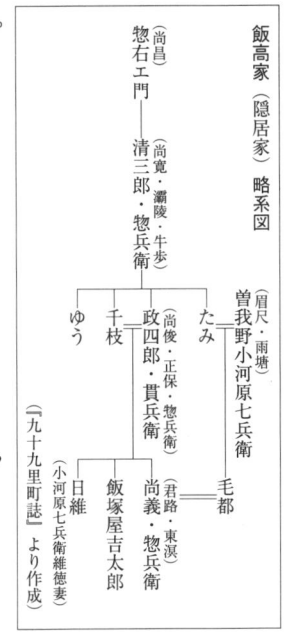

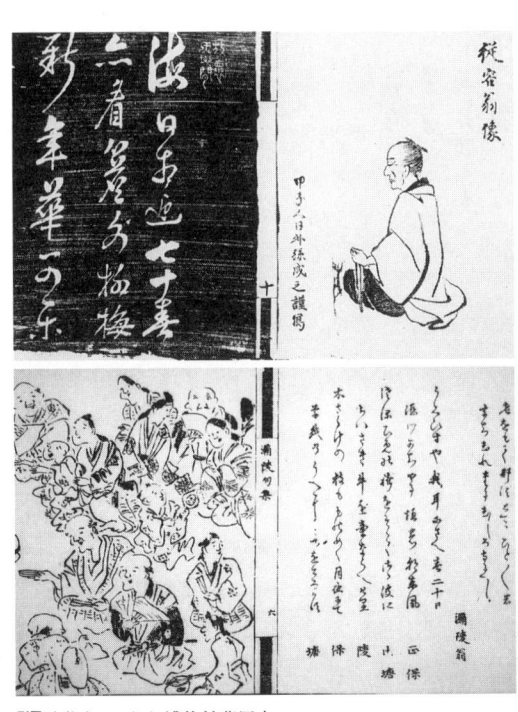

飯高家（隠居家）略系図

（『九十九里町誌』より作成）

『瀟陵集』　いわし博物館蔵写本。

飯高瀬陵をめぐる俳系

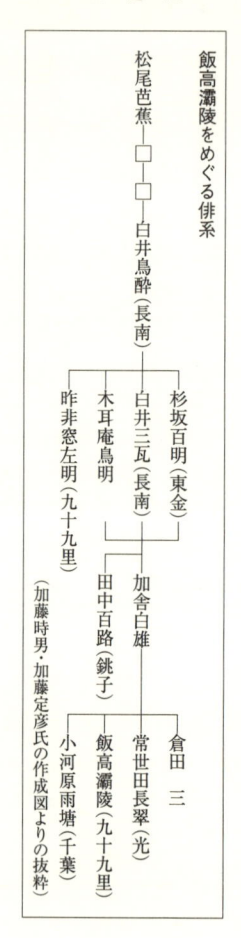

松尾芭蕉─□─□─白井鳥酔（長南）
白井鳥酔（長南）─杉坂百明（東金）
　　　　　　　─白井三瓦（長南）─加舎白雄─田中百路（銚子）─常世田長翠（光）─飯高瀬陵（九十九里）─小河原雨塘（千葉）
　　　　　　　─木耳庵鳥明
　　　　　　　─昨非窓左明（九十九里）
（加藤時男・加藤定彦氏の作成図よりの抜粋）

万　祝　いわし博物館蔵。

陵集』です。この句集は『九十九里町誌』編纂の過程で飯高家から版木が発見・確認されたもので，尚寛惣兵衛（瀬陵）の70歳古希を祝って1804年に記念出版されたものです。彼は長女たみの嫁ぎ先の曽我村（現千葉市蘇我）廻船問屋小河原家との交際のなかで，白井鳥酔系の加舎白雄門下に所属して，天明期（1781～89年）に上総で活躍した多くの俳人との交友がありました。加藤時男氏らの研究によると，彼ら俳人の多くは地元の名主や有力商人で，婚姻関係を通じて深く結び付いていました。

　まさに，庶民の経済的発展が，文化を生み出し，地方にも広がった例と言えましょう。

○おわりに

　やはり，博物館で一番目を引くのは，美しく染め抜かれた「万祝」ではないでしょうか。万祝はもともと大漁を祝う宴を指す言葉ですが，九十九里浜では，鰯がたくさん捕れたとき，網主が水主に贈った揃いの祝い着のことを言います。万祝は普段着ることもあるようですが，一般には漁が終了する時に全員が揃いで着用し，神社に参拝したそうです。万祝を着ることは良い漁師の証しになり，誇り

になりました。

　万祝は「地織」と呼ばれる上総木綿で作られることもありますが,「下り」と呼ばれる三河や遠州産の木綿でつくられることが多かったようです。それぞれの漁村には紺屋と呼ばれる染色業者がいて,ある程度定型化した裾模様と背中の船名や屋号を染めてつくりました。

　万祝はただ美しいだけではなく,当時の浜の賑わいも思い起こさせてくれます。さらにおもしろいのは,上方漁民が鰯を追って房総へ来る,そして九十九里浜で捕れた鰯が干鰯となり,浦賀の問屋を経由して,三河の木綿畑に行き,ついに万祝となって房総へ帰ってくるというスケールの大きい物の流れを象徴しているように思えます。

〈参考文献〉
古田悦造『近世魚肥流通の地域的展開』　古今書院　1996年
荒居英次『近世日本漁村史の研究』　新生社　1963年
九十九里町誌編集委員会『九十九里町誌』　1989年

（関　剛史）

〈13〉 "醬油" 藩の城下町

野田市郷土博物館を訪ねて

○はじめに

　醬油は，味噌とともに私たちの食生活に欠かすことができない日本の伝統的な調味料です。そして，味噌が近代に入ってようやく商品化されたのに対して，醬油は早くも近世に専門の醸造業者が現われて，商品としての醬油の流通は広範囲にわたりました。

　関東地方においては，千葉県の野田と銚子が醬油醸造業の二大中心地となり，現在でもその伝統を受け継いでいます。ここでは，野田を中心にその創業と展開の過程を探り，醬油醸造業の歴史をたどってみましょう。

○"醬油" 藩の城下町

　野田市は，利根川本流とその支流になっている江戸川との間にあって，江戸川に沿って町並を形成しています。豊富な水と緑豊かな自然環境の中で，江戸時代前期から醬油醸造業とともに発展してきました。現在でも屋敷や蔵など歴史的な建造物が点在し，四季折々の散策を楽しむことができます。

　野田市駅から徒歩約3分でキッコーマンしょうゆ館があり，近代的な醸造工程が見学できるとともに醬油に関するさまざまな情報を得ることができます。このしょうゆ館から大通りを西に向かって，県道を横断し香取神社の手前を左折すると，上花輪歴史館があります。ここは，江戸時代から上花輪の名主で代々醬油の醸造を家業としてきた高梨兵左衛門家(高梨本

野田市街図

家)の屋敷で，居宅を中心に庭園・土蔵・屋敷林など，屋敷全体が展示物となっています。また，生活用具・醸造用具・古文書などが保存展示されていて，貴重な資料を提供してくれます。そして，来た道を戻ると県道沿いにキッコーマン本社の社屋があり，その裏手に醤油関係の資料の豊

野田市郷土博物館　野田市郷土博物館提供。

富なことで知られる野田市郷土博物館があります。

○野田市郷土博物館

　この博物館は，1950(昭和25)年5月の野田市制施行にあたり記念事業として計画されたもので，1959(昭和34)年4月に開館し，翌年6月には県内で最初の登録博物館に認定されました。もともとは1924(大正13)年に完成した茂木佐平治家の屋敷で，1956(昭和31)年に野田市に寄贈されたものです。

　門を入ると，正面に屋敷の玄関，右手には庭園に通ずるくぐり戸が目に入ります。博物館は左手にあり，その前庭には醤油の諸味を絞る際に使われた吊り石や仕込み桶の底板などが展示されています。博物館の一階には，「野田の歴史と民俗」をテーマとして原始・古代から近代にかけての資料が展示されています。醤油関係の資料は2階に展示されていて，そのテーマは「野田と醤油づくり」です。

○醤油とその歴史

　醤油は，小麦と大豆を原料とする醤油麹に食塩水を加え発酵させて絞った液体調味料で，日本で独自に発達し，しかも日常的に用いられる代表的調味料です。味付けのもとになることから「下地」，またその色から「紫」とも呼ばれます。近年，アジア諸国や欧米でも調味料として用いられ，欧米では「soy sauce」と呼ばれます。原料や熟成・火入れなどにより風味や色合が左右され，濃口醤油・淡口醤油の他に溜醤油・再仕込み醤油・白醤油，そして中間生産物である生揚げ醤油などがあります。このうち，関東で独自の発展をしたのは濃口醤油です。

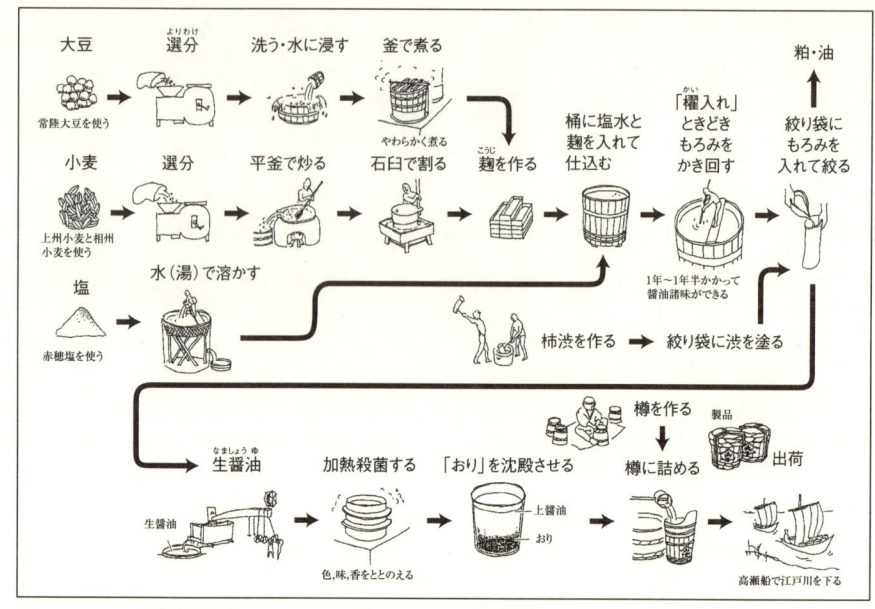

上醤油ができるまで(「江戸時代の醤油醸造」上花輪歴史館)

　濃口醬油は，蒸した大豆と炒って砕いた小麦に種麹を加え，食塩水を混ぜて仕込みます。この混合物を「諸味」といいますが，醤油はこの諸味を半年から1年かけて発酵醸成させ，絞って殺菌したものです。江戸中期に溜醤油から発展して全国的に最も広く使用されているもので，特に関東で発達しました。

　これに対して，淡口醬油は濃口醬油より濃い食塩水を用い，熟成を短く火入れも低温で行うことで色が薄くなるようにしたもので，主に関西で発達しました。材料に色がつきにくく，醤油の香りで食材の風味を消さないうえに，味醂とともに加熱すると良い香りが出ることから煮物醤油に適しています。

　醤油の醸造については，野田醤油作業模型(江戸末期〜明治初期)や絵馬(天保15年茂木勇右衛門家奉納)・扁額が展示されており，当時の工程を知ることができます。特に，押絵扁額「醤油醸造之図」は，1877(明治10)年の内国勧業博覧会

押絵扁額「醬油醸造之図」　野田市郷土博物館蔵。

に野田醸造仲間が出品して褒賞を受賞したもので，当時の人気役者が扮する見学者と蔵人による醤油の仕込み・圧搾・樽詰めなどの作業光景が描かれています。

○醤の時代

醤油の原形は，穀物や鳥獣魚肉・野菜・海藻などに塩を加えて漬け込み発酵させる「醤」で，後世の塩辛や漬物類のように食べたり浸出液を調味料として用いたものです(魚を使った魚醤は「しょっつる」などとして現在まで伝えられています)。この「醤」は中国から伝来したもので，『周礼』(B.C 1100頃)に「醤」を扱う職制や製造方法が記載されています。この頃の「醤」の原料は鳥獣魚肉で，肉醤つまり塩辛のようなものでした。日本でも弥生時代の初め頃から魚肉を塩漬けにした肉醤(魚醤)があったとされ，『景行記』にはその皇子が高松の国造となって，玉筋魚を捕えて魚醤を造り朝廷に献じたとあります。また，唐醤・高麗醤などの外来品も多く，『万葉集』にも詠まれ，木簡などにも多く発見されます。

中国で大豆などを原料とした穀醤は，2世紀の中頃の『四民月令』という歳時記に初めて出てきます。さらに，6世紀の『斉民要術』には詳しい製法が記載されています。日本にこの穀醤(和名比之保)が伝わったのは奈良時代とされていますが，平安時代になると「醤」は広く一般に普及して生活必需品となるまでになりました。

○溜りの時代

鎌倉時代に入って，禅僧覚心によって経山寺(径山寺)味噌の製法が伝えられたといわれます。覚心は1249(建長元)年に渡宋し1254(建長6)年に帰国して，紀州の由良に興国寺を開いて布教活動かたがた味噌の製法を広めたとされます。この味噌は，炒り大豆と大麦麹に塩を加えて野菜を漬け込んだものですが，覚心は桶の底に溜まった液が煮物に適していることを発見し，「たまりしょうゆ」を作り出したといわれます。この伝説をそのまま史実として認めることはできませんが，「たまりしょうゆ」は紀州の湯浅で売り出され，室町時代になり，溜り醤油に発展しました。1597(慶長2)年刊行の『易林本節用集』に「醤油」という文字が記されていますが，この本は室町中期の大永年代(1521〜28)に著されたものを伝写したものと推定されていますので，「醤油」はその頃にはすでに存在していたものと考えられます。

室町末期から江戸初期にかけて，京都・紀伊湯浅・播磨竜野などで大量生産が始まり，関東でも下総の野田や銚子などで製造が開始されました。

○醬油醸造業の創始

銚子においては，ヒゲタ醬油の元祖といわれる田中玄蕃が1616(元和2)年，ヤマサ醬油の始祖の浜口儀兵衛が1645(正保2)年に開業したと伝えられます。田中玄蕃は，摂津西宮の酒造家で当時江戸の海産物問屋であった真宜九郎衛門から関西の溜醬油の製法を伝授され，浜口儀兵衛は紀州広村出身で，銚子荒野村において醸造を開始したとされます。このように，銚子醬油は関西の溜醬油の技術的影響のもとで創業されましたが，その年代については確証はありません。

「しょうゆ藩の城下町」といわれた野田でいつ頃醸造が開始されたか不明ですが，飯田市郎兵衛家の先祖が永禄年間(1558〜70)に甲斐の武田氏に豆油から作った溜醬油を納め，「川中島御用醬油」と称したという言い伝えがありますが，確証はありません。

史料上確認できる創業は1661(寛文元)年で，名主の高梨兵左衛門家が醸造を開始し，1671(寛文11)年に仕込蔵を新築して量産体制を確立しました。また，1662(寛文2年)に味噌の醸造を開始した茂木七左衛門家は，1764(明和元)年に高梨家より養子を迎えて醬油醸造への転換を図り，1766(明和3)年から1772(安永元)年にかけて高梨家と協同合資で醬油醸造を展開しています。その後，甲田・大塚・杉崎・竹本などの諸家が開業して造家が増加していますが，この高梨・茂木一族に流山の堀切家を加えた七家を「造家(様)」と呼んでいます。

○同族経営によって発展した野田醬油

高梨兵左衛門家(本家)は，1772(安永元)年に茂木家との協同合資を解消して，それぞれ独立して醸造を開始しました。1849(嘉永2)年には，高梨家の長女が河野家に嫁いで分家独立し，夫が高梨周造を名乗り河野家の蔵を引き継いで醬油醸造を開始しています。そして，1864(元治元)年には，高梨孝右衛門が分家しています。

茂木家(本家)においては，1688(元禄元)年の佐平治家(茂木佐家)と嘉七家(白木家)の分家が最初ですが，茂木佐家は1782(天明2)年に醸造業を開始して商標に亀甲萬印を使用しました。この茂木佐家から分家したのが，佐右衛門家(三桝家)・佐吉家(千代倉家)・利平家(鶴洒家)です。

13 "醬油" 藩の城下町　137

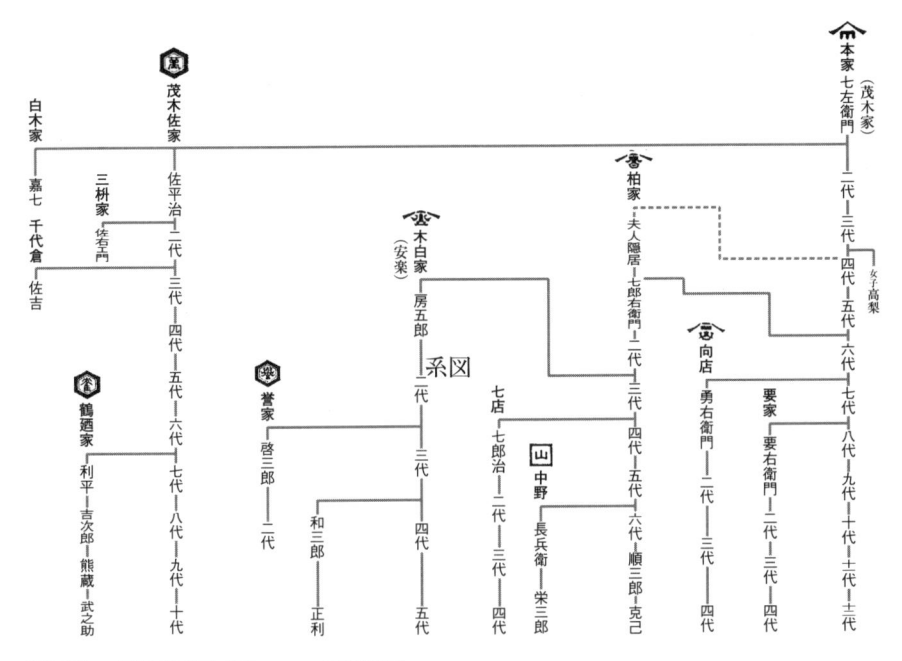

系図

```
白木家                茂木佐家(嵐)
嘉七―千代倉―佐吉      佐平治―二代―三代―四代―五代―六代―七代―八代―九代―十代
                          三枡家
                          佐右衛門
       鶴酒家
       利平―吉次郎―熊蔵―武之助

                誉家              木白家(安楽)
                啓三郎―二代       房五郎―二代―三代―四代
                     和三郎            七店         柏家
                     正利             七郎治―二代―三代―四代
                                       山
                                      中野
                                      長兵衛―栄三郎
                                          夫人隠居
                                          七郎右衛門―二代―三代―四代―五代―六代・順三郎―克己
                                                      向店
                                                      勇右衛門―二代―三代―四代
                                                      要家
                                                      要右衛門―二代―三代―四代
                              本家(茂木家)
                              七左衛門―二代―三代―四代―五代―六代―七代―八代―九代―十代―十一代
                                                              女子高梨
```

資料出典：「茂木家系図」（『キッコーマン醬油史』）

　また，茂木本家からは七郎右衛門家（柏屋）・勇右衛門家（向店）・要右衛門家（要家）が分家し，そして，柏家から房五郎家（木白家・安楽）・七郎治家（七店）・中野長兵衛家が，また木白家からは茂木啓三郎家（誉家）などが分家しています。

　このように，高梨・茂木一族は本家・分家関係を基礎に相互扶助の関係を形成し，銚子醬油を中心とする他の醸造業者と対抗しました。そして，高梨家（本家）は1829（文政12）年，茂木佐家は1838（天保9）年に幕府御両丸（本丸・西丸）御用達となり，その地位を確立しました。博物館には，幕府御両丸御用達立札（看板）や御用醬油輸送箱が展示されています。

○黒潮が運んだ醸造技術

　醬油醸造技術は，黒潮に乗って関東に進出してきた関西の漁民によってもたらされました。黒潮は古くからの海上の道ですが，その黒潮がもたらした漁労技術のひとつが地曳網漁で，特に江戸時代に入って盛んになりました。地曳網漁で獲った鰯は干鰯に加工されて，主に関西へ移出されました。戦国時代に三河地方で開始された木綿の栽培は，畿内周辺に普及して綿織物の特産地も形成されまし

たが，その肥料として干鰯の需要が高まったのです。

銚子には紀州の湯浅村や広村の漁民が移住し，1656（明暦2）年から広村出身の崎山次郎右衛門が中心となって外川港の築港を開始し，その後「外川千軒」と呼ばれる漁業の町に発展しました。この過程で，紀州の湯浅村や広村で創始された溜醬油の醸造技術が銚子にもたらされました。そして，この地域に醬油醸造業が普及していきましたが，その発展を促したのが利根川の水運であり，その中継地である銚子や野田が醬油醸造業の拠点となっていきました。

○利根川が育んだ醸造技術

約1000年前の利根川は，荒川筋の河川と合流して江戸湾に注いでいました。1590（天正18）年，江戸に入府した徳川家康は利根川を東に移すように関東郡代の伊奈忠治に命じました。この大工事は，1654（承応3）年に60年余りの歳月を費やして完成しましたが，これを「利根川の東遷」と呼んでいます。その結果，利根川本流は関宿から切り落とされ，渡良瀬川・鬼怒川・常陸川と合流して現在のように銚子から太平洋へ注ぐようになりました。この過程で江戸川が開削され，野田は舟運の便に恵まれた交通至便の地となりました。

博物館には高瀬舟模型が展示されていますが，この高瀬舟により，朝方に野田河岸で積み出された醬油は，夕方には江戸の問屋河岸に着き醬油問屋に納めることができるようになりました。そして，機業地として発展しつつあった常・野州方面の需要も多く，これらの水路を通じておおいに販路を開拓することもできました。

河川水運が発達した江戸時代には，利根川水系は大消費地の江戸と関東・信越地方を結ぶ流通路として発達しました。利根川を利用した江戸への物資は，米・油・綿・薪・木材などの生活必需品で，江戸からは上信越地方へ塩や海産物その他日用品などが運ばれました。また，東北・蝦夷方面から江戸へ運ばれてくる米や材木・海産物は銚子で高瀬舟に積みかえられ，利根川を遡り関宿から江戸川を経て江戸に送られました。

高瀬舟模型　野田市郷土博物館蔵。

13 "醬油"藩の城下町 139

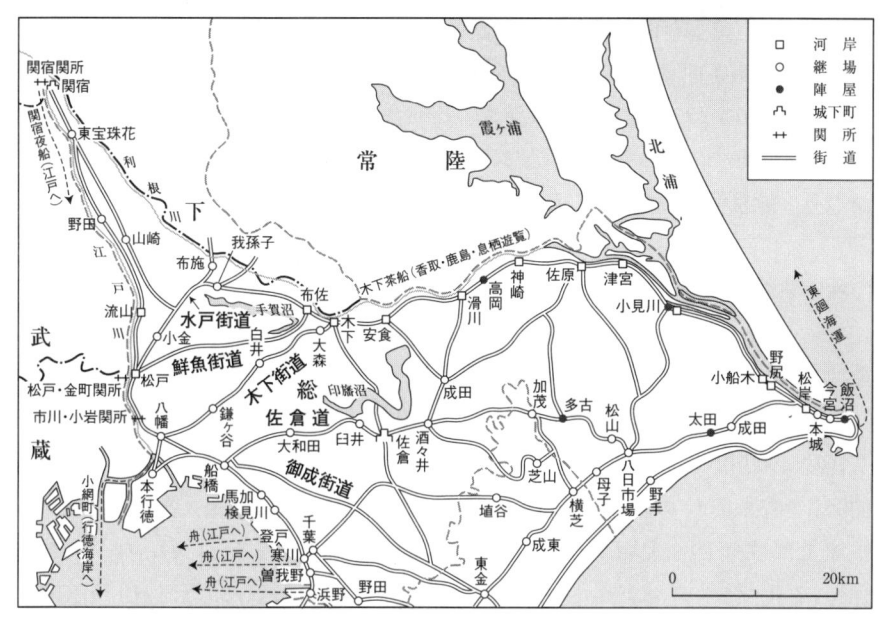

近世交通図(角川書店『日本地名大辞典12　千葉県』より)

　河川水運の隆盛とともに, 図にみられるように河岸が発達し, 利根川水系においては関宿から河口の銚子まで右岸だけで約40の河岸が成立しました。そして, 河岸を中心とした小都市が形成されましたが, その過程で酒・味噌・醬油などの醸造業が発達しました。

　銚子や野田の醬油の原料をみると, 大豆・小麦とも常州と近郊のもの(野田は相州小麦を一部使用), 塩は下り塩(赤穂塩・斎田塩)を使用しています。すべて海上や河川の水運で集荷され, 製品の販売も水運が利用されています。

○江戸とともに発展した醸造技術(濃口醬油の成立)

　江戸中期の元禄・享保年間(1680～1730年代)になると, 三都(京都・大坂・江戸)は著しい発展をとげ, 江戸は参勤交代により武士を中心とした消費都市の性格を強めました。消費物資の多くは京都や大坂からの「下り物」に依存していましたが, 醬油も酒と同様に上方のものが「極上」と呼ばれ, 竜野を中心とする「下り醬油」が江戸の市場を独占していました。

　江戸初期の醬油は「溜醬油」でしたが, 江戸の人口が増加して独自の文化が興ってくると, 江戸の人びとの嗜好に適するようにさまざまな工夫が重ねられて, 「濃口醬油」が作られるようになりました。そして, 関東の業者は「濃口醬油」

を育て上げ, 享保年間の頃からの地廻り経済の発展を背景にして,「地廻り醬油」は安永・天明年間(1770～80年代)を境に逐次「下り醬油」を駆逐し, 1821(文政4)年の記録によれば江戸への入荷量の約98％を占めるまでになりました。このように, 関東での濃口醬油の発展により, 江戸中期以降の醬油の醸造は溜り醬油から濃口醬油中心になりました。

〇株仲間の結成

1753(宝暦3)年に「銚子造醬油仲間」が結成されました。これは, 関東地方で最初で, 翌年の仲間数は11軒となり, 1780(安永9)年に18軒と増加しています。

一方, 銚子より遅れて醸造を開始した野田においては, 名主や豪農層が醬油醸造経営に乗り出し, 1781(天明元)年に銚子に遅れること28年目にして「野田醬油仲間」が結成されました。参加したのは, 亀屋(飯田)市郎兵衛・高梨兵左衛門・柏屋七郎右衛門・大塚弥五兵衛・杉崎市郎兵衛・竹本五郎兵衛の7名で, 1810(文化7)年には19名に増加しています。以降, 1839(天保10)年15名, 1853(嘉永6)年19名, 1863(文久3)年に10名となっています。このように, 18世紀後半の安永・天明年間(1770～80年代)になると野田は銚子とともに醬油の一大生産地として飛躍し, 19世紀前半の化政期には「下り物」を完全に駆逐しました。そして, 1814(文化11)年には「関東八組造醬油仲間」が結成され, 問屋と対等に交渉する組織力を形成していきました。

このような状況を背景として作製されたものに「関東醬油番付」(天保11年)があります。この醬油番付は, 関東醬油の印を格付けした見立番付で, あくまで江戸に住む者に対しての情報ですが, 野田醬油の関東醬油に占める位置を知ることができる貴重な資料です。

関東八組造醬油仲間(三省堂『史料が語る千葉の歴史60話』より)

〇醬油醸造業の盛衰

醬油の醸造は, 原料である小麦や大豆の作柄の影響を強く受けましたが, 天保年間に入ると, 大飢饉そしてまた「株仲間解散令」(1841)も影響して, 多くの造

家が没落しました。この混乱は，1851(嘉永4)年の「株仲間再興令」まで続きましたが，この過程で野田醤油の優位が確立しました。

野田の場合，1832(天保3)年に造家18軒で2万3150石だったものが，1863(文久3)年には造家10軒で4万4176石となっていて，造家数では減少していますが生産高では増加しています。特に，高梨兵左衛門家・茂木佐兵治家・茂木七郎右衛門家の3家が有力で，銚子の田中玄蕃家を圧倒しました。このような野田と銚子の生産量の格差は江戸との距離にあり，高瀬舟で十日から半月かかる銚子に対して野田は約半日という地の利がありました。また，幕末以降の桐生・足利の機業地域としての発展も影響していることを見逃すことはできません。

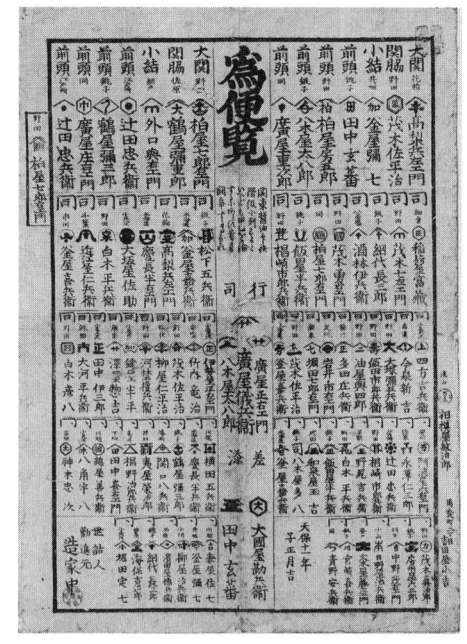

関東醤油番付　野田市郷土博物館蔵。

○「最上醬油」の登場

幕末の物価高騰の中で，幕府は1864(元治元)年に物価を抑制するため価格引き下げの命令を出しました。そこで，醤油醸造業者は極上醤油より上質の「最上醤油」があることを幕府に上申し，販売を認められて値下げを免れました。この時認可されたのは，野田のキッコーマン・上十・木白，銚子のヒゲタ・ヤマサ・山十・ジガミサの七印でした。この時から，最上・極上・上・並という等級がつけられるようになり，業者も醸造技術の向上に一段と力を入れるようになりました。さらに，関西醤油は維新前後の世情不安に江戸進出を断念するようになり，関東醤油が完全に市場を制覇しました。

○近代の醸造業

1873(明治6)年，野田の茂木佐平治家は亀甲萬醤油をオーストリアの万国博覧会に出品して賞を獲得しました。日本においても，1877(明治10)年の第1回内国

勧業博覧会の開催を契機に，博覧会・品評会・共進会などが盛んとなり，品質の改良が進んで醬油醸造技術はおおいに進歩しました。

1889(明治20)年6月には野田醬油醸造組合が成立しましたが，この組合は野田の醬油醸造業の発展に寄与したばかりでなく，各方面の社会的活動の主軸ともなり，野田の発展史上にも画期的な役割を果たしました。

日清戦争(1894～95)を契機に諸産業は活況を呈しましたが，野田の醬油醸造も手工業的なものから漸次機械化が進展し，日露戦争(1904～05)を契機にさらに躍進し，明治の末葉までに著しい発展を遂げています。

そして，第一次世界大戦(1914～18)による大戦景気により，醬油醸造業界は未曾有の好況に恵まれましたが，野田においては，茂木・高梨一族を中心に八家が醬油企業の合同を図り，1917(大正6)年野田醬油株式会社を設立発足させ商号をキッコーマンに統一しました。

その後，大戦景気の反動としての戦後恐慌を契機として，わが国の労働運動は活発化しましたが，野田醬油においても1921(大正10)年に労働組合が結成されて，日本労働総同盟関東醸造労働組合野田支部が発足しました。野田醬油では，労働組合結成以前の1919(大正8)年にすでにストライキがありましたが，労働組合が結成されてからは毎年のようにおこり，ついに1927(昭和2)年から翌年にかけて大争議がおこりました。

1927(昭和2)年9月16日にはじまった争議は翌年4月19日まで216日間におよび，わが国労働運動史上で最も長期にわたる争議でした。このように，野田の醬油醸造業は本県の労働運動史上大きな役割を果たしました。

○醬油醸造業を支えた技術

醸造業においては，その製造や輸送のため「桶」や「樽」は大きな役割を果たしました。酒の醸造については，室町時代に壺から桶に変化したことで，大量生産が可能になったといわれますが，醬油の醸造においても同様で，関西で大量生産された醬油は樽に詰められ「下り物」として江戸に輸送されました。この樽は，江戸の明樽問屋を経由して江戸周辺の醸造家が買い取り，修理をして再利用しました。野田に

醬油樽　野田市郷土博物館蔵。

おいても，蔵に付属していた樽職人が輪替(わが)えや結いたて直しをして空き樽を再利用しました。

樽は，組みたてるのではなく「結立(ゆいたて)」といって「仮輪(かりわ)」の中に「側(かわ)」をすえ，底蓋(そこぶた)と上蓋(うわぶた)(鏡(かがみ))をはめ，腰輪・口輪など6本の竹輪でしめて完成しました。

樽の側面には商標が刻印されました。商標は店頭で商いをする際の目印として考案されたものですが，製品の品質を保証するためにも使用されるようになりました。野田における醬油の商標は，会社となった時に百数十種に及びましたが，1927年(昭和2)に商標を統一しました。

○まとめ

野田市郷土博物館の展示物を参考にしながら，醬油及び野田における醬油醸造業の歴史をたどってきました。

黒潮に乗ってこの房総の地にもたらされた「溜り醬油」の醸造技術は，その温暖湿潤な気候風土もあり定着し，江戸とそれを取り巻く地廻り経済圏の発展とともに改良が重ねられて，「濃口醬油」として完成しました。

このような醬油醸造技術の定着と発展は，河川改修により発達した利根川水系の河岸の発達と密接な関係をもっていることがわかりました。野田は，江戸周辺の生産地と大消費都市の江戸を結ぶ水運の要地であり，醬油の原料である大豆・小麦や塩の仕入れ，製品である醬油の販売に有利な立地条件を備えていました。特に，大消費地の江戸との距離の面で絶好の条件を備えていたため，ライバルである銚子醬油を次第に圧倒していきました。そして，幕末にかけては，機業地帯として発展しつつあった桐生・足利も市場に取り込み，経済的混乱にも関わらず生産力を伸ばし，野田醬油の地位を確立しました。

野田市郷土博物館には，ここで紹介した展示物の他にもたくさんの興味ある資料が展示されています。ぜひ一度，この博物館を訪れて，新しい発見をしてみてはどうでしょうか。

〈参考文献〉
『千葉県の歴史散歩』　山川出版社　1989年
『史料が語る千葉の歴史60話』　三省堂　1985年
『人づくり風土記・千葉』　農村漁村文化協会　1990年

(加瀬正彦)

◀14▶

地球を一周した男

伊能忠敬記念館

○はじめに

　今からおよそ200年程前，1800(寛政12)年閏4月19日の早朝，江戸の深川黒江町(現東京都江東区門前仲町)を出立し，陸路，はるか彼方の蝦夷地に向かう伊能忠敬一行6人の姿があった。時に，伊能忠敬55歳。以後71歳まで17年の歳月をかけ，踏破した距離は地球一周にも相当する4万km以上にわたる全国測量への旅立ちの第一歩であった。

　それでは，伊能図と総称される地図にはどのような特色があるのか，伊能図の果たした役割はどのような点か，地球一周にも相当する測量行に駆り立てたものは何なのか，伊能忠敬記念館などに保存されている遺品(1957年，国指定重要文化財)から，伊能忠敬という人物について考えてみましょう。

伊能忠敬肖像画　伊能忠敬記念館蔵。

○伊能忠敬記念館の概要

　JR成田線の佐原駅で下車し，徒歩で約10分後，利根川の支流，小野川に至ります。そんな一隅に，伊能忠敬が入婿した旧宅があり(1930年，国指定史跡)，1961(昭和36)年，敷地内に伊能忠敬記念館が建設されました。その後，老朽化や近代的な博物館構想もあり，1998(平成10)年，旧宅前の小野川対岸に現在の新記念館が完成・開館しました。館内は，「佐原時代」「全国測量へ」「伊能図の完成」の三部構成で，地図は無論，忠敬の測量用具などを展示しています。

○地図をみて

　ほの暗い館内に入ると，上述の三部構成に順路が設定されていますが，やはり圧巻は忠敬が使用した測量道具や測量日記，そして芸術的と言ってもよい地図の出来映えです。伊能図の基本は，大図（1里を3寸6分にした縮尺1/3万6000），中図（1里を6分にした縮尺1/21万6000），小図（1里を3分にした縮尺1/43万2000）の3種類で，その他に，江戸府内や名勝地，伊豆諸島一覧などの特別図（縮尺は，それぞれ異なる）が作成されました。

　忠敬の地図の特徴は，『大日本沿海輿地全図』，あるいは『大日本沿海実測図』などといわれるように，内陸部は主要街道の実測に留め，海岸部を実測したことに特徴があります。

　また，海岸部の実測とともに遠景の方角，更に夜間は天文観測を実施し，地図上に経線と緯線を記入したことが最大の特徴です。それは，日本という大地を，地球上に張り付けたことを示し，従来の日本地図とは根本的な違いがありました。

　さて，忠敬の作製した地図を丹念に眺めてみましょう。海岸部や内陸の街道沿いには定規を当てて引いたような屈曲した朱線や☆印が描かれ，遠方の山岳や島には数多くの朱線が直線で引かれているのに気がつきます。あるいは，切り立った断崖の箇所には時として「不測量」の文字を見つけることもあります。実はこれこそが忠敬一行の測量の苦闘を物語る証拠といってよいもので，17年間，日数にすると3753日の測量のすべてが，これらに凝縮されているのです。すなわち，朱線は忠敬一行の行路＝測量線を示し，☆印は夜間の天文測量を実施した箇所であり，遠方の山岳や島への朱線は方位を測量した跡なのです（カバー〈裏〉参照）。また，海岸や道なき崖を通行するので，非常な困難を伴い，実測不能な場所には，予断で記入せず，地図上に「不測量」の文字を記入し，精確な測量は，後世の人間に任せたのです。

　それでは忠敬は，このような科学的な実証主義を49歳で隠居してから身につけたのでしょうか。どうやらその秘密は，17歳か

伊能忠敬生誕地（九十九里町小関）　現在，伊能公園となっている。象限儀を使用して，天文観測を行っている様子。

ら50歳まで生活した佐原にありそうです。

○忠敬の少年時代

　忠敬は，1745(延享 2)年 1 月11日，上総国山辺郡小関村(現山武郡九十九里町小関)で，小関家の第 3 子として生まれ，幼名を三治郎といいました。父の貞恒は，上総国武射郡小堤村(現山武郡横芝町小堤)の神保家の生まれで，小関家に入婿し，ミネと結婚。小関家は，地主で九十九里浜の鰯漁の網元も兼ねた豪農でした。ところが忠敬が 6 歳の時，母ミネが死去，小関家はミネの弟が継ぐことになり，父貞恒は離縁され，兄貞詮と姉フサの 2 人を伴い実家の神保家に帰り，三治郎は 1 人小関家に残されました。そして三治郎が10歳の時，父の実家の神保家に引き取られ，小堤に移ったといわれます。神保家も，名主を勤める地主・酒造家であり，小関家に劣らず裕福な家でした。

○近世の佐原村

　里謡に"お江戸見たけりゃ　佐原へござれ　佐原本町　江戸まさり"と歌われた佐原は，利根川の支流，小野川の河口部に開かれた村でした。鎌倉期以降，佐原の名が文書に見られますが，江戸時代になると，徳川氏の支配となり，江戸に近いという理由で，数人の旗本の知行や天領となりました(1778年以降，旗本津田氏の知行)。このような佐原が大きな転機となったのは，江戸初期に行われた利根川の流路変更，更に対岸の水郷十六島といわれる干拓工事による新田開発であり，物資集散地としての佐原の好条件でした。米や薪炭，あるいは酒や醬油，味醂などの醸造，九十九里浜からの干鰯や塩の運搬ルートとなり，小野川から高瀬舟に荷物を載せ，利根川・関宿・江戸川を経て，大消費地江戸とを往来しました。忠敬が佐原で生活をしていた1768(明和 5)年の記録によると，家数1322軒，人口5085人を数える関東でも屈指の大村でした。伊能忠敬で有名な佐原ですが，忠敬以外にも，国学者の伊能魚彦(現在の伊能忠敬記念館は，伊能魚彦の旧宅跡に建設)などの文化人を輩出し，学問の伝統も培われていました。

　ところが忠敬が婿入りする伊能三郎右衛門家では，近年相次ぐ不幸に見舞われていました。すなわち，忠敬が生まれる 3 年前，伊能家の主人であった長由が，妻のタミ(民)と満 1 歳になったばかりの女子ミチ(達)をのこして37歳で病死，長由の兄で隠居して江戸に住んでいた昌雄は，ミチを跡継ぎに決めて家業をみることになりましたが，その昌雄も翌年に亡くなりました。母子は，しばらくの間タ

ミの実家である香取郡南中村(現香取郡多古町南中)の平山家に身を寄せ，ミチが14歳になった時，佐原村に帰り，伊能家一族でミチのいとこに当たる景茂を婿に迎えました。ところが景茂は，ミチとの間に男子をもうけた直後，病死してしまいました。ミチは16歳で子持ちの未亡人になってしまったのです。

伊能忠敬旧宅(佐原市佐原)　手前の川が小野川。伊能忠敬記念館提供。

○婿養子で佐原・伊能家へ

　タミの実家である平山藤右衛門家は，ミチの新たな婿探しに奔走しました。そんな時に，白羽の矢を立てられたのが，平山家とも親戚関係にあった神保家の三治郎でした。平山藤右衛門季忠は，いったん三治郎を平山家の養子とし，幕府大学頭・林鳳谷に依頼して，養子である三治郎の名を改めました。『論語』の「言忠信，行篤敬なれば」から取ったといわれます。「忠敬」の誕生です。そして1762(宝暦12)年，ミチの婿に迎えられました。忠敬17歳，ミチ21歳。伊能家を継いだ忠敬は，通称をはじめ源六，まもなく三郎右衛門と名乗り，ミチとの間には，女子イネ(稲)，男子景敬，女子シノ(篠)の3人をもうけました。

　伊能家に婿入りした忠敬は，酒造，米穀売買，川船運送，貸金などを営み，江戸にも出店して家業に精を出し，「店卸目録帳」によると，1774(安永3)年に収入が349両であったのが，1794(寛政6)年には収入1262両と，3倍以上にも増やしており，商人としても相当の遣り手だったと思われます。この間，佐原村本宿の名主後見，名主，村方後見と村役人を務めますが，1772(明和9・安永元)年に，「佐原邑河岸一件」と呼ばれる事件が発生しました。これは前年，幕府が利根川筋の河岸問屋を公認して運上金を徴収しようと，村役人の江戸への出頭命令を発したことから始まります。時あたかも，田沼意次を中心とする田沼時代のことです。佐原村内部で問屋を誰が引き受けるか，運上金の金額をいくらにするか，村方調整，役人とのやりとりなどに奔走します。そんな時に役に立ったのが，ミチの祖父に当たる景利が，45歳で隠居してから5年間で編集したといわれる膨大

な古記録でした．文書や記録の大切さに忠敬が気がついた瞬間であったかもしれません．忠敬自身，この事件を『佐原邑河岸一件』として記録しています．

また，伊能家の伝統というよりも，村役人の地位にあった関係で，伊能家は，利根川の洪水による堤防修築などによって測量技術にも長けていました．1697(元禄10)年に発せられた第3回国絵図作成の際，伊能家の当主で名主でもあった景利は，佐原村全体の測量を行って提出しました．当然，伊能家には測量や算術の知識は伝授され，必要な書籍も揃っていた筈であり，入婿後の忠敬がその様な知識を得たのは自然の成り行きでした．忠敬自身，1783(天明3)年の利根川堤防修築の功績により，領主の旗本・津田氏より苗字帯刀(みょうじたいとう)を許されています．

一方，暦学への関心がいつ頃起きたのかはっきり判りませんが，1793年(寛政5)年，友人の久保木清淵らと関西旅行をした『旅行記』には，遠方の方位角や夜間の天体観測による緯度の記述があり，佐原にいた頃には相当程度の知識があったと思われます．

いずれにしても忠敬は，佐原時代に培った商人的な合理主義をしっかりと体得し，隠居後の仕事を模索し始めます．そんな折，幕府の改暦作業を耳にします．

○忠敬隠居，江戸へ

忠敬は，1794(寛政6)年，領主の津田氏より隠居が認められ，家督を景敬に譲り，勘解由(かげゆ)と称します．時に49歳．翌95年，江戸へ出て深川黒江町に居住し，幕府天文方(てんもんがた)の高橋至時(よしとき)の弟子となります．至時は，忠敬の19歳年下でした．

至時が江戸にやってきたのは，幕府の改暦作業を行うためです．1684(貞享(じょうきょう)元)年，幕府天文方の渋川春海が中国・元の授時暦を土台に，実測によって日本の地理的位置に適応するように暦を作り替えました(貞享暦)．その後，貞享暦の誤りを訂正した暦(宝暦甲戌暦)を作らせましたが，改暦に当たった天文方の観測技術や計算が杜撰(ずきん)で，日食(にっしょく)の予測も間違っていたため，改暦作業を行うことになりました．しかし幕府天文方の技術では，再度の失敗は明らかであり，それにひきかえ，民間では優秀な西洋流の暦学者があらわれていました．特に評判が高かったのは，大坂で町医者をしながら暦学を研究していた麻田剛立(あさだごうりゅう)です．そこで幕府は，剛立を江戸に呼び寄せ改暦に当たらせようとしましたが，剛立は，老齢との理由で断り，代わりに弟子の高橋至時と間重富(はざましげとみ)を幕府に推薦しました．高橋至時は，通称を作左衛門といい，大坂の玉造組同心でしたが，麻田剛立の門下に入り，暦学を学びました．間重富は，大坂の質屋の6男に生まれ，独学で天

文観測を学んでいたようですが，剛立門下に入るとめきめき力をつけたといわれます。

高橋と間の二人が江戸にやってきて天文方暦局に入ったのが，1795(寛政7)年のことであり，忠敬が暦学の勉強に江戸へ出た時と同時でした。その意味で忠敬は，最新の西洋流暦学を学ぶという絶好の機会に恵まれていたのです。

○子午線1度の距離を求めて，蝦夷地へ

高橋(軽輩ながら武士であったため，旗本に登用)と間の両名は，天文方に出仕（しゅっし）して改暦作業に当たり，1797(寛政9)年，『暦法新書』を完成，翌年に施行されました(寛政暦)。忠敬はこの間，至時の指導の下，暦学・天文観測に励み，1797年には日本で初めて白昼，金星の南中を観測したといわれます。忠敬の暦算への熱中ぶりをみて，至時は忠敬のことを「推歩先生」と呼んだといわれます。測量日記によせられている書簡に，ケプラーやニュートンの文字がみられ，西洋の暦学そのものの素晴らしさに強くひかれていったのでしょう。

そのころ，至時などの暦学者にとって，子午線1度の長さが，どれくらいか問題となっていました。諸説がありましたが，いずれも実測に基づいたものではなく，信用できませんでした。子午線1度の長さがわからなければ，地球の大きさ・形状も精確に測れず，ひいては日食や月食の予測も不可能で，これは暦学上の大問題でした。忠敬もこの問題に深い関心を持ち，浅草の暦局と黒江町の自宅の距離・緯度から計算しようとしました。伊能家に，忠敬の測量した地図が遺されています。当然のことながら，江戸府内は，測量は禁止されるため，曲がり角でこっそり方位を測定し，距離は歩測を用いたのでしょう。しかし，師の至時は，両地点が緯度にして1分では，誤差が大きくてだめだが，もっと長い距離で行えば使えるかもしれない，考えてみようということになり，蝦夷地測量の計画が練られた，というのが定説となっています。

折しも北方の蝦夷地周辺では，ロシアや

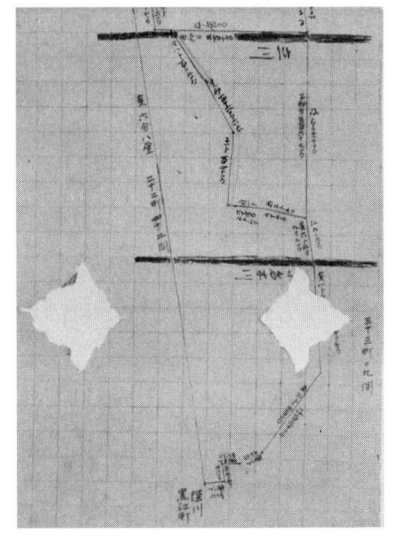

黒江町・浅草測量図　伊能洋氏蔵。

イギリスが出没し、憂慮した幕府は、1799(寛政11)年、松前藩から東蝦夷地を上知して直轄地にするとともに、警備の必要性から、沿岸測量を計画しました。ここに好機到来、至時は幕府に対し、忠敬による蝦夷地実測を願い出ます。

1800(寛政12)年閏4月14日、幕府の正式な命令が忠敬に出されました。

　　　　高橋作左衛門弟子
　　　　西丸小姓番頭津田山城守知行所
　　　　下総国香取郡佐原村元百姓
　　　　　浪人　　伊能勘解由

その方、かねがね心願の通り、測量試みのため、蝦夷地へ差しつかわされるので、入念に努力せよ。右につき、御用中、一日につき銀七匁五分ずつ下される。

「測量試みのため」という表現は、元百姓であった忠敬の実力を信用せず、結果にもたいした期待をしていなかったのでしょう。「銀七匁五分」というのは、金1両の8分の1、すなわち2朱に当たります。現在の貨幣価値に直すと、1両15万円として、2万円弱です。忠敬一人で行くのではありません。助手(内弟子)や従者を連れ、測量機器を運ぶ馬や人足を雇わねばならないのです。

ともあれ、冒頭に記したように、同月19日、忠敬一行は深川黒江町を出立しました。忠敬に付き従うのは、門倉隼太(至時の従者)、平山宗平(平山藤右衛門の孫)、伊能秀蔵(忠敬の庶子)、従者の佐原吉助、同じく長助の5人です。一行は、千住宿で見送り人と昼食をとった後、早速測量に取りかかり、この日は大沢宿に宿泊。翌20日の夜には、古河城下で天測(天文観測)も行っています。一日に9里から10里、多い時には13里以上もの強行軍を続け、一路奥州街道を北上し、5月10日、津軽半島北端の三厩に到着。同月19日、蝦夷地箱館をめざして出帆、蝦夷地南端の吉岡に到着。以後、箱館、室蘭、襟裳岬、釧路と東海岸を測量し、8月7日に根室湾の西別に到着、更に蝦夷地東端の根室まで行こうとしましたが、鮭漁の真っ最中で、人足を雇うことも出来ず、根室や国後島は方位の観測に留め、同月9日、帰路につき

「日本東半部沿海地図」「蝦夷地」　伊能忠敬記念館蔵。

ます。往路と同じく蝦夷地の東海岸や奥州街道を測量しながら，10月21日，無事に江戸に帰着しました。180日間，歩行距離3225kmの測量旅行でした。出発に当たって忠敬は，100両用意したといいますが，帰った時には，金1分しか残っていなかったといわれます。幕府からの手当は，180日分，金に換算して22両2分でした。差引77両1分は，自腹を切ったのです。これ以外にも，測量準備や測量道具の調達など，多額の経費がかかりました。

　また，懸案の子午線1度の長さは，今回の測量・天測の結果，「27里」と計算しました。しかし，至時はこの数値を信用せず，忠敬自身も正確だとは思っていませんでした。それは距離の測量が，今回は歩測だけに頼ったからです（ちなみに，忠敬の一歩は，69cm）。したがって，子午線1度の課題は，次回に持ち越され，好評を博した蝦夷地の地図も，東海岸だけであったため，再度の測量に動き出します。今度は，関東・東北地方の東海岸から蝦夷地西北部，千島まで足を伸ばそうとしたのです。しかしこの計画は，幕府が認めないことがわかり，本州東海岸の測量の許可を得ました。1801(享和元)年，第2次測量です。往路の東海岸の測量には，間縄・間棹を用い，復路の奥州街道は，歩測や量程車で済ませました。この結果，子午線一度の長さは「28.2里(約110km)」と出ました。

○忠敬の測量・地図作製

　精密な地図で知られる伊能図は，特別な測量方法を用いたように見えますが，実際には，当時普通に行われていた測量方法で全国を測量しました。忠敬は，誰でも知っているやり方を丁寧に行い，システムテム的に誤差を減らす工夫を凝ら

ワンカラシン　伊能忠敬記念館蔵。

測量風景(滋賀県蒲生郡日野町鎌掛公民館文化部刊『鎌掛村史』より)

して，日本全図を作製したのです。

　測量の基本は，導線法と交会法と呼ばれる方法を用いました。導線法は，測量ルートを直線で切り，曲がり角に梵天と呼ぶ目印を立て，両地点の距離を歩測や間縄・鉄鎖で測り，"ワンカラシン"（「杖先羅鍼」とも呼ばれる小方位盤で，伊能測量で最も活躍した道具）で梵天の方角を測ります。この方式で次々と距離と方角を記帳していきました。しかし，この導線法による測量だけでは，長い間に誤差が生じてしまいます。そのため，直線の方角を測るとともに，近くの目標を設定し，各曲がり角からこれらの目標物への方位を測り，距離の読み違えがあれば，補正が可能となります。この方式を交会法といいます。更に遠方の高山や島などの方位も測りました。これを遠方交会法といいます。そして伊能測量隊の最大の特徴は，昼の測量を行うとともに，夜になると，北極星やその他の恒星の高度を象限儀によって測定し，その地点の緯度を算出したことです。『測量日記』には，3753日の測量中，1335日は天測を行ったと記されています。

　測量中のデータは，測量先で野帳に整理され，江戸に戻ったあと下図を作製し，和紙の上に下図を置いて屈折部を針で突き，朱線で結べば測線だけの地図が完成します。あとは，麁絵図（沿道風景図）を参考に，風景と地図合印を記入し，国郡村名や領主・山岳名などを筆で書き入れていきました。

○全国測量へ

　第4次測量の結果，尾張・越前以東の東日本の測量が終了し，『日本東半部沿海地図』（略称，沿海地図）としてまとめられました。大図69枚，中図3枚，小図3枚から成ります。提出は，1804（文化元）年8月ですが，9月6日には，11代将軍徳川家斉が，城中で閲覧したことが『続徳川実紀』に記されています（師の至時は，この年の正月に亡くなっており，子の景保が説明したと思われます）。直後の9月10日には，『沿海地図』の功績により，小普請組に召し出し10人扶持

測量風景　黒の陣笠姿が伊能忠敬で，ワンカラシンで方位を測っている。広島県豊田郡豊町蔵。

を支給する旨，辞令を受けました。翌日，小普請組支配から天文方の高橋景保の手附となるよう指示され，幕臣(御家人)の身分を与えられたのです。ここに，測量隊の性格は，一変します。

当初高橋至時は，東日本は伊能忠敬，西日本は間重富で測量を考えていたようですが，至時の死により，間は暦局で景保の仕事を助けることとなり，忠敬が引き続き西日本の測量を担当することとなりました。幕臣となった忠敬の測量は幕府直轄事業に格上げされることとなり，経費は幕府や諸大名が負担し，測量部隊には新たに天文方から下役，更にその従者がつき，内弟子にも手当が付

	測量距離 (km)
第一次測量	3,225
第二次測量	3,122
第三次測量	1,701
第四次測量	2,177
第五次測量	6,993
第六次測量	4,568
第七次測量	7,410
第八次測量	13,083
第九次測量	不明（江戸府内）1,433(忠敬，不参加)
第十次測量	不明（江戸府内）
合　計	43,712

くことになりました。また，幕府を憚ってか，測量先の大名たちが多大な協力を示すようになったのです。しかし，そのことは，動員される現地住民の負担が増すことにもつながったのでした。すなわち，西日本の地形的な関係で島嶼部が急激に増え，伊能隊にとっても難航を極めましたが(東日本は，761日間の測量でしたが，西日本を中心とする5次以降では，3000日近くに及び，第8次測量は，913日にも及びました。この間，第5次測量では，忠敬が山陰の松江で病となり，第8次測量中には，長男景敬の死，更に天文方下役で忠敬が片腕と期待した副隊長格の坂部貞兵衛が，五島列島の福江島で客死)，測量隊を迎える現地の住民は，接待は無論，人馬や舟の提供，事前の道路普請など負担が増したことは確実です。

　1816(文化13)年，第10次にあたる江戸府内の測量をもって，17年間にわたった測量作業は終了し，間宮林蔵の蝦夷地測量の成果も加えて，地図の作製にあたります。その仕事は，2年前に深川黒江町から引き移った八丁堀亀島町に多くの部下や弟子たちを集めて行われました。しかしこの頃になると，長年の労苦がたたって持病も悪化し，とみに衰え始めます。そして1818(文政元)年に入ると，忠敬の容態は急変し，ついに4月13日(太陽暦の5月17日)，不帰の客となりました。時に73歳，戒名を「有功院成裕種徳居士」といい，遺体は遺言通り浅草・源空寺(現東京都台東区東上野)の高橋至時の隣りに葬られ，爪髪は，郷里の菩提寺である観福寺(佐原市牧野)に妻ミチとともに埋葬されました。他に多古町南中の平山家の墓地にも，忠敬とミチの墓が建てられています。

○地図の完成とシーボルト事件

地図の作製は、高橋景保の指導の下、天文方下役と忠敬の内弟子、友人の久保木清淵らの協力によって進んでいましたが、忠敬の死の3年後、1821(文政4)年7月、ようやく完成します。『大日本沿海輿地全図(大日本沿海実測全図)』といい、大図214枚・中図8枚・小図3枚の三種の地図で構成され、同時に『大日本沿海実測録』14巻も完成しました。高橋景保は、忠敬の孫の伊能忠諄、地図作製に携わった天文方下役を伴い、江戸城に登って幕府に提出します。忠諄は、祖父の功によって、幕府から5人扶持と江戸箔屋町に屋敷を与えられ、しばらくの間、見習いとして暦局へ通って勉強していましたが、やがて佐原の実家に帰り、1827(文政10)年、21歳の若さでこの世を去ってしまいます。

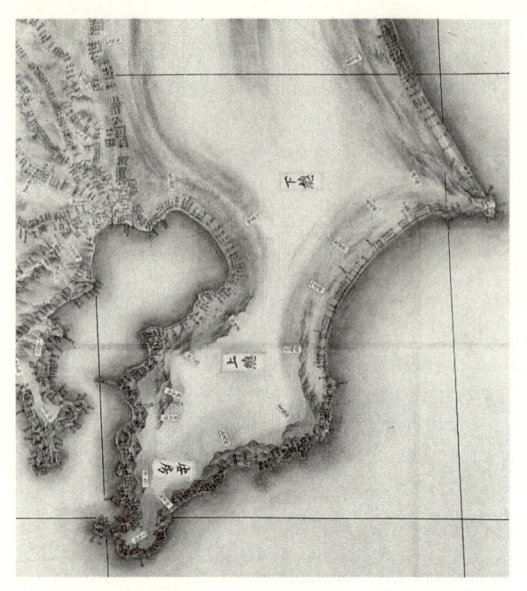

『大日本沿海輿地全図』(中図、関東部分) 忠敬没後3年目に完成した。東京国立博物館蔵。

一方、江戸では、忠諄の死んだ翌1828(文政11)年、シーボルト事件が発覚します。周知のように、オランダ商館付きのドイツ人医師シーボルトは、日本滞在中、日本について種々の研究を行うとともに、鳴滝塾で優れた洋学者を育てた人です。一方、高橋景保は、父至時の死後、天文方として忠敬の測量・地図作製を指導監督したばかりでなく、自ら世界地図を作製し、父の遺業である『ラランデ暦書』の翻訳を行うなど、海外事情にも強い熱意を持っていました。シーボルトが江戸に出てきた時、シーボルトは景保にクルーゼンステルンの『世界周航記』を与え、景保は代わりに伊能忠敬の日本地図の写し(カナ書き小図)や間宮林蔵の『東韃紀行』などをひそかに与えます。ところがシーボルトの帰国の際、オランダ船が台風のために座礁し、積み荷から上述の品々が発見され、景保は幕吏に捕らわれて、獄死(死後の判決では、「存命候ハバ死罪」という重い罪)、シーボルトは、国外に追放処分されました。処分は二人だけにとどまらず、景保の子や、忠敬とともに測量・地図作製に携わった天文方下役、あるいは長崎通詞など50余

14 地球を一周した男　155

シーボルト肖像画　長崎県立長崎図書館蔵。

シーボルトから取り戻したといわれる「カナ書き特別小図」(部分)　国立国会図書館蔵。

名が，遠島・追放・江戸払い・押込（おしこめ）などの処罰を受けてしまいました。忠敬の死と合わせ，伊能グループが壊滅させられてしまったのです。

○伊能図のその後の行方

　幕府に提出された伊能図（正本）は，秘図として人びとの目に触れることなく，明治新政府に引き継がれましたが，1873（明治6）年，皇居の火災に際して罹災，そのため政府は，伊能家に伊能図（副本）の再提出を命じましたが，これも1923（大正12）年の関東大震災の際，貸出先であった東京帝国大学の図書館で罹災したと伝えられます。

　一方，国外追放されたシーボルトは，没収される前に地図を写して国外に持ち出し，帰国後，『日本』（1832〜51年）を出版して日本の紹介に努めました。日本地図も添付され，「今世紀の初めから，日本固有の領土と島嶼が約4万5千分の1の縮尺で測量された…作左衛門（景保）の言うところによると，鎖で測量した海岸線は，その自然の動きのとおりまったく正確に地図に記入された」と忠敬の地図を紹介しています（忠敬の名は記されていません）。また，樺太については，間宮の探検・測量によって島であることを最初にヨーロッパに紹介し，「間宮海峡」と名付けました。

○おわりに

　伊能忠敬の生い立ちから測量，地図作製，その後の伊能図の行方について述べてきました。修身の教科書などで"偉人"に仕立て上げられた忠敬は，実際には，商人感覚による合理主義を体得し，暦学を学ぶことによって自分の足と眼で確認するという科学的な実証態度を鍛えていったのでした。

　また，文中でも述べたように，測量をうける地域にあっては，伊能測量隊の来訪は，迷惑至極だったでしょう。しかしこれを，伊能測量隊による西洋流暦学の宣伝隊と捉えたら，評価はまた違ったものとなるでしょう。『解体新書』で有名な洋学ですが，これを目にするのはほんの一握りの人たちであり，測量隊は昼夜をわかたず全国に洋学を普及した，と言ってもよいのではないでしょうか。

〈参考文献〉
小島一仁『伊能忠敬』　三省堂　1978年
東京地学協会『伊能図に学ぶ』　朝倉書店　1998年
伊能忠敬研究会『忠敬と伊能図』　現代書館　1998年

　　　　　　　　　　　　　　　　　　　　　　　　　　　（諏訪和夫）

◀15▶ 漂泊の人　農村を改革す

大原幽学記念館

○はじめに

　19世紀半ば，江戸時代の幕末にさしかかるころ，千葉県の東総地域に大原幽学という農村指導者が現れます。千葉県の多くの学校の図書館などには，郷土の偉人のひとりとしてその肖像画が掲げられており，「右の画像」に見覚えのある人も多いかもしれませんが，実は彼は千葉県出身ではありませんでした。門人に伝えられるところから推測しますと，1797（寛政9）年，尾張徳川氏の重臣，大道寺家の次男として生まれ，幼名を才児郎，家信を名のり，通称左門，そして号のひとつが幽学です。名については江戸時代だけではありませんが，幼少時，成人後，通称そして号などいくつもの名をもつことがありました。はっきりと言えるのは彼が武士の出身だったということです。

　そのような彼は18歳のとき，やむにやまれぬ事情により，家を出て漂泊の身となったようです。やがて，この記念館がある干潟町長部の地に居を定め，さまざまな農業実践や生活改善の指導をしていきます。江戸時代という封建社会にあって彼の教えや実践の中には時代を超えた先見性がうかがえ，現在にあってもその卓越性は評価できるといえます。

　ここでは，「大原幽学記念館」を紹介しつつ，彼の漂泊の前半生を踏まえ，その性学思想やさまざまな実践を中心に大原幽学について考えていこうと思います。

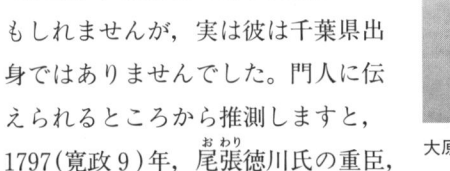

大原幽学像　大原幽学記念館蔵。

○記念館の概要―立地，沿革，展示

　この記念館は北総台地の東南部にあたる干潟町長部にあり，ここはかつて，天

158 Ⅳ 近世

大原幽学記念館

正(しょう)年間(16世紀末)、里見(さとみ)氏により、落城したと伝えられる「長部城」跡ともいわれます。一帯は、「大原幽学遺跡」として国によって史跡指定され、現在は記念館の他に「大原幽学旧宅」や「旧 林家(はやしけ)住宅」などがあり、豊かな自然環境を活(い)かしてキャンプ場なども設置され、全体として「大原幽学遺跡史跡公園」として整備されています。

　この記念館の沿革は、大原幽学の性学活動を引き継いだ1908(明治41)年設立の「財団法人八石性理学会(はちこくせいりがっかい)」が、その遺跡を管理・所有し、資料の保存に努め、1952(昭和27)年に、長部の幽学旧宅、墓地、八石耕地が国指定の史跡となり、1957年の没後百年祭の記念事業として、「大原幽学遺跡保存館」がつくられ、一般公開されたのが前身といえます。その後、これらの膨大な資料は、「八石性理学会」から干潟町に寄贈され町教育委員会で管理されるようになりました。1988年から翌年にかけて本格的な資料調査が行われ、1991(平成3)年には、関係資料407点が国の重要文化財に指定されることになり、これをきっかけに記念館は建設され、今日に至っています。

　大原幽学の名を冠してあるので、この記念館は幽学関係の施設にちがいありませんが、干潟町の地域文化の発展をはかるために資料の収集・保存・調査研究といった活動を中心に、広く学習の場を提供するという位置づけがなされています。また、豊かな緑に囲まれた「大原幽学遺跡史跡公園」内に立地しており、他の施設とともに、歴史と自然に親しむレクリエーションの場でもあります。

　さて館内ですが、1階は主に干潟町の歴史を紹介するスペースとなっており、さまざまな工夫をこらし、小学生からお年寄りまで楽しめるように構成されております。そして階段を上ると2階には研修室(畳敷きの部屋で、約20名収容)、企画展示室、年に数回の特別展があり、その左手に大原幽学展示室があります。壁面には「生い立ち」「漂泊生活から学んだもの」「提宗和尚(ていそうおしょう)との出会い」「信濃(しなの)から房総(ぼうそう)へ」「教導(きょうどう)のはじまり」などのパネル展示がされ、ガラスのショーケースには「遠藤伊兵衛(えんどういへえ)との出会い」「幽学の思想」「世界最初の協同組合(「先祖株(せんぞかぶ)組

合)」などから「自刃」「大原幽学がたどった道」に至るまで、ほぼ時代順にテーマを定めて展示がされています。また、「三幅対」のような国指定重要文化財や「神文」「口まめ草」などの資料や記録、そして使用された道具類なども陳列されています。室内は文化財保護のために、若干薄暗いが見学に支障はなく、幽学の生涯やその実践が一巡すると理解できるように構成されており、わかりやすいです。

展示室　大原幽学記念館提供。

○漂泊から定着へ

幽学の出自ははっきりとしていないようですが、1857（安政4）年門人が61歳の祝賀会を開いていることから、

展示室　大原幽学記念館提供。

1797（寛政9）年の生まれではないかといわれています。号は幽学のほかにいろいろとあり、後の漂泊生活を物語っているような感じがしますが、武士出身であったことが彼の生涯の矜持となっていたと思われます。18歳のとき、家を出ることになったのは藩の剣術指南役をあやまって刺し殺してしまったため、父親から勘当されたからだといわれていますが、最初の10年間については旅がどのようなものだったか、よくわかりません。しかしながら、1826（文政9）年から書き始められた日記「口まめ草」が残っており、30歳からの様子はうかがうことができます。

この間は後の彼の思想の形成や実践につながる重要な時代で、近畿地方を中心にいろいろな学問を学んでいます。仏教・神道・儒学などはもとより、和歌や俳諧などの造詣を深めるとともに、観相学や易学なども身につけ、放浪中は占いなどをすることにより生活の糧を得ていたようです。商人や職人そして農民たちとの交遊を通じて経営や技術や農業などの実学的な知識も得たと思われますが、同

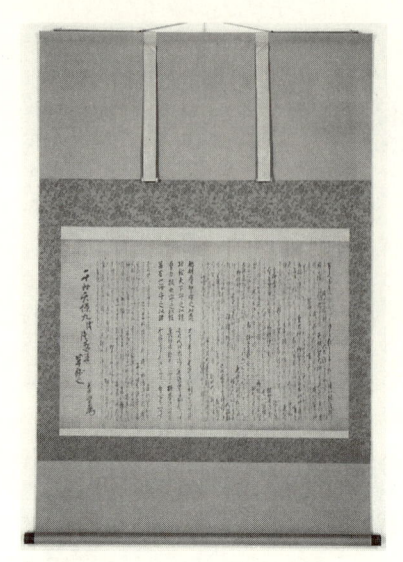

「三幅対」の一つ　大原幽学記念館蔵。

時に人間としての幅もできたのではないでしょうか。とはいえ、勘当の身でありますから思いつめたものもあり、そのような迷いや苦悩に対して大きな影響を与えたのが伊吹山松尾寺(滋賀県坂田郡伊吹町)の提宗和尚でした。彼の元を幾度か訪れ、さまざまな学問に加えて、人生の教えを請い、その薫陶をうけています。提宗和尚は幽学にとって生涯、ただひとりの師として仰ぐべき存在で、人間救済や社会貢献など、後半生を決定づける示唆もこの時うけているのではないかと思われます。1830年(天保元)年、幽学33歳のときであります。

同年、信州(長野県)の上田にやってきた幽学は呉服商小野沢家に滞在することになります。同家の信頼を得て、道学(後述の性学に通じるものと思われます)の講義を初めてすることになります。長きにわたった放浪生活は同時に修業の場であり、幽学の思想や人格を形成してきたものと思われますが、上田そして小諸で多くの門人を集め、ここにその成果をあげることができました。しかしながら藩から講義の禁止が命ぜられ、1年後には、この地を去らなければなりませんでした。その後、江戸、鎌倉を経て、房総の地にたどり着くことになります。

1832(天保3)年には銚子で、翌年以降は東金や八日市場などを中心に門人をとったり、自分の教えである「性学」(この頃は「聖学」)を広めていくことになりますが、その後、東総地域に5つの教学地区を設定し、定期的に巡回指導をしていました。たまたま長部村(現干潟町)の名主遠藤伊兵衛は隣の鏑木村(現干潟町)で幽学の講話を聞いて感銘をうけ、1835(天保6)年長部村での講演を依頼しました。彼は子の本蔵(良左衛門)とともに最も熱心な門人となり、一時、関西へ行こうとした幽学を引き止め、1842(天保13)年、自宅裏山に住居を提供しました。これにより28年もの長きにわたった幽学の漂泊生活もピリオドが打たれました。46歳になっていました(162頁「大原幽学全国遊歴図」を参照)。

○幽学の教えと方法

幽学の考えの中心は「性学」(当初「聖学」が1833年の日記に登場。「性理学」とも)ということになります。これは彼が漂泊中に学んだ「中庸」などの儒学の考え方を中心に独自に解釈し、そこに見られる「性」を人間のもつ本性、つまり本心や良心と

幽学旧宅

捉え、その性に従って生きるのが道であり、この道に進むための教えが性学だと説きました。これらは「和・孝」の教えをもとにしており、道徳を重んじ、家の永続、親兄弟の敬い、禁欲的で規則正しい日常生活、身分や資産にあった分相応の行いを説くことにつながっており、江戸時代の封建制や身分制を肯定しているわけで、後の事件で嫌疑をかけられますが、当時においても何ら反社会的なものではないといえます。

門人を「道友」といいます。道友は男性・女性・子どものすべてがなれましたが、「神文」という入門の誓約書は男性のみが対象で、当初の神文は「易・観相」についてで、性学については1833年のものが最初で、1837(天保8)年からは性学のみになります。幽学生前の神文は600点以上が残され、1839(天保10)年の道友の数は500人以上といわれ、長部のほかに十日市場(現旭市)、小見川(現小見川町)、長沼(現成田市)の各村を中心に分布していました。

幽学の指導は神文の提出だけでなく、その考えや方法において独自性や先見性がうかがえ、なかには今日にも通じる民主主義的なものがありました。まず人との交流による信頼関係をつくり、道徳を説き、その後、本格的な学習活動に入るわけですが、彼と門人たちとの討論の記録、「義論集」にもそれらは明らかです。そして、講義や会合は定期的に開かれ、性学の運営に際しては「前夜」というものが組織され、惣前夜・大前夜・中前夜・小前夜というものが規模別にあり、いわばこれらは今日の総会や委員会にあたるもので、討議を通して納得づくの会議を行い、多くの人びとの意見を尊重しました。これ自体はまさに民主主義の考え方そのものといってよいかもしれません。また、会合や講義のおりには、座敷には「三幅対」のように幽学の教えの根幹や講義をうける際の心構えなどを説い

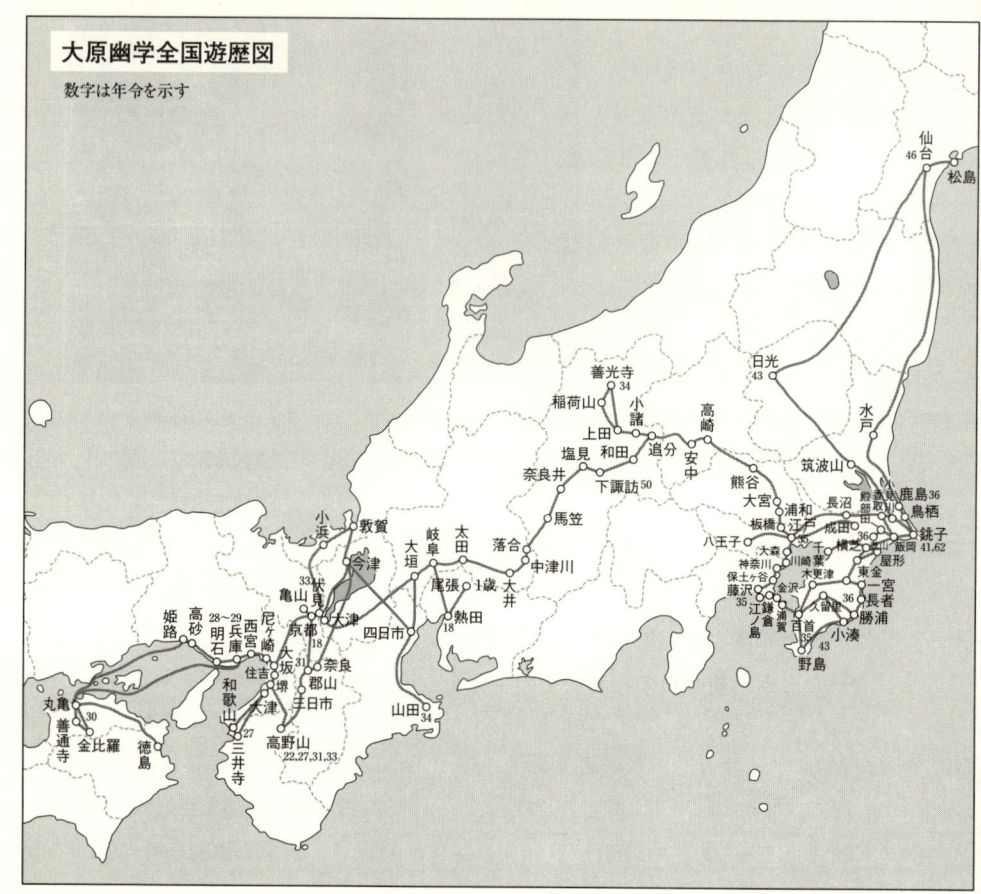

大原幽学全国遊歴図(干潟町「幽学遺品目録」より)

たものを提示し，門人たちに真剣にそして集中して臨むように促しました。

　子どもや女性への教育についても幽学についても特筆すべきことがあります。たとえば「換子教育」といって7歳から15，6歳の子どもたちを親元から離して道友の家で1，2年預かってもらい，育ててもらうようにしたことなどは特徴的です。ほかにも善行をした子どもを居宅に招く「褒美泊まり」とか「子ども大会」といって子どもだけを対象にした集団教育の場も設けました。錦絵を指導に使用するなどビジュアル的な手法をとったり，元服などの通過儀礼を教育の場に利用するなどの工夫もみられました。また，女性に対しても，男性と同様に定期的な会合を開いて，修行の場を設けました。ただし，現代の教育への問いかけにも感じられるこれらの優れた教育観も，家の永続を念頭とする性学が下敷きにな

っておりました。家とその後継者である子どもがあくまでも中心で，それを支える妻，そして母親としての女性という立場の域を出ていなかったと思われます。一方で，質素倹約をうたった規律ある教育を行った幽学ですが，優秀な門人やその妻子には「景物」といって自作の歌や俳句などの短冊や書，ときにはかんざしや鏡などを褒美として与え，励みとさせました。

○先祖株組合

　家の永続を念頭に門人たちの共同出資によって，結成された相互扶助や生活改善のための村ぐるみの協同組合的な組織です。その始まりは1836（天保7）年の共有財産制をうたった「子孫永々相続講」で，翌々年には長部村に「先祖株組合」が結成され，諸徳寺村（現干潟町）・荒海村（現成田市）など各村が続いていきました。加入者の提出する誓約書の内容は次のようなものでした。加入者は所有地のうち金5両に相当する耕地を出資し，そこから利益を無制限に積み立てること。その管理運営人は組合員の合意の上で決定すること。積立金は一軒分が100両以上になるまでは潰れる組合員が出ても渡さないこと。一軒分の積立金が100両以上になったとき，組合員の相談でその半分を救済にあて，残り半分を子孫のために積み立てておくこと。規定にそむいた者は除名し，出資分は一切返さないこと。家が潰れたときは相応の人物が再興にあたること。

　以上でありますが，名主遠藤伊兵衛が幽学を最初に長部村に招いた当時の状況は商品経済の影響や博打の横行などにより潰れ百姓が多く，農業だけで生計を立てていたのは伊兵衛だけだともいわれておりました。しかしながら，結成時11人で発足した組合は1841（天保12）年には14人が新加入し，計25名となりました。当時，村は全戸数が25軒だったので全戸加入ということになります。発足当時のメンバーは上層農民でしょうが，組合員全員が5両分の土地を出資できるはずはありません。新加入のうち8人は潰れた百姓を再興したもので，ある意味で早速幽学のねらいが効果となってあらわれたともいえます。

　また，「先祖株組合」は"世界最初の"と評価されたりもしますが，少なくとも「農協（JA）」のルーツとなっているイギリスやドイツの組合や幕末における二宮尊徳のものよりも早く結成された農業協同組合であることは事実であります。現在の「JA」とのつながりはないとはいえ，最近，干潟町を含めて銚子市，旭市，八日市場市，海上郡，匝瑳郡を範囲とする日本最大の農業生産を誇る農業協同組合が合併により誕生しました。「JAちばみどり」です。もちろん，この

八石耕地

ことを大原幽学に無理に結びつけるものではありませんが,千葉県が日本有数の農業生産県であり,そしてこの東総地域がその中枢を担っていることを考えるとき,篤農家(とくのうか)も多く,何か幽学との因縁を感じざるを得ません。

○耕地整理と開拓村

 現在,「干潟八万石」由来の水田はもとより,この地域では耕地整理が当然で,それこそ"田"という文字のように整然としています。それは立地条件に左右されるものの,これにより作業効率があがり,生産性が向上するからですが,幽学はそのメリットにいち早く気づき,遠藤伊兵衛所有の八石の水田を整理しました。形も大きさも異なる,急斜面にあって雨などで流されて被害を受けやすい土地を門人の協力を受け,水路もつけて1反歩程度の大きさに整理し直しました。現在もそれを見ることができます(写真参照)。

 また,長部村は台地上に集落を形成し,耕地は低地に立地していたので農作業には苦労を強いられていました。そこで幽学は生産活動を円滑にするため,水田の側に2軒1組で住居移動を指導しました。日当たりのよい,良質な飲料水のある場所を幽学得意の占いで家相(かそう)を見て選んだそうです。移転に際して,2軒1組としたのは相互扶助が目的だからですが,幽学はとかく同族意識に流されやすい血縁関係を考慮せずに決定をしており,それは同時に幽学の指導力に対する信頼の高さのあらわれと言えましょう。

 そして幽学の理論の集大成ともいうべき事業が鏑木村の6軒の農家よりなる宿内(しゅくうち)集落の造成で,1851(嘉永4)年のことでした。いわば幽学の理想の村づくりですが,この開拓の経緯についての記念碑が集落に建てられています。

○農業の技術指導

 幽学は「年中仕事割(ねんじゅうしごとわり)」という農業予定表づくりを指導しています。耕作面積・作物の種類・作業内容や労働力の見積もりをふまえて,1月から12月までの農業予定を記載し,計画的かつ合理的な農業を追求しました。また,性学の講義

の日や休日も予定表に入れさせたようです。加えて,「宵相談(よいそうだん)」という家族の話し合いをさせて,翌日の農作業に備えさせました。

現在,農業においてはかなり機械化が進みました。それは田植えについても例外ではありません。しかしながら,機械化される以前においても田んぼはいつもきちんとした間隔で苗が植えられました。「正条植(せいじょううえ)」です。当時,関東地方は一般に近畿地方に比べると農業技術の面では遅れをとっていたといわざるを得ませんが,幽学は近畿地方で発達していたこの正条植をいち早く取り入れました。このようなところにも幽学の漂泊生活で得た見聞や体験の成果があらわれているといえます。正条植によって採光や風通しが良くなり,株(かぶ)の分結(ぶんけつ)や生長の促進,あるいは刈り入れの効率化などの面でいろいろな長所があげられます。

またこの地域は,南部に九十九里という鰯(いわし)の好漁場を控え,それが干鰯(ほしか)として全国に流通していきました。〆粕(しめかす)も含め,これらの金肥(きんぴ)の使用は一般的になっていったのにもかかわらず,幽学はこれらの使用を慎み,夏の間に草を刈って,乾燥させておき,堆肥(たいひ)として使用し,自給自足を推奨しました。当時,商品経済がこの農村地帯にも浸透していたわけですが,彼は農業生産における循環性を大切にし,かつ家の永続性のために質素倹約などを通じた分相応の生活を維持させようとする教えのあらわれではないでしょうか。

○生活改善

幽学の時代は商品経済が農村部にも浸透し,一方で飢饉(ききん)なども重なり,潰れ百姓が続出していました。そのような状況で彼は農民の生活そのものを見直し,永続的な発展を促すため細部にわたって規律や心得をつくり実践指導をしました。「慢心」や「飲酒」などを家の破綻(はたん)の原因とし,道友が幽学に提出した誓いに性学の禁止事項として博打(ばくち)など14項目をあげ,まず日常生活におけるモラルの確立に努めました。そして衣食住についても質素倹約を奨励し,組合を通じて日用品などの共同購入をすすめました。家屋の普請(ふしん)についても自分の住居の設計だけでなく,門人へも指導助言をしました。彼の高弟であり後援者でもあった林伊兵衛宅(移築され,県指定文化財。次頁写真参照)は北側にも窓を設け,合理的で明るく開放的な住居となっています。また幽学には漂泊中にその知識を身につけたらしく医薬の心得もあり,病人をみたり,薬を調合したりしました。これらの幽学の性学の実践は,「丹精(たんせい)」によって支えられていましたが,これは労働奉仕ともいうべきもので集落の開拓・造成や耕地整理などの農業に伴う作業はすべて門人

林家旧宅

たちの「丹精」のたまものでした。後には財政の一端を担うまでにもなったようです。

○難舎者義也
　1850（嘉永3）年，門人たちの増加に伴い「改心楼」という教導所がこれも幽学の設計により竣工されました。長部村再興の噂に入門者はますます増え，幽学の居宅だけでは狭く，施設を新設することになったわけです。この建築費や労働はほとんど門人たちによってまかなわれ,,幽学の名声や評価はこれほどまでに高まっていました。1848年には領主清水家によって長部の復興ぶりが讃えられてもいます。ところが，社会に害があるとして性学に対する圧力もかかるようになってきました。

　1851（嘉永4）年4月牛渡村（現茨城県新治郡出島村）の博徒5人が改心楼に押し入るという事件が起きます。牛渡村の組頭忠左衛門らが入門を強要し，その上脅迫して金品を強奪しました。実は彼らは「関東取締出役」の手先をつとめる者たちで，幽学の教えに反発をもった役人と博徒たちの計画的な犯行だったのですが，この一件によって幽学は幕府に嫌疑をかけられてしまうのです。漂泊を重ね身分もはっきりしない幽学が農民に性学を教え多くの門人を集め指導していたこと自体がこの取締りの対象となったと考えられ，とりわけ宿内集落の造成と改心楼の建設が幕府の嫌疑のきっかけとなったようです。改心楼の建設が終わり，宿内集落の開拓，造成工事完了後の翌月にこの「牛渡村一件」が起こっており仕組まれた事件という感じがします。

　1852（嘉永5）年2月，本城村（現銚子市）で関東取締出役の取り調べが始まり，5月には江戸で幽学の身元，性学の内容，門人の学習と行動を中心に領主清水家の取り調べが行われました。この際，身元がはっきりしない幽学に旗本の高松彦七郎が兄と称して身元保証をしました（幽学は武士出身であることははっきりとしているがその不明な出自や漂泊生活をしていることなどから，身元保証をする人物が必要でした。実際は兄弟関係ではなく，幽学の教えや実践に共鳴や同情を感じて保証人になったと考えられます）。8月には幕府の勘定奉行所での取り調

べが行われ裁判は長期化の様相を呈し、幽学・門人たち一同はたびたび江戸へ出向くことになり、この滞在費や諸経費が重い負担となり、その工面のために彼らは奔走(ほんそう)することとなります。

1857(安政4)年10月23日、6年間にも及ぶ長期裁判の判決が下ります。幽学は100日間の押込(おしこ)め、名主良左衛門は罰金、そして改心楼の取り壊し、先祖株組合の解散という内容でした。有罪の根拠は戸籍上の手続きの不備、農民に不似合いな改心楼の建設、不学でありながら勝手な教えを説いたこと、権限もなく領主の管理に属することに関与し、先祖株組合を結成させたことの4点でした。

幽学は身元引請人であり、裁判で実兄と認められた高松彦七郎の江戸小石川(こいしかわ)の屋敷で100日間の謹慎生活の刑期を終え、翌年、2月15日、すっかり変わり果てた長部村に帰ります。この間、幽学を支えてきた名主遠藤伊兵衛は判決前に亡くなり、改心楼は壊され、先祖株組合は解散となります。事件の負担で村も人心も荒れ果て、以前の生活にもどってしまいました。幽学の落胆はとても大きかったことでしょう。幽学は自分の選んだ道の空しさを嘆き、門人たちにかけた迷惑に心を痛ませ、判決の前には自殺を決意したようです。「時に僕十八にして漂泊の身となり」で始まる遺書は幕府に迷惑をかけてしまったことや多くの門人たちがもとの生活にかえってしまい、かつ大金を使わせてしまったことを動機としてあげ、残った門人たちには自分の死をもって、志を改めるように説いています。

1858(安政5)年3月8日、長部村の墓地にて、幽学は武士の作法に従い、切腹(せっぷく)自殺をとげました。享年(きょうねん)62歳。最後まで武士としての行き方を貫いたのです。そばには勘当のとき父から渡された大小の刀が置かれ、自刃に用いた短刀には「難舎者義也」の文字が刻まれていました。

○おわりに

幽学の死後にも彼の教えは引き継がれ、名主遠藤伊兵衛の息子である良左衛門が有力な門人たちの協力を得て、2代目として教導を続けました。神文も幽学死後のものがたくさん残っており、1873(明治6)年には長部村八石に新しく教会所が建設され、性学の組織は八石教会とよばれ、良左衛門は東京、根岸(ねぎし)、小田原(おだわら)、近江石部(おうみいしべ)(滋賀県)まで活動を広げるようになりました(彼は同年6月石部にて死亡)。その後性学は次第に実践的な性格が薄れ、精神的な教えに比重がおかれるようになっていきますが、3代目の石毛源五郎(いしげげんごろう)のとき、内部分裂が起こり、彼は失脚してしまいます。経営も困難になり、跡を継ぐものもなかったのですが、

幽学墓地

1908(明治41)年財団法人「八石性理学会」が設立され、遺跡の保存や資料の管理などのこの会の活動が大原幽学記念館建設につながったのでした。また戦前においては、幽学の「丹精」の教えなどが、滅私奉公の精神に通じたのか戦時体制下、戦意高揚に利用された側面もあり、旭市には頭山満揮毫による「難舎者義也」と刻まれた石碑が残っております。

幽学に直接指導をうけた農民はもういません。しかし、今でも干潟町やその周辺において、主に年配の方々ではありますが、あたかも幽学が存命し、自分が指導をうけているかのように親しみを込めて彼を「幽学先生」と呼びます。これも女性や子どもたちまでをも視野にいれた幽学の教えが、その不幸な挫折があったにもかかわらず、明治以降門人や郷土の人びとへと引き継がれていった証なのではないでしょうか。

最後になりましたが、公園内の他にも、幽学と親交のあった国学を学んだ宮負定賢、定雄の遺跡や幽学の墓なども近くにあり、ぜひとも見学されて幽学の時代や教えを偲んでみたらいかがと思います。

〈参考文献〉
旭市史編さん委員会編『旭市史 第一巻』 旭市役所 1980年
木村礎編『大原幽学とその周辺』 八木書店 1981年
菱沼達也『大原幽学と百姓たち』 崙書房 1990年
『大原幽学―幕末の農村指導者』 大原幽学記念館 1996年

(佐瀬日出男)

V　近・現代

⟨16⟩ 幕末外交の軌跡に迫る

戸定が丘歴史公園

○はじめに

　1951(昭和26)年、徳川家から松戸市に寄付された戸定邸は1991(平成3)年戸定が丘歴史公園として整備され、一般公開されています。戸定邸は1884(明治17)年の建設。江戸時代の大名屋敷の系譜を引き、千葉県指定名勝となっています。「戸定」という地名の由来は、もともと中世の城郭にその起源をもつといわれています。

　この戸定邸に隣接する戸定歴史館は、松戸徳川家の伝来品の展示を中心にして、パリ万博関係や幕末～明治の写真についても随時企画展を開催しています。ここでは、パリ万博関係の展示品を中心にして、慶喜・昭武関連の戸定歴史館パンフレット・資料集や、先行する諸研究を引用しながら当時の国際交流の一端を紹介することにしてみましょう。

○徳川昭武という人物

　生涯の年譜・系図からも明らかなように、水戸徳川家に生まれた昭武は、幼少時より変動が激しい幕末の政局に巻き込まれていくことになりました。12歳(1864年)にして、300人の藩兵を率い京都御所

戸定邸・庭園(上)と戸定歴史館　松戸市戸定歴史館提供。

昭武生涯の略年譜

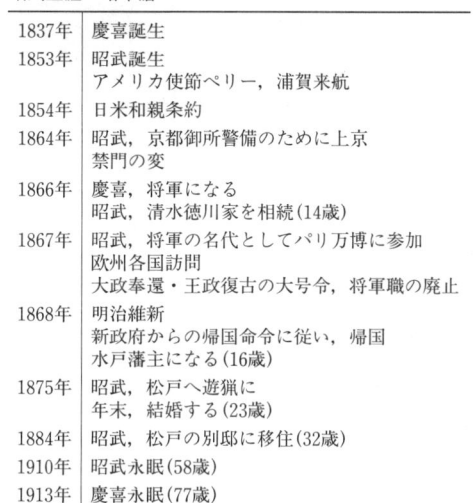

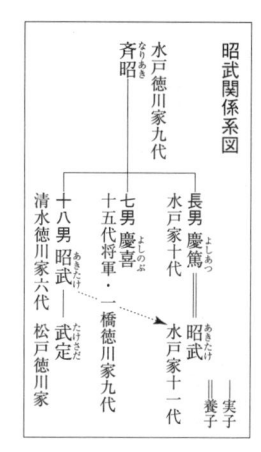

1837年	慶喜誕生
1853年	昭武誕生 アメリカ使節ペリー，浦賀来航
1854年	日米和親条約
1864年	昭武，京都御所警備のために上京 禁門の変
1866年	慶喜，将軍になる 昭武，清水徳川家を相続(14歳)
1867年	昭武，将軍の名代としてパリ万博に参加 欧州各国訪問 大政奉還・王政復古の大号令，将軍職の廃止
1868年	明治維新 新政府からの帰国命令に従い，帰国 水戸藩主になる(16歳)
1875年	昭武，松戸へ遊猟に 年末，結婚する(23歳)
1884年	昭武，松戸の別邸に移住(32歳)
1910年	昭武永眠(58歳)
1913年	慶喜永眠(77歳)

昭武関係系図

```
                    水戸徳川家九代
           斉昭 ─── 水戸徳川家九代
            │
    ┌───────┼───────┬──────┐
  長男      七男     十八男   清水
  慶篤      慶喜     昭武    徳川家
  水戸家    十五代    ──    六代
  十代      将軍・    武定
            一橋徳川  松戸
            家九代    徳川家
            │
            └──→ 昭武
                   水戸家
                   十一代
                   ── 実子
                   ── 養子
```

の警備についたことも，御三家の子供としては当然の責務であったようです。

昭武には，16歳年上の兄，慶喜がいました。徳川慶喜は，幕府政治に終止符を打った人物としてよく知られています。昭武は14歳(1867年)にして，フランスのパリで開催されることになった万国博覧会に15代将軍慶喜の名代として派遣されることになりました。当時，慶喜は予測の困難な対外情勢に積極的に対応しようと，フランスとの連携に熱意を示していました。しかし，国内の政治情勢も非常に流動的な局面にあったため，かねてより自身の後継者として期待を寄せていた昭武に，白羽の矢が立つことになったのでした。

昭武は将軍の名代として欧州各国の国王などと積極的な接触を試み，徳川幕府が日本政府の代表であることを印象付けるべく努力を重ねました。しかし，まさにそのさなかにおいて大政奉還の報が届き，翌年にはさまざまな思いを胸に明治の日本に帰国してきました。本来ならばそのまま欧州における留学生活を続け，さまざまな学問・芸術にふれてこれを吸収し，やがてはその成果を幕府の諸改革に活かしていくことがのぞまれていたのです。

その後，1883(明治16)年には水戸徳川家当主の座を甥に譲ると，隠居を決意して松戸の地に邸宅を構え，長い「余生」をこの地において過ごすこととなりました。

紫地葵紋付袴　徳川昭武所用。松戸市戸定歴史館蔵。

黒地葵紋散金蒔絵陣笠　徳川昭武所用。右・左ともにパリ万博のために渡欧するに際して用いられたものといわれる。松戸市戸定歴史館蔵。

◯1867年・パリ万博

　1851年，ロンドンにおいて世界で最初の万国博覧会が開催されました。当時，工業力において他のヨーロッパ諸国からぬきんでていたイギリスは「クリスタルパレス（水晶宮）」とよばれた，巨大な鉄とガラスの展示会場を建設し，自国製の最先端技術を駆使した産業機械を展示しました。

　この万博の大成功は，世界各地にその余波を及ぼし，1855年におけるパリ万博にも継承されました。当時，フランスにおいてはナポレオン3世がその権勢を誇り，万博の開催は自身の帝政を荘厳化すべき有効な演出手段としておおいに利用されたといわれています。以降，パリにおいては1867年，78年，89年，1900年，37年と引き続いて万博が開催されていきました。今日，19世紀における万博の主要舞台はパリであったといわれ，エッフェル塔をはじめとして，シャイヨー宮，グラン・パレ，プチ・パレ，オルセー美術館など，現在のパリ名所のほとんどが，この万博施設として建設されたものだったのです。

　1867年のパリ万博は，その展示部門を美術・学術・家具・繊維品・機械・原材料・農業・演芸・畜産・特別展示に拡大し，質量ともに1851年のロンドン万博を凌駕するものとなりました。会場では主催国であるフランスが多くの展示スペースを占有していました。次にイギリス・プロシア・ベルギー・オーストリアといった欧州諸国，そしてアメリカも続きます。アジア諸国はこれらの規模には及

16 幕末外交の軌跡に迫る　173

びませんでしたが，シャム（タイ）・清国，そして日本が展示物を陳列したのです。

　これに加えて参加各国には，主会場への出品以外に独自のパビリオン建設が勧められたのです。そこで日本では，江戸商人の清水卯三郎が日本風の茶屋を開きました。店舗は檜(ひのき)造りで，6畳敷きの座敷にトイレと土間が備えられていたといいます。軒(のき)には紙提灯がぶらさがり，庭には小池が造られていました。そこには等身大の人形も置かれていたといいます。また店舗の裏には売店のようなものがあり，3人の芸者に接待をさせたことで大人気を博したことはよく知られています。畳敷きの座敷でキセルを使ってタバコを吸い，手鞠(てまり)をついたり，扇であおってみせたりしたといいます。3人はそれぞれ，かね・すみ・さと，と名乗る江戸柳橋松葉屋の芸者達であったといわれてい

人気を博した「日本茶屋」(『ザ・イラストレイテッド・ロンドン・ニュース』1869年11月)

パリで撮影された昭武　松戸市戸定歴史館蔵。

緋羅紗地三葉葵紋陣羽織　徳川昭武所用。昭武がパリ万博のために渡欧するに際して着用した。松戸市戸定歴史館蔵。

幕末に徳川幕府が制作をすすめていた葵勲章　長谷川昇氏監修，松戸市制作。松戸市戸定歴史館保管。

薩摩藩がパリ万博に用意した独自の勲章　尚古集成館蔵。

ます。この茶店の木戸銭収入は，6万5000フランにものぼったとも伝えられているのです。

　ところで，日本人の万博との出会いは1862(文久2)年の第2回ロンドン万博でのことでした。江戸などの開市・開港延期要請を目的とする，幕府派遣の竹内(下野守保徳)遣欧使節団は，英国到着と同時に開会式に臨席してロンドン市民の注目を集めました。使節団の世話人であったイギリス公使オールコックの導きによるこの万博の見学は，団員の一員であった福沢諭吉にも印象深いものとなり，後年『西洋事情』の中で「千万種の品物を一大廈の内に排列して，五六ケ月の間，諸人の供覧に供」する催しとして日本国内にも紹介されていきます。このような事前の経験があったからこそ，1867年パリ万博への参加をナポレオン3世から要請された幕府は，昭武の派遣とともに武器・刊本・楽器・工芸品などの多彩な物産品を準備したのでした。その総額は，実に4万7000両にものぼり，合計189箱に収められ，はるか欧州の地へと輸送されたのでした。

　一方，薩摩藩もこの万博にベルギー貴族のモンブラン伯爵を介して独自の展示参加を企図していました。パリ万博に先立つ1865(慶応元)年，同藩の五代友厚などはひそかにヨーロッパへと渡り，国際的な商社設立の下準備を進めていたのでした。そして「日本＝ベルギー会社」の設立協定を実現させるべくパリ万博への出品準備に万全を期して取り組んでいたのです。万博会場における琉球パビリオンの展示は，これを具体化したものでした。そこには島津家の家紋(丸に十字)が旗印として掲げられており，その元に琉球王国の名が標示されていたのでした。彼らはパリ万博に向かうにあたり，藩独自の勲章さえ製作しています。さらに，

薩摩藩の代表者などは万博の開会日においても琉球王国の使節として式典に参列したのです。このような事実から、そこには周到な準備計画のあったことが十分にうかがい知れるのです。

　そして当然のことながら、薩摩藩の動向をめぐって昭武の使節団とさまざまな紛争が生じることになりました。特に問題となったのは、標示そのものが独立国としてのイメージを欧州諸国の要人達にあたえかねないという点にあったようです。結局、日の丸の旗の下「大君政府」(幕府側)、「薩摩太守の政府」として展示されることになりました。しかし、翌日の地元紙には日本がプロシアのような連邦国家であるとの報道もなされたことから、対応にあたった幕府側の担当者などに、帰国命令が下されるといった場面も生じたのです。

　こうしたパリ万博の様子を伝える写真資料や、訪問した一行の動向を報じる欧州各国の新聞資料も目にすることができるでしょう。これらによって、当時の日本が欧州の人びとの目にどのように映っていたのかを知ることができます。そこでこの点について、もうすこし説明を加えておくことにしましょう。

○昭武の欧州訪問

　1867(慶応3)年1月11日、パリ万博に参加する昭武一行はフランス郵船「アルフェ」号に乗り込み、横浜を出帆してフランスを目指します。途中、船は上海・香港・サイゴン・シンガポール・セイロン島・アデン(アラビア半島)・スエズに寄港しました。スエズからは、陸路(鉄道)によってアレクサンドリアに到着し、フランス郵船「サイド」号によって、ようやくマルセイユに到着して、フランス入りを果たしたのです。全行程48日間。同年4月11日にパリに入って、同月28日にナポレオン3世に謁見しました。この間、マルセイユのグランドホテルで撮影された一行の写真を、展示コーナーに見出すことができます。この写真には、満13歳の昭武を中心にして、向かって左後方には、御勘定格陸軍付調役(会計・書記の担当)として同行した若

『ザ・イラストレイテッド・ロンドン・ニュース』にのった徳川昭武(1867年12月21日付)

き日の渋沢栄一(当時は渋沢篤太夫。28歳)の姿も見えます。

　パリに到着した昭武一行を，当時のロンドン・ニュースはさまざまな挿絵を用いて紹介したのでした。これらの紹介記事において，昭武は「プリンス」として扱われていたことが注目されます。この呼称が用いられた背景には，訪問先である欧州各国が，昭武一行を日本における王位継承の有資格者として認識していたのだとする見解があります。その意味では，昭武一行を日本統治者の代表として派遣した幕府側の思惑は，十分にその成果を上げていたということができるでしょう。

　ところで，慶喜の名代として渡欧した昭武には万博終了後も3～5年間その地で留学生活をおくることが予定されていました。それにより一度は会津松平容保の養子に内定していた昭武は，当時空家であった御三卿のひとつ清水家を急きょ継承し，徳川を名乗ることになったのでした。1868(明治元)年5月16日，明治新政府からの帰国命令に従う決断をするまでの1年余りの間に，昭武はスイス・プロシア・オランダ・ベルギー・イタリア・イギリスなどを訪問し，各国で見聞をひろめていきます。その際，スイスの大統領から贈られた昭武肖像画入りの懐中時計も展示品の中から見出すことができるでしょう。

　こうした各国での見学内容についてみてみると，軍事施設や軍事工場，軍事演習などが多く，砲台の実射見学，新造艦見学など，いわゆる列強諸国の「近代的」な科学力を否応なく実感させられたであろうことが推察できます。昭武の日記には簡略な記述が多いのですが，1867年5月4日ロシア皇帝アレクサンドル2世がポーランド青年に狙撃された事件については「利欲の世界僅に1人の義奴を見る。感激の余りしるす」との一文が目に入ります。パリに到着する航海の途上で，列強諸国によって植民地化された国々と人びとを

昭武一行の図(『ザ・イラストレイテッド・ロンドン・ニュース』1867年12月21日付)

目の当たりにしてきた昭武の，率直な感情の吐露とみることもできるのでしょうか。

　また，これらの視察旅行はそのすべてが各国からの招待旅行ではなかったために，旅費の調達については相当の苦難があったようです。昭武一行はフランス滞在半年あまりで当初の資金をほぼ使い果たしており，ようやくイギリス・オランダ両国の銀行・商事会社の資金貸与により，以後の行程を実施することができたのです。欧州滞在中，昭武には刻々と日本における幕府の不利な情勢が伝えられていたようです。ですが昭武へ宛てた慶喜の直書においては，鳥羽・伏見の戦いにおいて幕府側が敗れ江戸に帰ったものの，それを気にすることなくヨーロッパでの見聞を深めるようにとの文言があったといわれています。しかし幕府を倒した新政府は，昭武の在仏をこころよく思わず，たびたび帰国命令を発したのでした。昭武一行は，帰国か止まるか，意見が二分される場面もありましたが，結局帰国を選択したのです。しかし残念ながら，帰国を決意した昭武の日記からは，この間の経過を含めて，彼自身の心中を察することができるような一文を見出すことはできないのです。その帰国途上における日記は，ほとんどフランス語によって綴られていたのでした。

〇松戸での昭武

　昭武が松戸の地に邸宅を構えたのは，当時この地が自然環境に恵まれ大好きな狩猟に最適であり，そしてまた水戸徳川家の本邸(現在の隅田公園)に近かったためではないかといわれています。明治以降，昭武は公務以外の時，松戸の戸定邸を使用して狩猟や自転車，釣りや焼き物などを楽しみました。なかでも写真については，当時一般的なものではなく，昭武が撮影した松戸の自然と人びとの暮らしぶりは，現在，貴重な資料としての価値を有しています。また戸定邸をよく訪れた慶喜自身も，松戸近郊に加えて新政府の首府となった東京の写真を数多く撮影しています。その中には大震災と空襲によって焼失してしまった明治当初の町並みも含まれており，やはり今日において貴重な資料価値を有するものになったといえましょう。写真撮影や釣り，はたまた狩猟など，慶喜が明治の新時代においてひたすら趣味の生活に明け暮れたことにはどのような意味があったのでしょうか。

　そしてまた昭武も，戸定邸に住むようになってからパリでのさまざまな経験について一切口にすることはなかったといいます。多彩な趣味に明け暮れる毎日の

178　V　近・現代

若き日の渋沢栄一　渋沢史料館蔵。

なかで，幕末から維新期にかけた若き日の情熱を，昭武自身がどのように想いおこしていたのかは，今となっては知る術もありません。戸定歴史館に隣接するその戸定邸は，戦後公民館として市民に親しまれた時期も織り込みながら，今日では数少ない明治期における旧大名家の和様邸宅として，私達にさまざまな歴史の様相を語りかけてくれることでしょう。

○おわりに

　パリ万博関連の展示品については，徳川昭武一行の写真や，パリ万博における日本パビリオンの写真，昭武一行を紹介するザ・イラストレイテッド・ロンドンニュース，昭武の渡欧日記などをあげることができます。これらの資料はすでに紹介してきたように，徳川幕府の重要な外交政策の一環として実施された万博参加事業の実相を伝える具体的な資料としての価値を有しています。

　幕末の政局は幕府と朝廷，そして雄藩(ゆうはん)(薩摩・長州・会津・越前など)に加え，フランス・イギリスなどとの力の均衡が微妙に変化することによって，予測しがたい流動性をもって展開していきました。こうした状況下において徳川慶喜は，幕府の軍制や機構改革を積極的に推し進めたと評価されています。将軍自らが各国公使との交流の場において，フランス料理を振舞うといった場面もあったというのです。一連の改革にたくした慶喜の意図については，今日においても多様な解釈が試みられています。展示品の中から，そのような幕末政局の可能性を読み取ろうとすることも，不可能なことではないのかもしれません。

　一方，明治時代以降との関連性に着目すれば，昭武の欧州訪問を実務面からサポートした渋沢栄一は，その後社会・公共事業の発展に尽力していきました。このように近代化政策に深く関与していった人物たちが昭武の一行に加わっていたことも見逃されてはならないでしょう。また，たとえば幕府・薩摩藩に加えて，佐賀藩一行としてオランダのドルトレヒトにおける建艦の用向きのためパリ万博に参加した佐野常民(つねたみ)は，その大部分が到着前に破損してしまったとはいうものの，

すぐれた陶磁器を会場に展示してみせ，技術力の高さを欧州各国にアピールすることに成功したのでした。のちに彼は，明治新政府のもとで積極的に内国勧業博覧会を企画・推進していきますが，これには万博への参加経験が十分活かされていることも指摘されており，幕末の経験が近代に継承された一例としてとらえることができるでしょう。

〈参考文献〉
戸定歴史館編『徳川昭武―松戸に住んだ幻の将軍―』 松戸市教育委員会　1997年
吉見俊哉『博覧会の政治学』（中公新書）　中央公論社　1992年
『文明開化のあけぼのを見た男たち』 松戸市戸定歴史館　1993年
森　仁史「1867年パリ万国博覧会における日本」，柏木一朗「慶応3年遣欧使節団参加者の記録について」(『戸定論叢』第3号)　1993年
宮永　孝『プリンス昭武の欧州紀行・慶応3年パリ万博使節』 山川出版社　2000年

(上田　浄)

〈17〉
暮らしを変えた電気・石油・鉄

千葉県立現代産業科学館

○はじめに

　東京都に隣接する市川市に現代産業科学館が開館したのは，1994(平成6)年でした。以前この敷地にあった日本毛織の工場の跡地には，博物館などの文化施設の他にニッケコルトンプラザといったショッピングセンターもつくられています。また，この博物館の近くには，「鬼高式土器」で知られる5世紀後半の「鬼高遺跡」もあります。この博物館に隣接して市川市立中央図書館もあり，市川市の文化活動の一つの拠点ともなっています。

　現代産業科学館は，現代産業の歴史の展示の他にエレクトロニクス，新素材，バイオテクノロジー，先端技術と地球環境を展示する「先端技術への招待」といったコーナーや，科学現象や自然法則を実験や体験を通して実際に知ることができる「創造の広場」というコーナーもあります。映像ホールでは，天井がそのままスクリーンになっていて，体がつつみこまれるような映像と音響を体験できます。現代産業がどのような歩みをたどって現在に至ったのか，電気・石油・鉄の3つの視点からたどってみましょう。

平賀源内のエレキテル（実物大模型）　千葉県立現代産業科学館蔵。

○発電の試み

　このコーナーでは，まず人びとがどのようにして発電を試みたのかということが，紹介されています。1800年にイタリアのボルタは2種類の金属の間に塩水をしみこませた紙や布をはさみこんで電気をおこす電池を発明しました。1832年にフランスのピクシーがコイルと磁石を使った最初

の実用的な発電機を発明しています。この博物館には，スミソニアン国立アメリカ歴史博物館にある実物の再現模型が展示されています。

　日本では，1776(安永5)年に平賀源内がオランダ人が製作した摩擦で電気を起こす機械を修理，復元してエレキテルとよばれる起電機をつくりました。その実物大模型がこの博物館に展示されています。1867年にはドイツのジーメンスが，自励式発電機を発明します。これは，発電した電力によって磁気を強くして，さらに大きな電力をつくるものです。1870年には，ベルギーのグラムが，大きな電力をだしても過熱せずに連続的に電力がとりだせる発電機を発明します。1886年には，アメリカのウェスティング社の技術顧問だったスタンレーが，変圧器を考案して大きな電力を効率よく送ることができるようになりました。

○電力の大量生産

　1882年にはエジソンがニューヨークの中心部のパールストリートに発電機6基による直流火力発電所を建設して，白熱電灯用の電力の供給を実現します。イギリスでは，セバスチャン・フェランティが1887年にロンドン近郊のデッドフォードに世界最初の大規模交流火力発電所を建設します。彼の考案した変圧器を利用したシステムによって，当時最高の2500Vをこえる1万Vの高い電圧の電力が10km以上離れたロンドン市街に送られました。この博物館では，ロンドン博物館の模型をもとに製作されたデッドフォード発電所の模型を見ることができます。

　1890年頃には，電力システムを直流にするか交流にするかをめぐって論争がおこります。エジソンは直流の方が照明が安定し，モーターの起動力が大きいという理由で直流を採用することを主張しました。一方，フェランティやテスラは，電圧を変えて電力を送る交流を主張していました。当初，テスラはエジソン電灯会社に勤めていましたが，この会社の直流という方針にあわず会社を去ることになります。テスラは，電磁石を回転させる2相交流発電機や2相交流モーターも開発しました。エジソン電灯会社のライバルだったウェスティング社は，テスラの技術を採用してナイアガラの滝の水力発電所に2相交流システムを導入しました。この発電所でつくられた電気は，冶金工場やアルミニウム工場などの電気化学工場や約35km離れたバッファロー市の市電に送電されました。この発電所の成功をきっかけとして，交流システムは1895年頃には主流となり，エジソンは後に電気部門の会社の支配から手をひくことになります。

　ガス灯やアーク放電を利用したアーク灯にとってかわったのは白熱電灯で，エ

ジーメンスの電車(実物大模型)　千葉県立現代産業科学館蔵。

ジソンやイギリスのジョセフ・スワンが実用化を試みました。家庭に普及した白熱電灯は，家庭の電化の先駆けともいえましょう。エジソン電球に京都産の竹を炭化させたフィラメントが使われたことはよく知られています。

1873年にウィーンの万国博覧会で出品されていた発電中のピクシー発電機から休止中の発電機に誤って接続され，直流電流が流れたところ，休止中の発電機が突然逆に回転しはじめ，発電機が電動機(モーター)として使えることがわかり，電力を動力とする機械が次々と開発されます。1910〜40年代に製作されたミシンや扇風機やミキサーなどの製品は，この博物館で見ることができます。また世界最初の人を乗せる電気機関車の実験は，1897年にベルリン博覧会でジーメンスが実施し，8人乗りの客車を時速7 kmで走行させました。この博物館には，ミュンヘンにある実物と同じ大きさの模型が展示されています。

○千葉県の発電所

　こうして電気は社会のあらゆるところで使用されるようになります。この博物館では，火力発電以外の水力や原子力発電などの現代の発電所の仕組みも解説されています。千葉県では1957(昭和32)年に東京電力・千葉発電所が操業を開始するまでは小規模の水力発電所が3カ所あったに過ぎず，電力の9割以上を県外からの送電に依存していました。火力発電所の完成によって，千葉県は電力供給県になります。また，この発電所では，ボイラー，タービン，発電機を遠方から集中して操作・監視する中央操作室方式が採用されました。1959(昭和34)年から1991(平成3)年まで使われていた東京電力・千葉発電所の3号機のタービンローター(動翼の最大直径2.4m，重さ23ｔ)の実物も展示されています。建設当初は，この発電機一つで千葉県の全電力をほぼ供給できました。風力発電装置などの自然エネルギーを利用した発電システムも展示されており，資源を節約しながら環境を守ってどのように電力を生産していくかが，今後の大きな課題です。

○石油産業の始まり

　天然のアスファルトがエジプトのミイラの防腐剤に使われていたように，人類は古くから石油を利用してきました。そして，19世紀には石油を大量に掘削する技術が，アメリカのエドウィン・ドレイクによって実用化されます。長年鉄道員の仕事をしていたドレイクは，世界初の石油会社であるペンシルベニア・ロック・オイル・カンパニーから，ペンシルベニア州のタイスビルでの石油井戸掘削の仕事を依頼されます。ドレイクは，硬い岩盤まで鉄のパイプを打ちこみ，この中を機械で掘り進み，さらに深くパイプを打ちこむという方法で石油掘削を試みました。様々な失敗を重ね，1859年についにこの機械掘りによって石油を掘り当てることに成功しました。石油の大量掘削によって石油産業は確立されます。

　アメリカのウィリアム・バートンは，灯油や軽油の分解蒸留を試み，20世紀初頭にはその工業化に成功しています。彼の考案した熱分解装置の1/3の模型が展示されています。ただし，この装置は残った炭を人が毎日除去しなければならないという問題点がありました。その後，ダブスによって発明された連続熱分解法により，炭素が装置にこびりつくことがなく連続してガソリンをつくりだすことができるようになり，さらに軽質留分の少ない重質原油からもガソリンをつくりだすことが可能になりました。1937年にはフランスのフードリーによって触媒を使って灯油や軽油を分解して良質のガソリンをつくる接触分解法が発明されます。

○内燃機関の発達と石油

　ガソリンエンジンは，1885年にドイツのゴットリープ・ダイムラーとカール・ベンツによってそれぞれ開発されます。ダイムラーは，1886年にガソリンエンジンを使った初の4輪自動車を完成させます。一方，ベンツも電気システムを採用したガソリンエンジンを搭載した3輪自動車を完成させ，1886年にはその車を実際に走行させています。またドイツのルドルフ・ディーゼルは，1926年にディーゼルエンジンを発明します。このエンジンは，高圧に圧縮され高温になった空気に燃料を吹き込むと自然発火する構造をもち，ガソリンエンジンに比べて燃費もよくそして効率よく，燃料を使用することができます。その利点を活かして自動車，船舶，鉄道，特殊機械などの動力として用いられてきました。こうした内燃機関の発達によって，石炭から石油へと燃料の中心が変わっていきます。

　そして，自動車の普及に大きく貢献したのが，アメリカのヘンリー・フォードが1908年から販売したT型フォードです。最初の売り出し価格は，当時の自動車

T型フォード(実物)　千葉県立現代産業科学館蔵。

価格の半分の850ドルでした。フォードは、ベルトコンベアー方式によって生産コストを削減する一方で、工員も自動車が購入しやすいように日給を5ドルに上げました。そして、T型フォードの価格も1924年には最低価格の290ドルにまで下げられました。こうして、人びとは大量生産の自動車を手に入れることができるようになったのです。この車は、1924年にはアメリカの自動車の生産台数360万台のうち199万台を占め、1927年までに1500万台以上も生産されました。自動車の普及によってガソリンの需要も急速に増加し、石油生産量も拡大しました。このT型フォード(1913年製)とエンジンの実物も展示されています。

○石油化学の誕生

石油を工業原料として使用する石油化学は、1930年代に生まれます。高分子化学の研究者であったウォレス・カローザスは、アメリカの化学会社デュポン社で研究・開発を進め、1931年にはクロロプレンという物質をもとに実用的な合成ゴムをつくりだすことに成功します。すでに第1次世界大戦の間に各国では軍事目的のために合成ゴムの研究が進められていました。しかし、天然ゴムと同じ分子構造をもつ合成ゴムが開発されるのは1950年代後半のことでした。太平洋戦争の初期に天然ゴムの主要な生産地である東南アジアを日本軍に占領されたアメリカは、ゴム不足に陥りました。またカローザスと共同で研究をしていたジュリアン・ヒルは、1930年に高分子化合物(ポリマー)であるポリエステルを冷やすと糸引き現象が生じることを発見しました。その後も高分子化合物の研究が進められ、1935年にカローザスは、アジピン酸とヘキサメチレンジアミンからポリアミド合成繊維ができることを発見します。こうしてナイロンは生まれ、1939年にデュポン社は「石炭と水と空気とからつくられ、くもの糸より細く、鋼鉄よりも強い。」とナイロン製ストッキングを宣伝して販売を始め、その年だけで6400万足の売り上げを記録しました。第2次世界大戦後にナイロンの工業生産が始まった日本で

も普及し,「戦後強くなったのは女と靴下」という流行語まで生まれました。その一方で絹に似た性質をもつナイロンの出現によって,日本を中心に生産されていた絹製の靴下は市場から姿を消すことになります。

　千葉県では,石油の精製から石油化学製品の生産までの設備が一つの所に集められた石油化学コンビナートの建設が,1961(昭和36)年に五井・姉崎地区で始まります。展示では石油精製の中で原油を石油ガス,ナフサ,ガソリン,灯油,軽油,重油などの成分に分離する工程を行う蒸留塔の1/20模型もあります。この蒸留塔は神戸港から4日かけて千葉県まで海上輸送され,1963(昭和38)年に操業を開始しました。前年の1962(昭和37)年には日本の一日あたりの原油処理能力は,108万バレルとなり,アメリカについで世界第2位となりました。

○製鉄のあゆみ

　鉄を使った製品は,現在いたるところで目にすることができます。人類が最初に出会った鉄は,隕鉄とよばれる隕石の一種だといわれています。日本では,「たたら」とよばれる独自の製鉄法が17世紀末から18世紀初頭,出雲を中心とした山陰地方で完成しました。「たたら」では,砂鉄を原料として,木炭が還元剤や燃料として用いられます。そして天秤フイゴで炉に強力な風を送り込むため,炉の温度が高くなって良質の鉄が作られます。ここでは,広島県の加計家に伝わる文政から寛永年間の高殿たたらの様子を描いた「芸藩加計隅屋鉄山絵巻」の複製が展示されています。

　ヨーロッパでは,煙突を高くした高炉によって炉の温度を上げる方法が,15世紀から16世紀にライン川下流地方で確立します。「たたら」と同様に木炭を燃料とするこの製鉄法は,イギリスにも伝えられて,各地に高炉が出現します。しかし,木炭にするために森林の伐採が進んで森林は枯渇し,イギリスは木炭不足に陥り,17世紀後半にはイギリスの製鉄業は衰退に向かいます。しかし,1709年にイギリスのダービー父子が,石炭を蒸し焼きにして中に含まれている硫黄分を取り除いたコークスを使う方法を開発したことにより,イギリスの製鉄業は復活します。コークスは木炭とは違い砕けにくく,高炉は大型化して炉内温度もあげることができ,良質の銑鉄をつくりだせるようになりました。18世紀末にはイギリスの高炉は,すべてコークス高炉になりました。けれども,コークス高炉からできる銑鉄は,炭素の含有量が多く脆くて鍛造できませんでした。銑鉄から鋼鉄をつくるには,銑鉄の炭素の含有量を減らすことが必要です。

ベッセマー転炉(1/2模型) 千葉県立現代産業科学館蔵。

イギリスでは，石炭の燃焼による高温の火炎を炉の中におくりこみ，アーチ型の炉天井で熱を反射させて炉床の銑鉄を溶かす反射炉によって鍛造できる鉄をつくりだしました。日本でも幕末に各地で反射炉がつくられました。現在では，江川太郎左衛門が考案し，1858(安政5)年に完成した伊豆の韮山の反射炉が残るのみです。また，南部藩の大島高任は，1857(安政4)年12月1日に近代的な洋式高炉で銑鉄を生産しました。日本では，この日を「鉄の日」としています。

○鋼鉄の大量生産

　1856年にイギリスのヘンリー・ベッセマーは，銑鉄を鋼鉄に転化する転炉に軸をとりつけて，前後に自由に回転できるように改造しました。この転炉は炉の底から空気を吹き込むことにより，銑鉄の中の不純物を取り除きました。また工程時間も大幅に短縮され，大量の銑鉄を鋼鉄に変えることができるようになりました。ベッセマー法でつくられた鉄鋼製品は，1862年にロンドンで開催された万国博覧会にも出品されました。このベッセマー転炉の1/2の模型も展示されていて，その形状を知ることができます。ドイツのクルップは，ベッセマー法の鉄鋼を使用した兵器を生産して「死の商人」とよばれるようになりました。このように製鉄法の技術は，しばしば軍事目的のために用いられました。

　また，こうした鉄の大量生産は，大量の石炭を必要とします。19世紀のイギリスでは子供や女性が劣悪な労働条件の下，炭鉱で働かされていました。1841年にイギリスのランカシャー地方の炭鉱を調査した議会の児童労働調査委員会は，幼児を含む子供や女性が危険でしかも劣悪な環境で石炭と廃石の搬出をおこなっていた事実を報告しています。

　製鉄法の改良はその後も進み，1864年には熱せられたレンガにあたって空気が高温になる蓄熱炉と反射炉を組み合わせたシーメンス・マルタン平炉が開発されます。さらに，1840～70年代には，現在も使用されているような圧延機が開発されて鉄の加工技術は大きく発展しました。

○鉄の産業遺産

　それでは，鉄が産業の歴史の中でどのように使われてきたかを見てみましょう。産業技術の歴史を示す建築物や製品を産業遺産として調査・研究する学問は産業考古学とよばれ，産業遺産の保存や研究には大きな役割を果たしています。

　鉄の産業遺産では，イギリスのアイアンブリッジ峡谷にあるセバーン川にかけられたコールデルブルックデール橋は，世界最初の鉄製の橋でユネスコの世界遺産にも登録されています。ただし，この橋は銑鉄製で橋の長さも31mしかありませんでした。また，この地にはダービー社の溶鉱炉も残されています。世界最初の鋼鉄製の橋は，1890年にイギリスのフォース湾にかけられた長さが513mのフォース橋です。この橋の1/1000の模型が展示されています。またイギリスのスチーブンソンが作り，1829年にイギリスの機関車競技会で優勝したロケット号の模型や，1859年に完成した最初の鉄製大型船グレートイースタン号の絵も展示されています。1851年のロンドン万国博覧会では鉄とガラスを建築資材とするクリスタルパレス（水晶宮）もつくられました。1883年にシカゴに建てられたホーム・インシュアランス・ビルでは，建築材料として初めてベッセマー転炉でつくられた鋼を大量に使用して窓の面積を大きくすることを可能にしました。また，1889年のパリ万国博覧会のために建設されたエッフェル塔では7000tの練鉄が使われています。私たちの住んでいる地域にも産業技術の歴史を語る遺産があるのか，さがしてみるのもよいでしょう。

○日本の鉄鋼業

　では，日本では製鉄業はどのような歩みをたどったのでしょうか。1874（明治7）年に政府は，官営釜石製鉄所の建設に着手します。この製鉄所は，日本とヨーロッパの石炭の違いを考慮せずに操業を開始したために失敗に終わってしまいます。その後，1901（明治34）年に官営八幡製鉄所の操業によって，ようやく日本は鉄鋼生産を軌道にのせることができます。ただし，技術面では外国に頼ることが多く，圧延機は1940年代でも輸入していたほどでした。

　日本の鉄鋼業が，国際水準の技術をもつようになったのは，第2次世界大戦後のことでした。1953（昭和28）年には戦後初の銑鋼一貫製鉄所となる川崎製鉄千葉製鉄所で第1号高炉（高さ65m，内容積907m³）に火が入れられて操業が始まります。この高炉の1/10の模型が現代産業科学館に展示されています。この高炉は，炉体構造はドイツ式，原料を装入する炉頂はアメリカ式という当時の最新鋭の技

原料処理

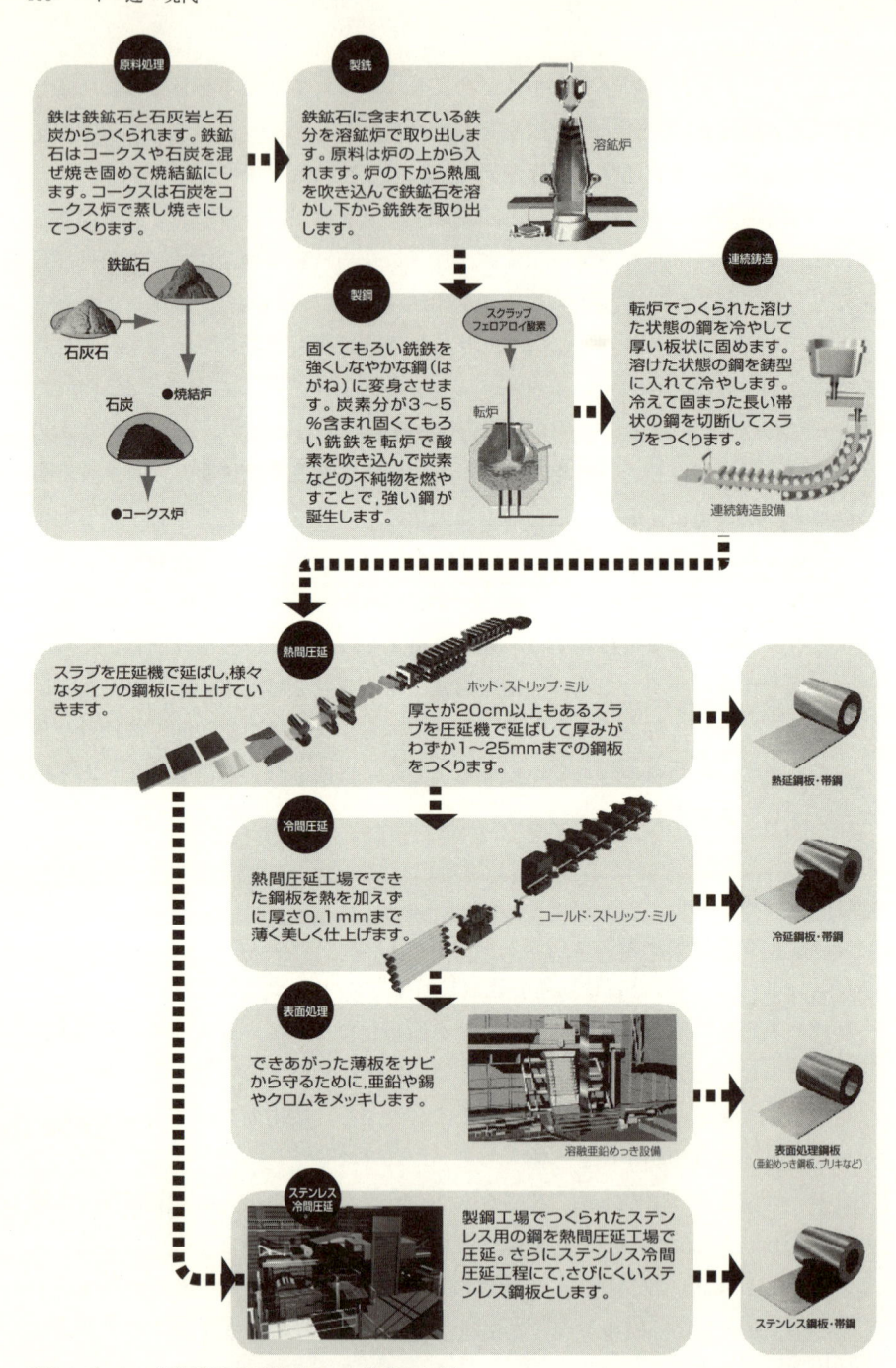

鉄は鉄鉱石と石灰岩と石炭からつくられます。鉄鉱石はコークスや石炭を混ぜ焼き固めて焼結鉱にします。コークスは石炭をコークス炉で蒸し焼きにしてつくります。

鉄鉱石
石灰石 → ●焼結炉
石炭 → ●コークス炉

製鉄

鉄鉱石に含まれている鉄分を溶鉱炉で取り出します。原料は炉の上から入れます。炉の下から熱風を吹き込んで鉄鉱石を溶かし下から銑鉄を取り出します。

溶鉱炉

製鋼

固くてもろい銑鉄を強くしなやかな鋼(はがね)に変身させます。炭素分が3〜5%含まれ固くてもろい銑鉄を転炉で酸素を吹き込んで炭素などの不純物を燃やすことで、強い鋼が誕生します。

スクラップ
フェロアロイ酸素
転炉

連続鋳造

転炉でつくられた溶けた状態の鋼を冷やして厚い板状に固めます。溶けた状態の鋼を鋳型に入れて冷やします。冷えて固まった長い帯状の鋼を切断してスラブをつくります。

連続鋳造設備

熱間圧延

スラブを圧延機で延ばし、様々なタイプの鋼板に仕上げていきます。

ホット・ストリップ・ミル

厚さが20cm以上もあるスラブを圧延機で延ばして厚みがわずか1〜25mmまでの鋼板をつくります。

熱延鋼板・帯鋼

冷間圧延

熱間圧延工場でできた鋼板を熱を加えずに厚さ0.1mmまで薄く美しく仕上げます。

コールド・ストリップ・ミル

冷延鋼板・帯鋼

表面処理

できあがった薄板をサビから守るために、亜鉛や錫やクロムをメッキします。

溶融亜鉛めっき設備

表面処理鋼板
(亜鉛めっき鋼板、ブリキなど)

ステンレス冷間圧延

製鋼工場でつくられたステンレス用の鋼を熱間圧延工場で圧延。さらにステンレス冷間圧延工程にて、さびにくいステンレス鋼板とします。

ステンレス鋼板・帯鋼

製鉄のプロセス(川崎製鉄千葉製鉄所・企業案内より)

術を日本で初めて取り入れていました。またベルト・コンベアシステムによって原料が処理されるなど各工程で新しい技術が導入されました。

　1954(昭和29)年には，千葉県は東京湾臨海地域の埋め立てを開始し，京葉工業地域がつくられていくことになります。一方ではこうした開発によって，地域の人びとは大気汚染に苦しみ，1975(昭和50)年に川崎製鉄公害訴訟をおこし，企業の責任を追及していくことになります。この訴訟は，1992(平成4)年に和解が成立しましたが，開発によって引き起こされた環境問題を解決していくことは，これからも考えていかなければならない問題といえるでしょう。

〇おわりに

　電気・石油・鉄は，現在の私たちの生活を豊かにしてくれます。しかし，同時にそれが環境問題や資源・エネルギー問題とも関連していることを考えていくことが必要ではないでしょうか。また，現代を代表するこの3つの産業は，千葉県では京葉工業地域で互いに関連しあって発展してきました。そしてこの急速な工業化は，地域を大きく変えていきました。科学技術をどのように発展させ，そしてそれをいかに利用していくかは今後の私たちの課題といえます。そのためには最新の科学技術についても知る必要があるようです。2階に展示されている「現代産業の歴史」のちょうど下が「先端技術への招待」のコーナーです。現代産業科学館に行かれた方はこのコーナーにも足を運んではいかがでしょうか。そして，もう一度私たちの生活が科学技術とどのように関わっているのかを考えてみたいものです。

〈参考文献〉
山崎俊雄・木本忠昭『電気の技術史』　オーム社　1976年
大橋周治『鉄の文明』　岩波書店　1983年
中沢護人『ヨーロッパ鋼の世紀』　東洋経済新報社　1987年
村上勝敏『石油の開拓者たち―近代石油産業生成史』　論創社　1996年
千葉県立現代産業科学館編『千葉県立現代産業科学館常設展示解説書』　千葉県立現代産業科学館　1998年

(大塚雅信)

⟨18⟩ 6枚の絵が語る日本の戦争

関宿町・鈴木貫太郎記念館

○はじめに

　鈴木貫太郎〔1867（慶応3）年～1948（昭和23）年〕は，千葉県に関わりのある総理大臣経験者であり，十五年戦争の終結に尽くした首相として一般には有名です。鈴木の郷里関宿町にある鈴木貫太郎記念館は，1966（昭和41）年8月15日を期して旧邸宅跡に建てられたもので，入口には，「終戦の詔書」にある「以って万世の為に太平を開かんと欲す」から引用した，「為萬世開太平」の6文字が碑文として建てられています。

　記念館のパンフレットには，「日本は経済大国として平和を謳歌していますが，それもこれも，陛下のお気持ちを受けて太平洋戦争を終結に導いた貫太郎翁の大英断があったればこそ」とあり，記念館は終戦の歴史的意義と，終戦にあたっての鈴木の「歴史的功績」を顕彰する目的で設立されたもので，記念碑の6文字はそうした設立趣旨を象徴しているといえます。

　記念館には鈴木の遺品とともに，鈴木内閣関係の写真と書類が陳列され，展示の最後は「終戦の詔書」でしめくくられています。そして，その生涯での重要な場面を有名画家が描いた6枚の油絵で，鈴木の生涯がたどれる展示となっています。それは，①日清戦争威海衛海戦の絵，②日露戦争日本海海戦の絵，③軍令部長時代の昭和2年大演習の絵，④二・二六事件において，青年将校の襲撃を受けた絵，⑤昭和20年8月9日御前会議の絵，⑥昭和20年8月14日の最後の御前会議の絵です。こうして6枚の絵を観ていくと，鈴木貫太郎の生涯は，日本海軍の歴史であり，近代日本の歴史でもあるといえます。

鈴木貫太郎記念館　関宿町教育委員会提供。

そこで、6枚の絵を通して見える日本の近代の歩みを考えてみたいと思います。

○威海衛海戦と日本海海戦

　鈴木は、関宿藩主侯の家臣の子として、父親の赴任先泉(せんしゅう)州久世村(現大阪府)で生まれました。当初医者にしようとの両親の意志を振りきって海軍兵学校に進み、卒業後は海軍軍人としての人生を歩みはじめます。

日清戦争（阪倉宣暢画伯作）　鈴木貫太郎記念館蔵。

　鈴木の専門は水雷(すいらい)戦術(魚雷や機雷を水中で爆発させ艦船を破壊する方法)であり、日清戦争が勃発すると、1895(明治28)年2月の威海衛攻撃に参加します。その威海衛は山東(さんとう)半島北東端の要塞をなす良港で、北洋艦隊の基地として、日清戦争に際しては提督丁汝昌(ていじょしょう)に率いられる精鋭艦隊が集結していました。

　前年1894(明治27)年7月から始まった日清戦争は、11月に日本軍が旅順(りょじゅん)を占領するなど日本軍が清軍を圧倒しており、すでにアメリカなどの列国により調停が始められようとしていました。その時期にあえて威海衛攻撃が始められたのは、北洋艦隊を壊滅することで講和条件を有利にし、台湾の割譲を実現するためでした。そして、威海衛の北洋艦隊が壊滅した一週間後、清国は李鴻章(りこうしょう)を講和全権に任命し、その1カ月後下関において講和会議が始められました。

　1904(明治37)年2月に開始された日露戦争では、中佐となっていた鈴木は第4駆逐艦隊司令として参戦しました。「日露戦争日本海海戦」の絵には、「明治38年5月27日午後4時バルチック艦隊を水雷攻撃する第4駆逐艦隊司令鈴木中佐は中央駆逐艦朝霧に座乗し指揮をとる。右方に炎上するはバルチック艦隊旗艦スウォーロフ」との説明がついています。

　1905(明治38)年3月の奉天会(ほうてん)

日露戦争（刑部人画伯作）　鈴木貫太郎記念館蔵。

戦で日本軍が勝利すると、ロシアがこれ以上弱体化することを恐れた独・仏・米は無賠償講和の斡旋へと動き出し、ロシアもバルチック艦隊に託していた勝利の望みがこの日本海海戦により断たれ、交渉の席につくこととなりました。

このように、鈴木は海軍軍人として日清・日露戦争に従軍し、それぞれの戦争の帰趨を決定付ける海戦に参加をしたわけです。

○艦隊決戦主義・大艦巨砲主義

日清・日露戦争後、鈴木は海軍大学校の教官となり水雷戦術論について教鞭をとるかたわら、日本海海戦を指揮した秋山真之らの海大教官とともに、その後第2次世界大戦まで継続された日本海軍の軍事思想を作っていきました。

その軍事思想とは、日本海海戦を理想とし、戦争では1回の艦隊決戦に勝利することを目的とし、艦隊決戦での勝利は戦術と砲戦力の優越から生まれるという考えです。そのため、日露戦争後の世界的な建艦競争のなかで、日本海軍はアメリカ海軍を仮想敵として大艦巨砲を追求していったのです。

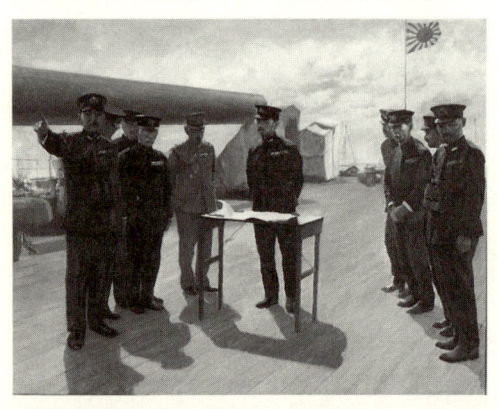

天皇陛下と鈴木軍令部長(松田文雄画伯作)　鈴木貫太郎記念館蔵。

この後、日露戦争から第1次世界大戦にいたる世界的な軍拡期、そして第1次大戦後から1930年代前半の軍縮期、さらに第2次世界大戦にいたる軍拡期と、軍備を巡る世界的潮流の変遷のなかで、鈴木らが策定した艦隊決戦主義・大艦巨砲主義を、日本海軍は一貫してとりつづけていきました。

日露戦争後、鈴木は海軍軍人として昇進を続け、連合艦隊司令長官をへて、1925(大正14)年4月には軍令部長となっています。この時期の鈴木については、1927(昭和2)年10月に瀬戸内海で行われた大演習の場面が、「大演習御召艦陸奥艦上の絵」として記念館に展示されています。

その海軍演習は、「漸減邀撃」作戦のもとに実施されたものです。日露戦争後の艦隊決戦主義にもとづく作戦は、日本海海戦を手本とした、敵国艦隊を日本近海で迎え撃つという「邀撃」作戦でした。それはまた、来攻した敵国主力艦隊に

いきなり決戦を挑む前に，相手の戦力を少しでも減らしておこうという「漸減」作戦と結び付けられていました。

そして，漸減邀撃作戦で勝利するため仮想敵(アメリカ海軍)に対し7割の主力艦保有が必要だとされ，第1次大戦後には「対米7割論」が海軍の主張となりました。7割という比率の根拠は，攻撃側は防御側に対して5割以上の兵力優勢を必要とする軍事上の仮説から，攻撃側を1とすると防御側が0.67は必要，すなわち攻撃側の7割程度は必要だというものです。

第1次世界大戦後のワシントンやロンドンでの海軍軍縮会議において，日本代表がこだわった対米7割の数字は，もとはといえば鈴木らが策定した艦隊決戦主義・大艦巨砲主義の軍事思想にもとづき，漸減邀撃作戦に対応したものでした。

〇統帥権干犯問題と二・二六事件

1929(昭和4)年1月，鈴木は牧野伸顕に乞われて，昭和天皇の侍従長に任命され，予備役に編入されました。しかし，鈴木侍従長が就任してまもなく，前年6月に関東軍が起こした張作霖爆殺事件に関連し，田中義一首相は「満州某重大事件」と称して張爆殺の真相をかくし，その処理について昭和天皇に叱責されると，内閣が総辞職するという事件が起きます。

また，1930年に補助艦の制限を話し合うロンドン海軍軍縮会議において，浜口内閣は対米総括6.97割(大型巡洋艦6割)で妥結し，大型巡洋艦を含め対米7割確保を主張する海軍軍令部の強硬な反対をおさえて，軍縮条約に調印しました。これに対し，軍部・右翼・野党などは，政府が軍令部の反対にもかかわらず兵力量を決定したのは憲法第11条に規定された統帥権を干犯するものであるとして攻撃し，枢密院も反対のかまえをみせました(統帥権干犯問題)。政府はこれを押しきり条約批准にこぎつけますが，この折鈴木は海軍OBとして比較的明瞭に条約支持の側に立ちました。彼は侍従長の立場を利用して，天皇に対し自分の意見ばかり伝えているととられ，艦隊派からは，親英米派の「君側の奸物(天皇

二・二六事件(阪倉宣暢画伯作)　鈴木貫太郎記念館蔵。

の側にいる悪賢い臣下)」と見なされるようになりました。

　その頃より，国内では右翼の暗殺事件や急進派の将校達によるクーデタが企てられ，政界上層部に衝撃を与えるようになっていました。また，陸軍内部では，「国家改造」をめぐって，新官僚とむすんで「高度国防国家」建設をめざす統制派と，天皇中心の国体論を説く皇道派との派閥対立が激化していました。

　1936(昭和11)年2月26日，皇道派青年将校は1500名弱の兵力でクーデタをおこし，内大臣斎藤 実・蔵相高橋是清・陸軍教育総監渡辺錠太郎らを殺害したうえ，首相官邸とその周辺一帯を占拠しました。この折，鈴木も私邸を安藤輝三が指揮する部隊に襲われました。鈴木は拳銃で撃たれはしましたが，夫人の制止によって命を救われ，その後夫人は宮中に電話連絡したことで天皇が事件を知ったという経緯がありました。事件を知った天皇は，自分の側近が襲撃されたことに加え，「大元帥」である天皇の命なく軍を動かしたことに激怒し，最初から断固たる態度で鎮圧を命じ，鎮圧の態勢がとられた結果反乱軍は帰順しました。

　鈴木は当時70歳という高齢でありながら奇跡的に助かり，まもなく侍従長を辞し，男爵，枢密顧問官となります。

○右手で戦い，左手で和平

　鈴木がもう一度歴史の舞台に登場するのは，十五年戦争の末期の1945(昭和20)年4月のことです。前年の7月にサイパン島が陥落し，サイパンを飛び立ったB29による空襲が頻繁となり，3月10日の東京大空襲など米軍機による主要都市への無差別爆撃が続けられ，4月1日には沖縄本島に米軍が上陸し沖縄戦が開始され，国民の犠牲は日に日に拡大していった時期です。

　鈴木内閣は後に「終戦内閣」と呼ばれることになりますが，鈴木自身も戦争終結についての具体的な方針を持って組閣に入ったわけでもなく，最初から終戦内閣として出発したのではありませんでした。その鈴木を首相に担ぎ出したのは，近衛文麿や岡田啓介らの重臣と称される首相経験者

終戦内閣の顔ぶれ　関宿町教育委員会提供。

や、木戸幸一内大臣に代表される天皇側近のメンバーからなる「宮廷グループ」でした。彼らは、戦争継続による「国体破壊（天皇制崩壊）」を避け、終戦工作による「国体護持（天皇制維持）」を目的として、戦争継続を主張する陸軍主戦派から政治の主導権を奪取する試みを、サイパン島陥落以来水面下で続けていたのです。

　このグループが鈴木を担ぎ出したのは、鈴木は天皇の信頼が厚く、やがて終戦を天皇の意思で行うための布石でした。しかし、その工作にとって最大の障害は、戦局の悪化に不安と動揺を持ちながらも、陸軍主戦派の影響で戦争終結方針に同調しなかった天皇の存在でした。当時の天皇は、沖縄の戦局に期待を捨てておらず、陣地にたてこもって徹底した時間稼ぎの持久戦を方針としていた陸軍統帥部に対し、攻勢作戦に出ることや逆上陸を指示して、「もう一度戦果を挙げ」ることを期待していました。

　したがって、できたばかりの鈴木内閣は、主戦派と戦争終結派の綱引きのなかで、当分は戦争継続路線を掲げることとなります。鈴木首相は内閣成立当初、あくまでも戦争を完遂することを述べ、戦争継続の姿勢をとり続けます。

　しかし６月に入り沖縄戦の形勢が不利になると、天皇は次第に終戦へ向けて動き出す意思を周囲にもらすようになります。こうした天皇の変化を見て取り、木戸幸一は、天皇の「聖断」により政策転換を果たすためのシナリオ（「時局収拾対策試案」）を作成します。そして、６月から７月の間、陸軍主戦派の主張する本土決戦が表面で叫ばれる中、その水面下においては、ソ連を仲介にしての和平交渉も模索されようとしていました。

○「国体」は護持できるか

　しかし、ソ連を仲介とした日本の和平工作は、ソ連首脳部がポツダム会談出席でモスクワを離れたため失敗に終わります。1945（昭和20）年７月17日から８月２日にかけて、ベルリン郊外のポツダムで、アメリカ、イギリス、ソ連の三大国首脳会議が開かれます。そして、７月26日に発表されたポツダム宣言は、アメリカ（トルーマン）・イギリス（チャーチル）・中華民国（蔣介石）の三政府首脳名で発表され、ソ連は８月８日の対日宣戦布告とともに宣言に参加し、四カ国宣言となりました。

　宣言は13項目からなり、そのうち戦争終結の条件として、軍国主義の永久除去、連合国による日本占領、日本の主権の本州・北海道・九州・四国への制限、軍隊

196　V　近・現代

1945年8月9日の御前会議（白川一郎画伯作）　鈴木貫太郎記念館蔵。

の完全武装解除、戦争犯罪人の処罰と民主化・基本的人権の尊重、賠償の実施と軍需産業の禁止、平和的政府樹立後の占領軍の撤退をあげ、そのためにすみやかな軍隊の無条件降伏を要求していました。

　ポツダム宣言が発表される7月28日、鈴木首相はとりあえず国内向けに「この宣言を無視する」と発言しましたが、それがニュースとして連合国に伝えられると、「黙殺」さらには「拒否」の発言と理解されました。その「黙殺」声明を口実として、米軍は広島（8月6日）と長崎（8月9日）に原子爆弾を投下し、8月9日にはソ連が参戦し「満州」への侵入を始めました。

　8月6日からの4日間で、日本の指導者の戦争継続意思が一挙に打ち砕かれ、ソ連参戦をうけ、8月9日午前11時、最高戦争指導会議（天皇・重臣・閣僚・大本営幹部が出席）が開かれることとなりました。

　最高戦争指導会議は、鈴木首相のポツダム宣言受諾の提案をめぐり、「国体護持」だけを受諾の条件とする派と、「国体護持」に占領未実施・自主的撤兵・自主的戦犯処罰を条件として受諾する派とが対立して、結論を出すことはできませんでした。

　このため木戸幸一内大臣をはじめとする「宮廷グループ」は、天皇の裁断で結論を出すようにとの事前工作を行い、同夜午後11時50分から御前会議が開かれました。最高戦争指導会議の構成員以外に平沼騏一郎枢密院議長の参加が求められ、会議は木戸らの筋書き通りに運び、決を採らず天皇の「聖断」で「皇室・天皇の国家統治の大権」（国体護持）を守ることだけを条件とすることが決定され、天皇は次のように発言をしています。

　　本土決戦、本土決戦と云うけれど、一番大事な九十九里浜の防備もできておらず、また決戦師団の武装すら不十分にて、之が充実は9月中旬以後となると云う。……これでどうして戦争に勝つことができるか。

　ここにおいて天皇は陸軍主戦派の主張した本土決戦論を明確に否定しています

が，それは侍従を九十九里に視察のため派遣して得た情報にもとづくものでした。

○国体は護持された

　9日深夜からの御前会議でポツダム宣言受諾の方針が決まると，政府は，「天皇ノ大権ヲ変更スルノ要求ヲ包含シ居ラザル」（すなわち「国体護持」のみを留保条件）として，ポツダム宣言を受諾することを，ラジオと中立国スウェーデンとスイスを通じて連合国に申し入れました。

　8月12日に連合国の回答（バーンズ回答文）が届きますが，そこには，

　　第1項　降伏ノ時ヨリ，天皇及日本国ノ国家統治ノ権限ハ，降伏条項ノ実施ノ為，其ノ必要ト認ムル措置ヲ執ル連合軍最高司令官ノ制限ノ下ニ置カルルモノトス。

　　第4項　日本国政府ノ確定的形態ハ『ポツダム宣言』ニ遵ヒ，日本国民ノ自由ニ表明スル意志ニ依リ決定セラルベキモノトス

と書かれていました。よく読むと前の部分で占領下でも天皇が残ることを伝え，後の部分で占領終了後も日本国民が望めば天皇制は存続できることを示していて，実質的に天皇制の存続が認められたものでした。

　しかし，この回答を受け取った日本の政府と軍部は，その回答の解釈をめぐって意見を統一することはできませんでした。

　8月13日午前9時より首相官邸において，ふたたび最高戦争指導会議が開かれました。鈴木首相・東郷茂徳外相・米内光政海相は受諾を主張し，阿南惟幾陸相と梅津美治郎陸軍参謀総長・豊田副武海軍軍令部総長は，この回答では「国体」護持の保障が明らかでなく再照会すべきだと主張し，平沼枢密院議長もこれに同調しました。

　さらに午後4時から開かれた閣議では，受諾案が多数でしたが，13日夜から14日にかけてアメリカ軍機から，ポツダム宣言の受諾をめぐる日本政府の打診電報

最後の御前会議（白川一郎画伯作）　鈴木貫太郎記念館蔵。

と連合国の回答を印刷したビラが，東京をはじめ日本の都市に撒布(さんぷ)されます。日本の戦争指導者は，降伏への動きが国民に知られることにあわてます。

木戸内大臣と鈴木首相は，軍部の中に会議に応じない動きが出てきたため，天皇の召集による御前会議の開催を急遽(きゅうきょ)天皇に願いでます。こうして8月14日午前10時50分より，天皇が最高戦争指導会議と閣議の構成員をみずから召集するという，前例のない御前会議が宮中の防空壕内で開かれ，再度の「聖断」で宣言受諾が決定されました。

8月15日正午，天皇みずからが，「朕ハ茲ニ国体ヲ護持シ得テ」ポツダム宣言を受諾し，「為萬世開太平」（「万世の為に太平を開かん」）ことをラジオ放送を通して国民に宣言したのでした。その日の午後，鈴木内閣は敗戦の責任をとって総辞職します。

○描かれなかった場面

以上，記念館にある6枚の絵画を通して，日本の近現代の歴史＝軍拡と戦争の歴史を観てきました。すると，近現代における日本の戦争の歴史を見るうえで，必要な何枚かの絵がないことに気付くことと思います。

太平洋戦争の敗戦の最終決定は天皇の「聖断」によるものでしたが，開戦の最終決定も天皇の「聖断」によったことから，少なくとも，1941(昭和16)年12月8日の日米開戦を決断した昭和天皇と当時枢密院副議長であった鈴木の絵が欠けていることに気付きます。さらに，対米戦争の原因となった日中戦争や満州事変勃発の際の絵画も欠けています。

1941(昭和16)年の日米開戦の絵などがないことで，なぜ十五年戦争が開始されどのように拡大していったのか，またその戦争責任は誰にあるのかといった問題は，明らかにできません。

また，この記念館は「終戦宰相」鈴木の功績を顕彰する目的の博物館ですので，「戦争資料館」として見直した場合，さまざまな事柄が抜け落ちています。

たとえば，鈴木が首相であった時期に限っても，沖縄戦と沖縄県民の犠牲の話，中小都市への空襲，千葉県においても九十九里を中心として構築されていた本土決戦体制のこと，広島・長崎への原爆投下，ソ連開戦に伴う満州開拓移民の悲劇などです。「遅れた聖断」のためにこうした人びとが犠牲になったこと，さらにアジアの人びとの犠牲について，鈴木貫太郎記念館の展示はふれていません。

おそらくそうした事柄は，鈴木貫太郎記念館が担うべきものではなく，別の

「戦争資料館」が負うべき事柄だと考えますが，残念ながら千葉県にはそうした「戦争資料館」は現在のところありません。

○おわりに

1995(平成7)年の戦後50年を契機に，千葉県各地で十五年戦争下の地域の歴史を掘り

茂原の掩体壕

起こす調査研究がなされ，戦争遺跡の発掘も行われました。そうした戦争遺跡の中には，開発により破壊されてしまったものもありますが，茂原航空基地の掩体壕や大網白里の日立航空機地下工場地下壕のように，戦争遺跡として保存されたものもあります。

また，千葉県内にあった軍事施設と軍都軍郷の実態，千葉・銚子などへの空襲，千葉県内の軍事施設や工事現場への朝鮮人強制連行の事実，房総半島における本土決戦体制，毒ガス戦・細菌戦と千葉県との関わりなど，十五年戦争下の千葉県についてのさまざまな事実が，戦争体験とともに掘り起こされてきました。それらの事実は，県内各地で市民団体などが開催している「戦争展」において，戦争体験や戦争の事実として伝えられ，若い世代に平和の尊さを伝える役割を担ってきました。

こうして掘り起こされてきた資料を保存し，恒常的に公開すると共に，県内における戦争についての総合的な研究をすすめるためにも，今こそ千葉県の「戦争資料館」設置が求められているといえます。

〈参考文献〉

鈴木一郎編『鈴木貫太郎自伝』　時事通信社　1968年

池田　清『海軍と日本』(中公新書)　中央公論社　1981年

纐纈　厚『日本海軍の終戦工作』(中公新書)　中央公論社　1996年

仲　晃『黙殺〜ポツダム宣言の真実と日本の運命〜』上・下　日本放送出版協会
　　2000年

(栗原克榮)

〈19〉

2DK団地と核家族の誕生

松戸市立博物館

○はじめに

　松戸市千駄堀にある松戸市立博物館の歴史展示は、松戸市域に生活する人びとの暮らしに焦点をあてて配列されています。

　縄文時代の自然環境、市内の遺跡からの出土物や文書が手際よく紹介されたあと、台地上やこれと江戸川の作り出す沖積平野に農地を開いて定住した人びとの生活が、その家屋を含む台、谷津、下谷の景観を含めて模型化されています。

　さて1960(昭和35)年に、この台地上にニュータウンが出現しました。2DKという住居空間を一般化した、日本住宅公団の4階建ての住宅団地です。農村地帯の真ん中に、近隣の農民たちが築いてきた生活とは全く別のスタイルの、明るい近代的な生活空間が誕生したのです。その時の驚きを再現するかのように、この博物館の歴史展示の最後は2DKの団地でしめくくられています。1960年代の公団の2階部分が完全に再現され、訪問できるように工夫したものですが、これこそこの博物館を全国的に有名にした展示なのです。

　ここでは、ニュータウンの建設と2DKの生活空間という2つの視点から、1960年代の若者たちの社会生活を覗いてみることにしましょう。

○博物館の中に2DKの団地が出現

　博物館に作られた2DKの団地は、現在ベランダから入り口へ通り抜けられるようになっています。家のなかに入ってみましょう。ダイニングキッチンにはテーブル、冷蔵庫、炊飯器、オーブン、ベランダにはしぼり機付の洗濯機、寝室には簞笥、鏡台、ミシン、掃除機が所狭しと置いてあります。そして居間にはテレビ、ステレオ、応接セットがあり、テレビからは懐かしいニュースやコマーシャルが流れています。右のイラストは『常設展示図録』に収録されているものですが、これは展示担当の青木俊也氏や施工業者の春日康志氏らが、当時の資料を参考に1962(昭和37)年頃の生活を想定して作りあげたものです。いったいこんなにたくさんの家具のなかで、人間はどこで生活したんだろうと思うくらいですが、

19 2DK団地と核家族の誕生

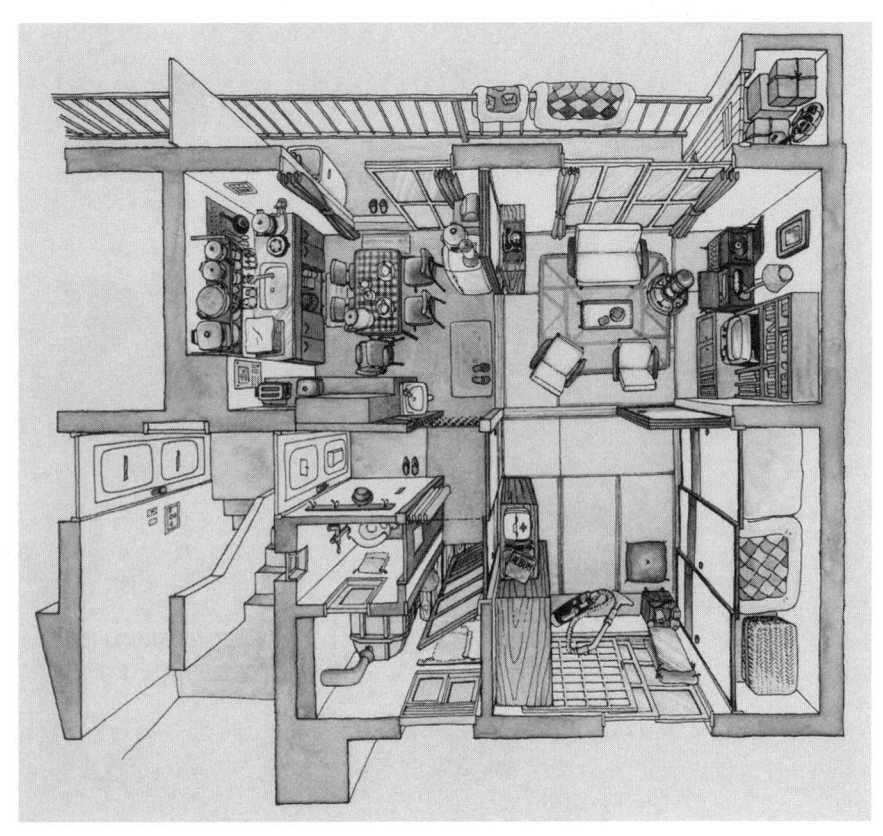

常設展示「2DK団地」 松戸市立博物館提供。

想像上の家族のプロフィールを要約して紹介しておきましょう。

「昭和35年4月に結婚し、そのまま常盤平団地に入居した兼二郎(夫，29歳・昭和37年)，陽子(妻，27歳)の2人には，翌年4月に真理子(長女，1歳)が誕生しました。

兼二郎は地方都市の商家の次男として生まれ，地元の高校から東京にある大学へ進学，現在は品川にある家電メーカーに勤務しています。陽子は東京の勤め人の家庭に生まれ，高校を卒業して兼二郎と同じ家電メーカーに勤めていました。

昭和34年の秋に婚約した2人は，当時話題となっていた公団住宅の入居募集を新聞で知り，池袋の丸物デパートに設けられた公団住宅の入居受け付けで申し込み，幸運にも入居の資格を得ました。始めは未だ整っていなかった家財道具も，入居した日に入居者を目当てに出された松戸からの出店で購入

したガス台，食卓テーブルを始め，入居を契機として電気冷蔵庫，掃除機などが次々と月賦で購入されました。最初からダイニングキッチンには，食卓テーブルを置くことは決まっていました。また，洋風な生活に憧れていた2人は，思い切ってベランダ側の6畳の和室を絨毯に，応接セットを置いて洋室のように使いました。」

想定されたような東京に勤めをもつ新婚夫婦が，松戸市の常盤平に移り住んできた背景を知るために，この団地が建設されるまでの経過を追ってみましょう。

○住宅公団の発足と常盤平団地

住宅団地建設を目的として日本住宅公団が発足したのは，神武景気が始まる1955(昭和30)年7月のことでした。戦後しばらく，焼け野原になった都市から農村に流出していた人びとは，重化学工業の生産ラインが回復するとふたたび都市に戻ってきました。この流れは，1954(昭和29)年から集団就職が始まり，中学卒業者が大量に流入することで，加速されていきます。東京を例にとれば，1955(昭和30)年に192万人弱だった15～24歳の人口は，1965(昭和40)年には288万人となり，約100万人も増加しています。当然彼らは都会の中で住居をもたねばなりません。社員寮や賃貸しアパートに住む若者たちも，やがては家族をもちます。その時，家族単位で住む家を持てるようにするために，大量の住宅供給が必要となったのです。住宅公団は，このように続々と誕生する新しい家族に住宅を供給する役割を担うべく発足しました。

公団は，第1期事業として全国主要都市周辺300万坪の宅地開発事業を計画しました。首都圏の開発は150万坪とされ，このうちの50万坪をこす大規模ニュータウン開発の第1号着手地区として，1955(昭和30)年暮れに決定されたのが常盤平団地でした。住戸92戸に過ぎない畑と樹林地に，団地を中心としてショッピングセンター，集会所，病院，小学校，郵便局などの施設を備えた新しい街を建設する計画がたてられたのです。

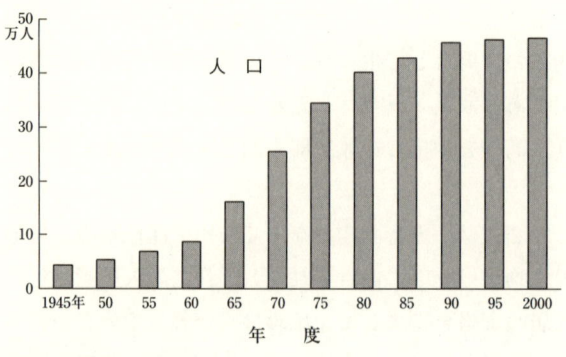

表1 松戸市の人口増加

○都市計画とニュータウン開発

　首都圏の人口増加にともない，松戸市の人口も1950(昭和25)年から増加し始めました。1952(昭和27)年にはまだ人口5万5000人の小都市でしたが，市域の家屋建築戸数は急激にのびる傾向にありました。松戸市は，無計画スプロール的な開発をさけるために，1953(昭和28)年に都市計画審議会条例を制定して基礎調査を行い，1955(昭和30)年には，松戸市を東葛地方の中心都市としての機能と，首都の衛星都市としての機能を併せもつ住宅文化都市とする基本計画を策定します。そこでは，20年後(1975・昭和50年)の人口は，12万人と予想されていました。

　ところが，これと重なるように，1956(昭和31)年4月に国会で「首都圏整備法」が制定されました。「首都圏整備法」は東京と周辺都市を首都圏として秩序ある開発を行おうという目的をもつもので，具体的には衛星都市の育成や交通・住宅などの整備をすすめようとするものです。整備法第2条によると，これらの地域は，既成市街地，近郊地帯，市街開発区域に区別され，松戸市の位置する都心から15～25km地帯は，グリーンベルトとされ，生産緑地帯として野菜・乳卵など生鮮食料品の供給地と位置づけられました。ここでは開発は墓地，研究所，病院，療養所，学校，公園などの施設緑地・福祉施設に限られ，集団住宅・工場の開発は原則として制限されていたのです。以後，松戸市は，国に対して工業誘致や住宅建設が抑制されることがないよう陳情をくり返すとともに，自身の都市計画も練り直すことになります。

　日本住宅公団が現在の常盤平，当時の金ヶ作，日暮，五香六実にわたる68万5000坪を土地区画整理地区として内定したのは，国や市がそれぞれに都市計画プランを打ち出すさなかの1955(昭和30)年11月のことでした。この地域は，松戸市中心部より6km離れた30～15mの台地上の地で，江戸時代には中野牧という野馬の放牧場でした。明治になってから開拓村ができると，漸次山林が切り開かれ，台地上の畑と西南部から中央に向かう低地に水田が帯状に開かれていきました。その結果，団地開発が始まる前は，宅地4％，公共用地3％，農地53％(内水田2％)，山林34％，その他6％という土地利用状況になっていました。

　この地を縦貫する新京成電鉄は，陸軍の工兵隊の訓練用に作られた路線が戦後民間に払い下げられたもので，1955(昭和30)年に松戸・新津田沼間が開通していました。公団建設予定地域は，新京成電鉄の常盤平(当時金ヶ作)・五香両駅を含む区域で，東京駅まで50分という立地条件にあり，地区の南側の県道松戸～鎌ヶ谷線を四系統のバスが通うという交通利便の地だったのです。また，住宅公団が

常盤平誕生　松戸市立博物館提供。

用地の買収価格として設定した坪あたり1000円以内という条件にも適合し，造成後の宅地原価坪4000円内外を予想できる土地でもありました。金ヶ作の地は，以上のような利点から第1号着手地区に指定されたのですが，山林・農地のまっただなかに作られる大規模なニュータウンは，当時例のなかったことでもあり，全国の注目を集めることとなりました。

都市計画行政との関連でいえば，この地はグリーンベルトに含まれる地域であったために，自然をなるべく生かし樹林地を保存しつつ開発することが考慮されました。現在の常盤平駅と五香駅を結ぶケヤキ通りや有名な桜並木など豊かな緑が残っているのは，このような成立事情によるものです。

○地元農家の反対

公団が土地買収を始めようとする頃，地元農家の一部に反対同盟が結成されました。地権者223名中69名が参加しています。1956(昭和31)年8月，公団の事業を建設大臣が認可すると，反対同盟は翌月県都市計画地方審議会に意見書を，ついで建設大臣に訴願書を提出しました。その主張は①道路，公園などの公共用地や保留地を獲得するために，農民の土地を約3分の1も提供するのはあまりにも犠牲が大きい。②水田が皆無となり飯米購入の負担が増大する。農耕継続が不可能になるから，自分たちの所有地を除外すべきである。③さもなくば，提供した面積と同面積の代替地を地区外に無償で提供し，金銭的な保障をせよ，というも

のでした。農家のなかには，1946(昭和21)年の農地改革によって初めて土地を手にした小作人も多く，土地を安易に手放す気持ちにはならなかったのでしょう。農民たちは，農業の継続を基本的な要求とし，農地の確保や工期の繰り延べを要求しました。「地価が上がっても取れる大根は同じ」という農民の論理による反対でした。

県・市・社会党などの斡旋が続きましたが合意できず，1958(昭和33)年1月反対同盟の加入者の所有地の強制測量が行われました。この測量は，社会党議員団の仲介によって一時中止され，自民党・社会党・農林省・建設省・県の共同による最終調整案が提示されましたが，これも合意に至りませんでした。ついに，住宅公団は1959(昭和34)年7月第一期工事入札を実施し，農民側は下肥をふりかけて強制測量に抵抗したり，住宅公団に大根を積み上げたりして抗議しました。この対立は団地造成後もしばらく続きましたが，1960(昭和35)年に最終的に妥結しました。

こうして当時92戸しかない畑・樹林地だった松戸市金ヶ作の地は，1959(昭和34)年12月に「常盤平」と改称され，4839戸の郊外型ニュータウンに生まれ変わり，年末の12月16日に常盤平団地の第1次募集が行われました。翌年5月16日の第2回募集には，販売戸数360戸に対し30倍の応募が殺到するなど，この団地がいかに待望されていたかがわかります。松戸市の人口は，この団地への入居が行われていた1961(昭和36)年には10万人を越え，以後急激に増加していくことになります。

表2 『常盤平団地入居者の調査資料』(日本住宅公団)より抜粋。
(〜昭和35年9月，2DK入居者477票)

○誰が団地族になったのか

常盤平団地にはどのような人たちが入居したのでしょう。『常盤平団地入居者の調査資料』によると，入居者の96％が東京区部に勤務地をもち，80％が区部に現住しています。入居予定者の70

本人勤務先所在地	東京区部中心部(千代田・中央・港・台東・文京)	319(66.8%)
	東京区部全域	457(95.8%)
本人現住所	東京区部中心部(千代田・中央・港・台東・文京)	77(16.1%)
	東京区部西部(中野・杉並・世田谷・目黒)	77(16.1%)
	東京区部全域	381(79.9%)
入居予定人数	2人	202(42.3%)
	3人	130(27.2%)
世帯の型	夫婦のみ	193(40.4%)
	夫婦と幼児(0〜5才)	107(22.4%)
本人年令	20才代	205(43%)
	30才代	203(42.6%)
世帯月収合計	3.0万円〜(3.5万円未満)	158(33.1%)
	3.5万円〜4.0万円未満	116(24.3%)
本人職業	被雇用者 一般職員(民間)	269(56.4%)
	被雇用者 一般職員(官公)	64(13.4%)

％は2，3人の家族で、これは夫婦のみか夫婦と子ども1人というデータと対応し、年齢は20代・30代が86％をしめていました。

世帯の平均月収は57％が3万円～4万円でした。2DK一戸の家賃は月5350円で、団地入居規定によると月収が家賃の5.5倍以上という制限があったからです。『数字でみる日本の100年』によると、1960(昭和30)年当時の都市勤労者平均月収は4万895円(1世帯平均家族数4.38人)、住居支出平均は月3139円とあり、公団の家賃はかなり高かったと言わざるをえません。実際、松戸市役所の職員では入るのが難しい家賃だったと伝えられています。これらのデータから想定すると、団地入居者は都内の大企業に勤める若いサラリーマンであり、多くは高学歴で全国から首都圏へ流入した人たちであったと思われます。彼らはこの頃から一般化する欧米風の都会生活を指向し、新しく生産される家電製品を使いこなす若者たちでした。先に紹介した『常設展示図録』の家族は、そのような若者の家庭を想定してイメージされたものです。

彼らは、新しい生活の場となった団地のなかで、豊かなサークル活動を作り出していきました。1961(昭和36)年に団地自治会が発行した『常盤平新聞』によると、サークル活動が花盛りで、文化活動としては洋裁サークル(ドレメ式)、編み物サークル、池坊いけばな・手芸サークル、木彫教室、表千家茶道・小笠原流生花、和裁教室、図画教室、民謡舞踊教室、常盤平釣友会、囲碁サークル、コーラスグループがあり、運動サークルとしても野球チーム、少年野球チーム、テニスクラブ、バレーボール、ソフトボールなどがありました。1962(昭和37)年3月には、3000戸の加入による自治会が結成され、旅行、カメラ、ドライブなどの同好会もつくられました。

このような人びとが、団地族として郊外型核家族の先駆けとなったのです。

○2DKの誕生

ところで、団地といえば2DKというほど一般化した公団住宅の間取りは、どのような経過でできあがったのでしょうか。アジア・太平洋戦争の戦火が厳しくなる1942(昭和17)年、成立間もない厚生省は、建築学会の答申に基づいて「住宅設計基準(案)」を発表しました。ここには住宅改善の方向が最小限20項目記されています。その中に、「夫婦ハ子供トハ同室ニ就寝セザルモノトシ、夫婦以外ノ成人ハ子供ニ準ジテ居住スルコト(適正就寝確保ノ方法)」・「寝室トハ別ニ食事室ヲ設ケルコト(食寝分離ノ主張)」と書かれています。この考えが戦災復興期に作

られた「公団住宅設計基準」に取り入れられたのだといわれています。

　賃貸し13坪，分譲12坪と定められた床面積の枠内で，寝室2室と食事室を作ることが模索される中で6＋4.5＋DK＋バス・トイレという間取りが考え出されました。それでも，これまでの畳の規格では，定められた床面積の間におさまりきらず，団地サイズという一回り小さくした規格の畳が作られることとなりました。

　この住宅は，それ以前の日本の一般住宅に比べれば，何よりも採光の点ですぐれていました。ベランダ側の掃き出し窓に面した6畳とDKのほか，反対側の4.5畳の窓からも光が入り，風呂場にも明かり取りがありました。この頃は，都市・農村を問わず，古い民家はまだ台所に充分な明りが取れない時代でした。真っ暗な台所で調理して，大根だと思ったらたわしが入っていたというたぐいの話が通用した時代だったのです。表の座敷など男性中心の空間に対して，裏あるいは勝手とよばれる女性の活動の場は，明かり取りの点でも圧倒的な差別がありました。

　台所を明るい場所にかえることは，戦後生活改善運動の中で民生委員が課題として取り組んできたことです。このように明るくした台所を食事をする場として家庭の中心に位置づけた点で，2DKの一般化は男中心の家から，男女共同の空間へと家族空間をかえていく大きな役割を果たすことにもなったといえるでしょう。

○「あこがれ」としてのアメリカンファミリー

　ここで，ニュータウン誕生の歴史的な意味について考えておきたいと思います。まず，第一に指摘しておかなければならないことは，郊外ニュータウン家族には先行するモデルがあったということです。それは，1950年代にアメリカで作りあげられた家族像で，TVのホームドラマを通して若者の「あこがれ」の対象になっていました。郊外の日当たりのよい家，都心で勤める物わかりのいいサラリーマンの父，やさしい専業主婦の母，2～3人の利発でかわいい子ども，家電・車など家族で利用する豊かで近代的なものの数々，このような要素がこの家族の必要条件でした。このような生活は，1960年頃の団地族にはまだまだ高嶺の花でした。2DKの団地はいかにも手狭でしたし，まだ車をもっている人は少数でした。しかし，男は都心で仕事に従事し，女は郊外で家事・育児・消費を担当するというアメリカンファミリーのライフスタイルは，彼らの新婚生活と同じスタイルで

した。そして，彼らはなにより若かったのです。郊外型の生活を経験する中で，専業主婦が新しい生活と家族の中心となり，さらにアメリカ的な豊かさと消費の象徴となっていきました。

　1960年代は，大衆消費と男女の役割分担が結びつきながら，アメリカ型の大衆消費社会に本格的に移行していく時代といわれています。団地族サラリーマンの子どもが学齢期を迎える1970年代になると，新しい家族は，小坂明子の歌う「あなた」や，「家をつくるなら」というパナホーム宣伝に象徴されるような，日本化された新築一戸建ての家族として，さらに郊外に定着していきます。郊外化は，日本でも男女の性別役割を強化しました。現在に至るまで専業主婦率は郊外のニ

表3　家電製品の普及の推移　　　　　　　　　　　　　　　　　　　　　（単位：%）

	(昭和)	34年	35年	36年	37年	38年	39年	40年	41年	42年	43年	44年	45年
電気冷蔵庫		5.7	10.1	17.2	28.0	39.1	38.2	51.4	61.6	69.7	77.6	84.6	89.1
電子レンジ		—	—	—	—	—	—	—	—	—	—	—	2.1
電気洗濯機		33.0	40.6	50.2	58.1	66.4	61.4	68.5	75.5	79.8	84.8	88.3	91.4
電気掃除機		—	7.7	15.4	24.5	33.1	26.8	32.2	41.2	47.2	53.8	62.6	68.3
ふとん乾燥機		—	—	—	—	—	—	—	—	—	—	—	—
衣類乾燥機		—	—	—	—	—	—	—	—	—	—	—	—
電気がま		20.7	31.0	41.8	48.4	52.9	48.5	50.9	—	—	—	—	—
石油ストーブ		—	—	7.7	15.2	28.6	28.9	37.7	46.8	53.0	62.9	68.9	79.1
ルームエアコン		—	—	0.4	0.7	1.3	1.8	2.6	2.0	2.8	3.9	4.7	5.9
電気こたつ		—	—	—	56.2	64.7	50.7	57.8	63.9	69.3	74.7	76.1	81.4
ガス湯沸かし器		—	—	—	—	—	—	—	14.3	16.7	21.4	28.6	37.4
扇風機		28.6	34.4	41.9	50.6	60.6	49.9	59.6	65.7	69.1	75.6	80.1	83.2
温風ヒーター		—	—	—	—	—	—	—	—	—	—	—	—
白黒テレビ		23.6	44.7	62.5	79.4	88.7	87.8	90.0	94.4	96.2	96.4	94.7	90.2
カラーテレビ		—	—	—	—	—	—	—	0.3	1.6	5.4	13.9	26.3
VTR		—	—	—	—	—	—	—	—	—	—	—	—
ステレオ		—	—	3.7	7.2	10.8	9.0	13.5	16.7	19.8	24.1	27.3	31.2
テープレコーダ等		—	—	—	5.4	9.0	8.7	14.6	17.9	22.5	24.5	28.6	30.8
乗用車		—	—	2.8	5.1	6.1	6.6	10.5	12.1	9.5	13.1	17.3	22.1

出所：『国民生活白書』平成2年版

表4　ある家族が買い揃えた家電商品

1960年入居	電気釜，電気スタンド，ラジオ
1962年まで	テレビ，洗濯機，食卓テーブル，ガステーブル
1963年まで	冷蔵庫，電気掃除機

ュータウンが一番高いのはこのためだといわれています。

○消費する家族

　高度経済成長期，膨大な数の核家族が生まれ，彼らのすみかとして郊外が拡大していきました。常盤平団地開発の経過からわかるように，郊外の核家族は都市計画によって，いわば意図的につくりだされてきたものです。近代的な核家族は，すでに大正時代の「文化住宅」のなかでつくり出されていました。しかし，それは日本国民全体からすればほんの一部の都市中間階層のものでした。本格的な核家族は，日本の8割が自らを中流という時代に，郊外の核家族として大量生産されたのです。この新しい家族が，日本の高度成長を象徴する家電や自家用車の消費主体になっていきます。

　一般に流布する概説本のなかでは，高度経済成長期の消費生活の発展は，一般家庭が三種の神器といわれる白黒テレビ，電気冷蔵庫，電気洗濯機を所持し，3Cといわれるカラーテレビ，クーラー，自家用車を所持していく過程として描かれています。表3は家電の普及を表示したものですが，核家族が大量に生まれる1960(昭和35)年頃からこれらの家電製品が本格的に普及していったことがわかります。

　2000(平成12)年末，松戸市立博物館で行われた特別展示「戦後松戸の生活革新」では，常盤平団地に入居したある家族の写真記録から団地入居4年間の生活が再構成されていました。表4は，この家族が次々と買い込んでいった家電製品を一覧にしたものです。この家族が，まさに表3の家電製品の普及に対応する形で，家具を買い揃えていることがわかるでしょう。これら家電製品は当時決して安価なものではなかったこと，それを若い世代が月賦という支払い形態で買い込んでいったことを考えると，家族の単位で経済的な豊かさや物質的な欲望を実現する時代がこの時代であったといえます。家族こそが消費の単位だったのです。

○おわりに

　三浦展氏は，家族と消費の関係を逆説的にとらえ，ニュータウンの新しい家族は「消費をし，家電や自家用車や住宅を買うことによって初めて家族は家族たりえた」といいます。「それまでの伝統的な地域社会から離脱して，核家族という不安定な存在となった戦後の家族をまとめあげ，凝集させる役割を担ったのが消費なのだ。より多くのものを消費し，より多くの消費財を家の中に並べ，生活が

どんどん豊かになっていくことを実感し，幸福感を共有することで，根なし草の核家族は一丸となることができたのである」と。

この観点に立つと，団地はそのような家族の始まりの場ということになります。2DKの部屋のなかに所せましと置いてある（展示してある）家電製品を，懐かしさを離れてそのような目でみていくと，日本現代社会の転換点が浮かび上がってくるのではないでしょうか。

〈参考文献〉
松戸市博物館『常設展示図録』　松戸市博物館　1994年
松戸市博物館『企画展　戦後松戸の生活革新』　松戸市博物館　2000年
松戸市教育委員会『松戸市史第一巻』　松戸市教育委員会　1961年
日本住宅公団『日本住宅公団10年史』　日本住宅公団　1965年
渡辺孝夫・藤井俊雄　「松戸市金ヶ作地区の宅地開発事業の全貌1・2」『新都市』15　1961年
三浦展『「家族」と「幸福」の戦後史』（講談社新書）　講談社　1999年
『数字でみる日本の100年』　国勢社　1981年
青木俊也『再現　昭和30年代　団地2DKの暮らし』　河出書房新社　2001年

（前田徳弘）

■ 千葉県内の歴史関係博物館・資料館一覧

〈名称・電話番号〉	〈所　在　地〉	〈①展示内容　②入館料　③休館日〉
千葉県立中央博物館 Tel 043-265-3111	〒260-8682 千葉市中央区青葉町955-2	①房総の自然と歴史総合展示。東方沖地震関連の特別コーナーあり。②無料(特別展有料)　③月曜日，祝日，年末年始など
千葉県文書館 Tel 043-227-7551	〒260-0013 千葉市中央区中央4-15-7	①主として近現代以降の県関係公文書，県内各地域の諸家古文書を収蔵。②無料　③日曜日，祝日，年末年始など
千葉市立加曾利貝塚博物館 Tel 043-231-0129	〒264-0022 千葉市若葉区桜木町163	①加曾利貝塚出土の考古資料展示。遺跡全体を展示資料とする野外博物館。②有料　③月曜日，祝日，年末年始など
千葉市立郷土博物館 Tel 043-222-8231	〒260-0856 千葉市中央区亥鼻1-6-1	①千葉氏関係資料・千葉市関係の考古・歴史・民俗を資料展示。②有料　③月曜日，祝日，年末年始など
船橋市郷土資料館 Tel 047-465-9680	〒274-0077 船橋市薬円台4-25-19	①船橋市一帯の考古・歴史・民俗資料を幅広く展示。屋外にも実物を展示。②無料　③月曜日，年末年始など
船橋市飛ノ台史跡公園博物館 Tel 047-495-1325	〒273-0021 船橋市海神4-27-2	①飛ノ台貝塚出土の考古資料を展示。遺跡全体を公園として保存，展示。②有料　③月曜日，祝日の翌日，年末年始など
浦安市郷土資料館 Tel 047-354-1352	〒279-0004 浦安市猫実2-12-7	①漁具・民家を中心とした民俗資料を展示。屋外に当時の家屋を再現。②無料　③月曜日，祝日，年末年始など
千葉県立現代産業科学館 Tel 047-379-2000	〒272-0015 市川市鬼高1-1-3	①現代産業の歴史に関する展示が充実。科学技術と人間の関わりを探求。②無料　③月曜日，年末年始など
市立市川歴史博物館 Tel 047-373-6351	〒272-0837 市川市堀之内2-27-1	①中世以降市川の歴史資料，行徳塩業関係展示。市内出身人物の業績資料。②無料(特別展有料)　③月曜日，祝日，年末年始など
市立市川考古博物館 Tel 047-373-2202	〒272-0837 市川市堀之内2-26-1	①下総国分寺関係資料，隣接する曽谷・堀之内貝塚関連の出土資料を展示。②無料　③月曜日，祝日，年末年始など
和洋女子大学文化資料館 Tel 047-371-1111	〒272-8533 市川市国府台2-3-1	①下総国府跡，下総国分尼寺跡出土の考古資料を展示。大学史関連資料展示。②無料　③日曜日，祝日，大学の休業日など
八千代市立郷土博物館 Tel 047-484-9011	〒276-0028 八千代市村上1170-2	①八千代市周辺の考古・歴史・民俗関係資料を収集，展示。②無料　③月曜日，祝日，年末年始など
下総史料館 Tel 047-392-2466	〒270-2221 松戸市紙敷911	①松戸市・市川市周辺の考古・民俗資料展示。②有料　③月曜日，年末年始
松戸市立博物館 Tel 047-384-8181	〒270-2252 松戸市千駄堀671	①松戸市周辺の歴史・民俗資料展示。②有料　③月曜日，第4金曜日，年末年始
松戸市戸定歴史館 Tel 047-362-2050	〒271-0092 松戸市松戸714-1	①松戸徳川家関係資料展示。近代の松戸周辺写真資料を収蔵。②有料　③月曜日，年末年始
柏市柏公民館郷土資料室 Tel 04-7164-4552	〒277-0005 柏市柏6-2-22	①柏市周辺の考古・民俗資料展示。②無料　③月曜日，祝日，年末年始

〈名称・電話番号〉	〈所 在 地〉	〈①展示内容 ②入館料 ③休館日〉
野田市郷土博物館 Tel 04-7124-6851	〒278-0037 野田市野田370	①醤油関係資料が充実，野田市周辺の考古・民俗資料展示。②無料 ③月曜日，祝日，年末年始
財団法人高梨本家上花輪歴史館 Tel 04-7122-2070	〒278-0033 野田市上花輪507	①高梨本家の建築・庭園，上花輪周辺の歴史資料展示。②有料 ③月曜日，火曜日，12月～2月
流山市立博物館 Tel 04-7159-3434	〒270-0176 流山市加1225-6	①流山市周辺の考古・歴史・民俗資料展示。②無料 ③月曜日，毎月末日，祝日，年末年始
我孫子市民会館郷土資料室 Tel 04-7184-3311	〒270-1166 我孫子市我孫子1855	①我孫子市周辺の考古資料展示。②無料 ③月曜日，年末年始
鎌ヶ谷市郷土資料館 Tel 047-445-1030	〒273-0124 鎌ヶ谷市中央1-8-31	①鎌ヶ谷市周辺の考古・歴史・民俗資料展示。②無料 ③月曜日，祝日，年末年始
鈴木貫太郎記念館 Tel 04-7196-0102	〒270-0206 東葛飾郡関宿町関宿1273	①鈴木貫太郎関係資料展示。②有料 ③木曜日，祝日，年末年始など
千葉県立関宿城博物館 Tel 04-7196-1400	〒270-0201 東葛飾郡関宿町三軒家143-4	①利根川と，そこにかかわる地域の歴史・民俗資料展示。②無料(特別展は有料) ③月曜日，年末年始
国立歴史民俗博物館 Tel 043-486-0123	〒285-8502 佐倉市城内町117	①古代～近代までの考古・歴史・民俗資料の総合展示。②有料 ③月曜日，年末年始。
佐倉順天堂記念館 Tel 043-484-6192	〒285-0023 佐倉市本町81	①蘭医学塾「順天堂」関連の資料展示。②有料 ③月曜日，年末年始など
白井市郷土資料館 Tel 047-492-1124	〒270-1422 白井市復1148-8 白井市文化センター3F	①白井市周辺の考古・歴史・民俗関係資料を展示。②無料 ③日曜日，祝日，年末年始
千葉県立房総風土記の丘 Tel 0476-95-3126	〒270-1506 印旛郡栄町竜角寺978	①竜角寺古墳群などの考古資料展示。②無料 ③月曜日，年末年始
千葉県立房総のむら Tel 0476-95-3333	〒270-1506 印旛郡栄町竜角寺1028	①江戸期から明治期にかけての民家の再現，技術・風俗の体験学習。②無料 ③月曜日，年末年始
宗吾霊堂 Tel 0476-27-3131	〒286-0004 成田市宗吾1-558	①木内惣五郎関係資料，佐倉藩関係資料展示。②有料 ③無休
成田山霊光館 Tel 0476-22-0234	〒286-0021 成田市土屋238	①成田山の歴史資料と，下総地方の考古・歴史資料の展示。②有料 ③月曜日，年末年始
成田市三里塚御料牧場記念館 Tel 0476-35-0442	〒286-0116 成田市三里塚御料1-34	①御料牧場関係資料展示。②無料 ③月曜日，年末年始
(財)藤崎牧士史料館 Tel 0476-92-1258	〒286-0203 印旛郡富里町久能583-4	①近世藤崎家(牧士)関係資料展示。②無料 ③月・木・金曜日，年末年始
印旛村歴史民俗資料館 Tel 0476-99-0002	〒270-1616 印旛郡印旛村岩戸1742	①印旛村周辺の民俗資料，平賀遺跡出土の考古資料展示。②無料 ③月曜日，祝日，年末年始
伊能忠敬記念館 Tel 0478-54-1118	〒287-0003 佐原市佐原イ1722-1	①伊能忠敬関係資料，各種の地図を展示。②有料 ③月曜日，祝日の翌日，年末年始
千葉県立大利根博物館 Tel 0478-56-0101	〒287-0816 佐原市佐原ハ4500	①利根川の自然及び周辺の歴史展示。②無料(特別展有料) ③月曜日，年末年始

千葉県内の歴史関係博物館・資料館一覧

〈名称・電話番号〉	〈所在地〉	〈①展示内容　②入館料　③休館日〉
西の城貝塚保存館 Tel 0478-57-3211	〒289-0222 香取郡神崎町並木671	①西の城貝塚出土の考古資料展示。②無料 ③日曜日，祝日，年末年始
小見川町文化財保存館 Tel 0478-82-1111	〒289-0331 香取郡小見川町羽根川38	①城山古墳，良文貝塚出土の考古資料，佐藤尚中関連資料展示。②無料　③月曜日，祝日，年末年始など
大原幽学記念館 Tel 0479-68-4933	〒289-0502 香取郡干潟町長部345-2	①大原幽学関係資料展示。屋外に生家や関係家屋。②有料　③月曜日，祝日の翌日，年末年始
銚子市青少年文化会館郷土資料室 Tel 0479-22-3315	〒288-0031 銚子市前宿町1046	①銚子市周辺の考古・歴史・民俗資料展示。②無料　③月曜日，祝日，年末年始
飯岡町歴史民俗資料館 Tel 0479-57-6060	〒289-2712 海上郡飯岡町横根1355-9	①飯岡町周辺の考古・歴史・民俗関係資料展示。②無料　③月曜日，祝日，年末年始など
九十九里町立九十九里いわし博物館 Tel 0475-76-4117	〒283-0104 山武郡九十九里町片貝2915	①漁具など，漁業関係資料展示。②無料　③月曜日，祝日，土曜日の午後，年末年始
成東町立歴史民俗資料館 Tel 0475-82-2842	〒289-1324 山武郡成東町殿台392	①伊藤左千夫関係資料，成東町周辺の考古・歴史・民俗資料展示。②有料　③月曜日，祝日の翌日，年末年始
芝山町立芝山古墳・はにわ博物館 Tel 0479-77-1828	〒289-1619 山武郡芝山町芝山438-1	①芝山周辺出土の考古資料展示。②有料 ③月曜日，祝日の翌日，年末年始
長南町郷土資料館 Tel 0475-46-1194	〒297-0121 長生郡長南町長南2127-1	①長南町周辺の考古・歴史・民俗資料の展示。②無料　③月曜日，年末年始
茂原市立郷土資料館 Tel 0475-26-2131	〒297-0029 茂原市高師1345-1	①茂原市周辺の考古・歴史・民俗資料の展示。美術館に隣接。②無料　③月曜日，年末年始など
睦沢町歴史民俗資料館 Tel 0475-44-0211	〒299-4413 長生郡睦沢町上之郷1654-1	①睦沢町周辺の考古・歴史・民俗資料展示。②無料　③月曜日，年末年始
千葉県立総南博物館 Tel 0470-82-3007	〒298-0216 夷隅郡大多喜町大多喜481	①房総の城と城下町，大多喜町周辺の考古・民俗資料展示。②無料(特別展有料) ③月曜日，年末年始
御宿町歴史民俗資料館 Tel 0470-68-4311	〒299-5102 夷隅郡御宿町久保2200	①五倫文庫関係資料，御宿町周辺の考古・民俗資料展示。②無料　③月曜日，祝日，年末年始
夷隅町郷土資料館 Tel 0470-86-3708	〒298-0124 夷隅郡夷隅町弥正93-1	①夷隅町周辺の歴史資料，狩野派絵画資料の展示。②無料(特別展有料)　③月曜日，祝日，年末年始など
黒汐資料館 Tel 0470-73-1234	〒299-5226 勝浦市串浜1253-2	①捕鯨などの海洋民俗資料展示。②無料 ③無休
鴨川市郷土資料館 Tel 0470-93-3800	〒296-0001 鴨川市横渚1401-6	①鴨川市周辺の生活用具資料展示。②有料 ③月曜日，祝日の翌日，年末年始
千葉県酪農のさと管理センター Tel 0470-46-8181	〒299-2507 安房郡丸山町大井686	①嶺岡の牧の歴史をはじめとした，酪農関係資料が充実。②無料　③月曜日，年末年始など

千葉県内の歴史関係博物館・資料館一覧

〈名称・電話番号〉	〈所　在　地〉	〈①展示内容　②入館料　③休館日〉
千葉県立安房博物館 Tel 0470-22-8608	〒294-0036 館山市館山1564-1	①房総の海と生活，海洋民俗資料展示。②無料(特別展有料)　③月曜日，祝日，年末年始
館山市立博物館 Tel 0470-23-5212	〒294-0036 館山市館山351-2	①中世里見氏関係資料展示。②有料　③月曜日，祝日の翌日，年末年始
菱川師宣記念館 Tel 0470-55-4061	〒299-1908 安房郡鋸南町吉浜516	①菱川師宣関係資料展示。絵画資料充実。②有料　③月曜日，年末年始
千葉県立上総博物館 Tel 0438-23-0011	〒292-0044 木更津市太田2-16-2	①歴史の中の房総，考古・民俗資料展示。②無料(特別展有料)　③月曜日，年末年始など
木更津市立金鈴塚遺物保存館 Tel 0438-22-3676	〒292-0044 木更津市太田2-16-1	①金鈴塚古墳出土品などの考古資料展示。②無料　③月曜日の午後，火曜日，年末年始
君津市漁業資料館 Tel 0439-55-8397	〒299-1147 君津市人見1294-14	①海苔づくり，漁具などの展示。②無料　③月曜日，祝日，年末年始
君津市立久留里城址資料館 Tel 0439-27-3478	〒292-0422 君津市久留里448-1	①久留里城関係資料，君津市周辺の歴史資料展示。②無料　③月曜日，年末年始
袖ヶ浦市郷土博物館 Tel 0438-63-0811	〒299-0255 袖ヶ浦市下新田1133	①袖ヶ浦市周辺の考古・歴史・民俗関係資料展示。②無料(特別展有料)　③月曜日，祝日，年末年始など
富津埋立記念館 Tel 0439-87-9740	〒293-0022 富津市新井932-3	①富津沖の漁業関係資料展示。②有料　③月曜日，祝日
史跡上総国分尼寺跡展示館 Tel 0436-21-7633	〒290-0024 市原市国分寺台中央3-5-2	①上総国分尼寺関係資料展示。②無料　③月曜日，祝日，年末年始

* 出典：この一覧表は，下記のホームページを参照して作成しました。より詳細な内容は各博物館へお問い合わせ下さい。(2002年3月現在)
「千葉県博物館協会ホームページ」：http://www.chiba-web.com/chibahaku/
* 参考図書：『新・ちばの博物館』千葉県博物館協会編，ぎょうせい，2001年。

■ 執筆者(五十音順)および執筆担当項目一覧

( )内は発行時の所属　＊は編集委員

(目次項目)

氏名	所属	項目	編集委員
愛沢　伸雄	(県立長狭高校)	10	＊
入江　順一	(県立佐倉東高校)	5	
上田　　浄	(県立市川北高校)	16・博物館一覧	＊
大塚　雅信	(松戸市立松戸高校)	17	
小川　　浩	(昭和女子大学)	2	＊
加藤　公明	(県立千城台高校)		＊
各務　　敬	(県立岬高校)	11	
加瀬　正彦	(県立匝瑳高校)	13	
河名　　勉	(県立木更津東高校)	6	
栗原　克榮	(県立木更津高校)	18	
越川　　淳	(千葉県史料研究財団)		＊
佐瀬日出男	(県立旭農業高校)	15	
宍倉昭一郎	(千葉市立千葉高校)		＊
杉山　芳寛	(県立柏中央高校)		＊
鈴木　哲雄	(県立千葉高校)	9	
諏訪　和夫	(県立成田北高校)	14	＊
関　　剛史	(県立長生高校)	12	＊
高崎　芳美	(県立中央博物館)	4	＊
土屋　徳郎	(県立船橋旭高校)		＊
遠山　成一	(県立四街道高校)	8	
前田　徳弘	(県立小金高校)	19	
柳　　　晃	(県立船橋高校)	1	＊
吉井　　哲	(県立磯辺高校)	序章	＊
渡邊　政治	(県立船橋北高校)	7	
渡邊　嘉幸	(県立薬園台高校)	3	

博物館に学ぶ　ちばの歴史

| 2002年6月17日　第1版第1刷印刷　2002年6月24日　第1版第1刷発行 |

編　者	千葉県高等学校教育研究会歴史部会
発行者	野澤伸平
発行所	株式会社　山川出版社
	〒101-0047　東京都千代田区内神田1-13-13
	電話　03(3293)8131(営業)　03(3293)8134(編集)
	http://www.yamakawa.co.jp/
	振替　00120-9-43993
印刷所	明和印刷株式会社
製本所	株式会社手塚製本所
装　幀	菊地信義

Ⓒ 2002 Printed in Japan　　　　ISBN4-634-60540-6

・造本には十分注意しておりますが、万一、落丁・乱丁などがございましたら、小社営業部宛にお送りください。送料小社負担にてお取り替えいたします。
・定価はカバーに表示してあります。